WALIHA COMETTI
BEATE RYGIERT
Die Schule der Engel

Waliha Cometti
Beate Rygiert

Die Schule der Engel

Wie wir Meister unseres Lebens werden

GOLDMANN

Verlagsgruppe Random House FSC® N001967
Das für dieses Buch verwendete FSC®-zertifizierte Papier
Super Snowbright liefert Hellefoss AS, Hokksund, Norwegen.

1. Auflage
Originalausgabe September 2014
© 2014 Wilhelm Goldmann Verlag, München,
in der Verlagsgruppe Random House GmbH
Lektorat: Ralf Lay, Mönchengladbach
al · Herstellung: cb
Umschlaggestaltung: UNO Werbeagentur München
Motive auf Umschlag und Innenklappen: Carlo Cometti
Illustration (Tor): ki Editorial Design, München, Daniela Hofner
Satz: EDV-Fotosatz Huber/Verlagsservice G. Pfeifer, Germering
Druck und Bindung: GGP Media GmbH, Pößneck
Printed in Germany
ISBN 978-3-442-22062-5

www.goldmann-verlag.de

Inhalt

Prolog 13

Erstes Tor: Der Mensch – der Glücksucher 17

Von der Seligkeit und Herrlichkeit 17
   Übung: Lerne deinen Esel kennen 26
❋ *Die Geschichte von der Feenkönigin,
die sich nicht entscheiden konnte* 28

**Zweites Tor: Sehnsucht nach der Wahrheit –
die Ganzheit eröffnen** 31

Eins mit dem Universum 31
Die Bedürfnisse unseres Körpers 35
   Praktische Übung in der Achtsamkeit:
   Die Aufmerksamkeit Ihrem Körper schenken 37
Der Gefühlskörper – ein Ausgleichskörper 38
Wenn unser Ego-Esel unsere Gefühle ordnen will 39
Die Annahme der Gefühle – so wie sie sind 42

Übung: Unsere ungesehenen Gefühle annehmen .. 45
Der Magnetismus der Ablehnung 45
Was wir aus unseren Unfähigkeiten lernen. 46
    Übung: Ich stelle mich meiner Unfähigkeit 47
    ❃ *Die Geschichte vom größten Stein*. 48

Drittes Tor: Die Ideale verwirklichen, sich die Fülle erlauben 55

Mein Weg in die Welt der Mode. 55
Schritt für Schritt zum ersehnten Ziel. 60
    Erster Schritt: Was ist mein heimlichster, reinster
    Wunsch?. 60
    Zweiter Schritt: Vom Traum- und vom Wunsch-
    himmel und dem Erlauben des Fehlers 67
    Ein kleiner Exkurs über die Unzufriedenheit 72
    ❃ *Der reiche Bauer – eine Geschichte über den*
    Erfolg. 75
    Dritter Schritt: das Gelübde, das Opfer. 80
Das enttäuschte Ideal und die Freude am
Weitergehen. 83

Viertes Tor: Die Erfahrung des Geführtseins 87

Die Suche. 87
Zeit der Reinigung. 92
    Meditation: Dein Friedensreich und
    Ewigkeitsraum. 96
Die Kumbh Mela 98
Die Begegnung mit Dhirendra Brahmachari. 100
Bei den Mönchen von Hemis Gompa. 102

Die große Vergebungskraft. 109
Die göttliche Führung erleben. 114
   ❈ *Die Geschichte vom König und seinen Schuhen*. . . . 120

Fünftes Tor: Schulung durch die Engel 125

Ein Ort für mich, dem Himmel nah 125
Ein kleiner Exkurs über die reine Freude und
das Dürfen 128
   Die erste Freude: Du darfst! 128
   Die zweite Freude: Du musst, du darfst nicht! 129
   Die dritte Freude: Du darfst dreimal mehr! 129
Erfahrungen im Ägyptischen Museum 131
Am Anfang war das Wort – wie ich lernte,
die Stimmen des Himmels zu hören 133
   ❈ *Die Geschichte vom langen Tag des Erwartens* 147

Sechstes Tor: Das Geheimnis der Gnade 153

Den Himmel mit den anderen teilen 153
Wenn das Reine sich zeigt – die Scham 156
Vom Krippenspiel zum Fernsehfilm. 158
Die reinen Gaben abholen und die Gnade eröffnen . . . 161
   Meditation: Die himmlischen Gaben abholen 162
Die Verwandlung des Schmerzes in den Heilnektar . . . 164
   Gebet: »Ich öffne meine Tore« 165
Das Danken. 166
   Meditation: Ich danke und wage neue Freuden 167
Das Segnen und Weitergeben 169
   ❈ *Die Geschichte von den beiden Brüdern* 172

Siebtes Tor: Für Gott arbeiten ... 179

Mein Weg mit den Sufis ... 179
Für Gott arbeiten ... 188
Sufismus als Segen für die Welt ... 191
   ✻ *Die Geschichte vom Puppenhaus* ... 193

Achtes Tor: Die Verwandlungskraft der Liebe ... 197

Im Dienste der Liebe ... 197
Die Selbstliebe ... 199
   Übung: Der Lieblingsfehler ... 202
Die Sternenliebe ... 202
   Die Praxis der Sonnenliebe ... 203
   Übung: Die Sonnenliebe segnen ... 206
   Die Praxis der Mondliebe ... 208
   Übung: Die Mondliebe segnen ... 210
Die Praxis der All-Liebe ... 212
   Gebet: Der All-Liebe-Segen ... 217
Die Reine Liebe ... 218
   ✻ *Die Geschichte vom Licht der Reinen Liebe* ... 219

Neuntes Tor: Die drei Ewigkeitsräume ... 225

Der Raum des Friedens ... 227
Der Raum der Stille ... 229
   Meditation: Ich trete ein
   in meinen Raum der Stille ... 235
Der Raum des Schweigens ... 236
   Übung: Was tun, wenn man uns mit einem
   emotionalen Mülleimer verwechselt? ... 243
   ✻ *Die Geschichte vom schweigenden Gärtner* ... 244

Zehntes Tor: Die Räume der Tiefe und die Erfahrung des Todes 247

Wie ich den Tsunami überlebte.................. 247
Das Sterben üben............................. 254
Der Todesfreund und die beiden ersten Kammern.... 257
Der auf- und der absteigende Engel............... 262
Der dunkle Tiefenraum – die Grabkammer.......... 263
Der weibliche Tiefenwurzelraum.................. 265
Der männliche Tiefenwurzelraum und der Grundstrahl. 268
   Übung: Der Atem des Grundstrahls 272
Auferstehung im Paradiesgarten 275
Der Raum der Fülle 276
   Meditation: Wir laden unser Herz ein in den Raum der Fülle 277

Elftes Tor: Die Räume des Heilens............... 279

Der Raum der Schönheit........................ 280
Der Raum der Wahrheit 283
Die Dumpfheit und der Raum der Magnifizenz....... 285
   ❋ *Die Geschichte vom König, der seinen größten Schatz nicht kannte*................................ 297

Zwölftes Tor: Die Religion des Herzens 305

Die Begegnung mit dem Erzengel Ezechiel 305
Was ändert sich? 308
Die große Müdigkeit und das Vertreten der reinsten Mächte...................................... 309
   Praxis: Der Blumenatem 313
   ❋ *Die Geschichte vom Kuhhirt und seiner Marie-Rose* 315

Dreizehntes Tor: Das Zeitalter des Mutterkörpers.. 319

Die universelle Schöpfungskraft 319
In sein Reinstes eintreten 323
Die Erweiterung des Herzens zum Herzenspalast 326
Die Erfindung des Schuldkörpers................. 329
Die Segen der Dankbarkeit 331
Ins Herz atmen – der Mutteratem 332
Was bringt die Mutterreligion? 333
   Ezechiel – eine Vision in die Zukunft 337
   Worte des Erzengels Michael................... 338
   Was der Erzengel Raffael noch sagen möchte 339

Vierzehntes Tor: Die Ordnung des Universums – eine Zusammenfassung..................... 341

Der Versuch einer grafischen Darstellung........... 341
Die beiden Wege zur Meisterschaft 347

Dank 351

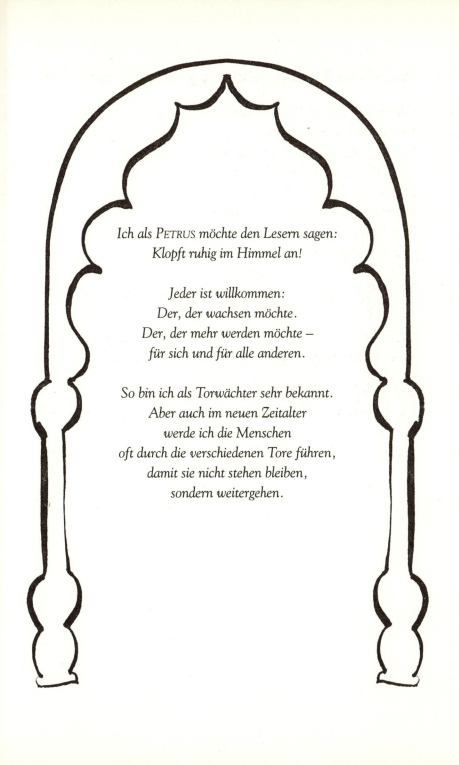

Ich als PETRUS möchte den Lesern sagen:
Klopft ruhig im Himmel an!

Jeder ist willkommen:
Der, der wachsen möchte.
Der, der mehr werden möchte –
für sich und für alle anderen.

So bin ich als Torwächter sehr bekannt.
Aber auch im neuen Zeitalter
werde ich die Menschen
oft durch die verschiedenen Tore führen,
damit sie nicht stehen bleiben,
sondern weitergehen.

Prolog

Als junges Mädchen wäre ich niemals auf die Idee gekommen, dass die Engel eines Tages ausgerechnet mich für ihre himmlische Schulung aussuchen würden. Dass ich diejenige sein sollte, ihre Lehren weiterzugeben. Denn eigentlich war ich viel zu schüchtern für eine solche Aufgabe. Außerdem schlug ich zunächst einen sehr »weltlichen« Weg ein: Ich wurde Modedesignerin und arbeitete für viele bekannte Labels. Zwar stand ich niemals im Rampenlicht, mein Platz war hinter der Bühne der großen Catwalks dieser Welt, die Lorbeeren ernteten andere, doch lange Zeit war ich zufrieden damit. Ich liebte den Umgang mit Stoffen, Formen und Farben, genoss es, mit den schönsten Models unserer Zeit zu arbeiten. Meine Entwürfe feierten Erfolge, und ich prägte Stile und Trends. Auch wenn kaum jemand wusste, wer die neuen Kollektionen tatsächlich kreiert hatte, so war es für mich eine glückliche Zeit.

Und doch – schon als Kind bewegte ich mich mehr in den Grenzländern unserer sichtbaren Welt, was mir den Ruf einer Träumerin einbrachte. Und immer fühlte ich tief in meinem Innern eine wachsende Sehnsucht, die mich dazu drängte, mich auf die Suche zu begeben – auf die Suche nach dem verborgenen Sinn hinter all unserem Tun und Streben.

Eines Tages schließlich war es so weit: Ich stellte Fragen. Und das, was ich am wenigsten erwartet hatte, geschah. Die Engel antworteten.

So kam es, dass sich mein Leben von Grund auf änderte. Nicht über Nacht, auch wenn es eine Nacht auf den Höhen der Tessiner Alpen war, in der sich die Kompassnadel meines Lebens ganz entschieden in eine andere Richtung drehte. Der Weg, den jeder Einzelne von uns beschreitet, wenn er einen Zipfel der göttlichen Wahrheit zu fassen bekommen hat und von da an unbedingt mehr davon will, ist individuell bei jedem verschieden. Das Ziel jedoch, die Ausrichtung ist immer dieselbe.

Mich führte mein Weg durch verschiedene spirituelle Schulen: Als Christin aufgewachsen, vertiefte ich mich in Yoga und meditierte in Indien mit den Mönchen des legendären buddhistischen Klosters Hemis Gompa. Dort erhielt ich zahlreiche Einweihungen und wäre gern geblieben. Doch das Schicksal wollte es anders, und so kehrte ich nach Europa zurück. Im Sufismus fand ich schließlich einen Weg, der alles ein- und nichts ausschließt und das Beste aus allen Schulen in sich vereinen möchte. Doch die Göttliche Führung hatte für mich einen eigenen Weg bestimmt, und die Engel wurden zu meinen Lehrmeistern und Begleitern.

So kam es, dass ich vor mehr als dreißig Jahren auf Wunsch der Himmlischen Führung meine erste Schülerin annahm und die »Seligkeits- und Herrlichkeitsschule« gründete. Ich, die ich immer ganz leise sprach und mich verhaspelte, wenn mir mehr als drei Menschen zuhörten, lernte es, vor mehreren tausend Zuhörern Vorträge zu halten. Mit Freuden habe ich mein Leben ganz der Aufgabe gewidmet, Kanal der Einheit zu sein und Menschen auf ihrem Weg zu sich selbst zu begleiten. Denn wir alle, das ist der sehnlichste Wunsch des Göttlichen, sollen nichts anderes als das werden, was wir in Wahrheit bereits sind: fühlende, selige, herrliche und liebende Menschenwesen.

Wie Sie dieses Buch für sich nutzbar machen möchten, dürfen Sie natürlich selbst entscheiden: ob Sie es von vorne nach hinten lesen, ob Sie darin blättern und einzelne Kapitel, die Sie spontan ansprechen, zuerst lesen, ob Sie die Meditationen und Übungen an den Stellen ausprobieren möchten, wo sie im Buch stehen, oder einige davon lieber zu einem anderen Zeitpunkt praktizieren – Sie wissen selbst am besten, was Ihnen guttut. In vielen Kapiteln haben Beate und ich Geschichten eingefügt, die mit ❋ gekennzeichnet sind. Sie fassen die Engellehre nochmals zusammen und heben sie auf eine neue, märchenhafte Ebene. Alle, die die Sehnsucht haben, zu wachsen und zu werden, was ihnen vom Himmel bereits in die Wiege gelegt ist, sind herzlich eingeladen, die Schule der Engel kennenzulernen und ihr persönliches Glück und ihren eigenen Erfolg zu verwirklichen.

ERSTES TOR

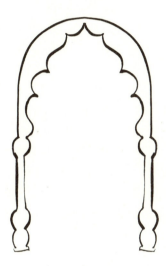

Der Mensch – der Glücksucher

Die Praxis, der Unvollkommenheit, den Fehlern, den Unarten Liebe zu geben, erlaubt dir, bei dir zu bleiben, bei dir zu sein: »Ich bin, was ich bin.« In diesem Sein ist alles enthalten, was du brauchst, um das zu vollbringen, was dich selig macht, was dich glücklich macht.

Von der Seligkeit und Herrlichkeit

Warum sind wir Menschen die meiste Zeit unseres Lebens so sehr »im Stress« und fühlen uns ausgelaugt bis hin zum »Burn-out«? Wonach strebt der Mensch, warum hetzt er sich so ab, was sucht er so verzweifelt und scheint es doch nicht zu finden? Statt selbst Meister unseres Lebens zu sein, fühlen wir uns fremdbestimmt und vielen Zwängen unterworfen. Doch ich möchte Ihnen heute sagen: Dies ist nichts anderes als eine Illusion – eine Illusion, der wir uns freiwillig unterwerfen.

Wir wissen über viele komplizierte Dinge Bescheid, doch wo und wie wir unser Glück finden, scheint vielen ein Rätsel. Und dabei ist es ganz einfach, bereits als Kinder haben wir es erlebt: das selbstvergessene Eintauchen in unsere innere Welt, versunken im Spiel oder dem, was uns umgab.

Als Kind hielt ich mich viel draußen in der Natur auf und war von ihr völlig absorbiert. Meine Familie lebte damals in der Nähe von Bern, beruflich verbrachte mein Vater die Sommer in Sankt Moritz, und wir begleiteten ihn. Da war ich tagelang einfach nur draußen auf den Wiesen unterwegs, ganz allein, ohne dass jemand auf mich aufgepasst hätte. Berge, Täler, Blumen und Bäume, alle Arten von Tieren waren meine Lehrmeister, sodass ich niemals einsam war, sondern mich von wunderbaren Wesen umgeben fühlte und mit allem verschmolz. Später erfuhr ich vom Erzengel Gabriel, dass Gottvater ihn damals angewiesen habe, gut auf mich zu achten und Sorge zu tragen, dass mir nichts geschieht. Noch heute erinnere ich mich an viele Lichtmomente von damals, in denen ich als kleines Mädchen völlig selig war. Glückselig.

Glückseligkeit fühlen wir dann, wenn wir Freude daran haben, zu wachsen und uns zu verwirklichen. Darum ist es ganz natürlich, dass wir uns als Kinder glückselig erleben konnten, denn damals durften wir wachsen und täglich dazulernen, uns verwirklichen im Spiel. Im Erwachsenenalter haben wir vieles davon verlernt, der sogenannte »Ernst des Lebens« hat unsere Fähigkeit, zu wachsen und uns stetig weiterzuentwickeln, in den Hintergrund gedrängt. Wir tragen viele Bedenken, außerdem setzen uns Hindernisse und

Blockaden zu. Als Kinder sollen wir wachsen und lernen, als Erwachsene dagegen die Früchte für das in der Jugend Gelernte ernten. Dabei ist es uns Menschen eigen, bis zu unserem letzten Atemzug zu lernen und neue Erfahrungen zu machen, und genau dies macht das Leben erst so richtig lebenswert: spannend, prickelnd und ganz und gar authentisch. Wir fühlen uns dann erst so richtig lebendig – warum leisten wir uns diesen Luxus nicht, der uns so glückselig macht?

Stattdessen setzen wir all unsere Kraft ein, um unser Glück im Äußeren zu erlangen. Zum Beispiel im Wunsch, gesehen und anerkannt zu werden, sich in der Welt zu verwirklichen, Erfolg zu erlangen, der sich auch im Materiellen niederschlägt: ein Haus, ein schönes Auto, eine nette Familie und so weiter. Und gegen all das ist überhaupt nichts einzuwenden, ganz im Gegenteil. Denn der Himmel wünscht nicht den Verzicht, er wünscht sich für uns und die Welt die Fülle.

Die Frage ist: Warum leben wir dann nicht glücklich und in der Fülle? Die Schwierigkeiten entstehen, wenn wir die Ursache mit der Wirkung verwechseln und die Dinge verkehrt herum anpacken: So denken viele, dass sie erst dann glücklich sein werden, wenn sie erfolgreich sind. Dabei ist es andersherum: Wir werden dann erfolgreich sein, wenn wir das Glück gefunden haben. In der Sprache der Engel heißt es: die Seligkeit (das Glück) finden und unsere Herrlichkeit (den Erfolg mit allem, was dazugehört) auf die Erde bringen. Das heißt auch, von seinen Idealen nicht nur zu träumen, sondern sie zu verwirklichen und in die Tat umzusetzen. Das heißt, die Verantwortung für unser Lebensglück selbst in die Hand zu nehmen und nicht zu warten, ob uns das berühmte »große Los« irgendwann in den Schoß fallen wird. Es heißt aber auch, zu seinen Idealen und Wünschen zu stehen und nicht schon im Vorhinein aufzugeben und seufzend zu sagen: »Ach, das wird ja doch nichts!« Denn wir können uns nur etwas wirklich ernsthaft wünschen, zu dem wir auch das Zeug haben, es zu verwirklichen. Und ob Sie es glauben oder nicht – dazu gehört auch Mut: der Mut, sich »in seiner Herrlichkeit zu zeigen« und seinen inneren Reichtum in äußeren zu verwandeln.

Alles, was wir dazu brauchen, ist schon da und in uns vorhanden. Wenn wir uns also ernsthaft auf die Suche nach unserem Glück machen, dann führt unser Weg nach innen, nicht nach außen. Denn jedem Einzelnen von uns wurde schon vor seiner Geburt alles geschenkt, was er für ein glückseliges Leben braucht. Wir Menschen sind von Gott geschaffen nach seinem Bilde, sichtbare materielle Spiegelbilder des Unsichtbaren – mit einem klitzekleinen Unterschied, nämlich dem »Fehlerteil«, auf den wir später noch zu sprechen kommen. Wenn wir also alle Gaben bereits erhalten haben und in uns tragen, müssen wir nur werden, was wir im Kern unseres Wesens bereits lange sind. Das klingt einfach, und doch erscheint es uns schwieriger als alles andere.

Das liegt unter anderem daran, dass dem Menschen zu all seinen Gaben ein »Ich« gegeben wurde, das berühmte »Ego«. Das »Ich« bewirkt die Trennung aus der Einheit ins Individuelle. Auch das kann man sehr schön bei der Entwicklung eines Kindes beobachten, das zunächst ja gar nicht zwischen »ich« und »wir« unterscheidet und von sich selbst in der dritten Person spricht. Bis eines Tages das Bewusstsein für seine Individualität in ihm erwacht, für sein Getrenntsein zunächst von der Mutter stellvertretend für alle anderen Menschen, diese reizvolle Entdeckung, einzigartig und verschieden zu sein: die Geburt seines »Ichs«.

Besäße der Mensch nicht die Fähigkeit, ein »Ich« zu entwickeln, dann hätte er keine individuelle Persönlichkeit und würde nichts zum Weltgeschehen beitragen. Das Universum hat es aber anders gewollt. Es ersehnte, dass der Mensch als Spiegel des Göttlichen seinen eigenen Teil zur Schöpfung beiträgt. Nur durch sein Ego ist er in der Lage zu erschaffen. Damit ist natürlich auch verbunden, dass er Fehler macht, ganz nach der Redensart: »Wer nichts macht, macht nichts verkehrt.« Aber wir Menschen tun ständig ganz viel, und wie wir alle wissen, sind auch jede Menge Fehler dabei.

Von klein auf wird uns beigebracht, Fehler wären etwas ganz Schlimmes, was wir vermeiden sollen. Dabei sind es gerade die Fehler, von denen wir am meisten profitieren: Sie zeigen uns, was wir nicht wollen und wie wir es besser machen können. »Aus Fehlern lernt man«, und oft entstehen aus den sogenannten Fehlern am Ende ganz wunderbare Dinge.

Da ist zum Beispiel die Geschichte, wie das berühmte Gericht Bœuf bourguignon »erfunden« wurde: Ein ungeschickter Küchengehilfe verschüttete aus Unachtsamkeit eine Karaffe mit Rotwein genau über der Kasserolle, in der sein Chef einen Rinderbraten köcheln ließ. Für diesen kapitalen Fehler erntete der Junge eine schallende Ohrfeige. Erst als der Chefkoch das »verdorbene« Gericht Stunden später probierte, begriff er, dass aus dem Fehler etwas ganz Köstliches entstanden war – und benannte es nach dem Burgunderwein, der aus Versehen im Braten gelandet war.

Auch beim Lernen sind es die Fehler, die aus uns Experten machen. Wenn wir Kinder beobachten, wie sie etwas ausprobieren, was sie zuvor noch nie gemacht haben, führen sie es uns vor: Weil sie die Lösung noch nicht kennen, versuchen sie es immer wieder von verschiedenen Seiten, scheitern, machen Fehler, bis sie am Ende herausgefunden haben, wie die Sache funktioniert. Untersuchungen haben gezeigt, dass eine Fähigkeit, die auf diese Weise erworben wurde, viel tiefer sitzt als etwas, was erklärt und vorgeführt wurde.

Es ist also unser »Ich«, unsere Individualität, die dafür sorgt, dass wir Fehler machen. Gleichzeitig aber scheut das »Ich« den Fehler. Es könnte sich ja blamieren. Man könnte herausfinden, wie dumm und begrenzt es doch tatsächlich ist. Aus dieser Angst heraus wird das »Ich« recht schnell zu einem Spezialisten in Sachen »Richtig« und »Falsch«, »Gut« und »Schlecht«. Aus Angst vor seiner eigenen Begrenztheit liebt es unser Ich, sich selbst aufzuwerten, indem es andere niedermacht: »Hast du gesehen? Der Nachbar hat schon wieder eine neue Schramme an seinem neuen Wagen. Der kann einfach nicht Auto fahren.« Darin ist unausgesprochen enthalten: »So etwas Blödes würde mir nie passieren: Ich bin ein guter Autofahrer.« Mit solchen Dingen kann sich das »Ich« ein ganzes Leben lang genüsslich aufhalten. Denn solange es immer noch Nachbarn und Kollegen gibt, die blöder sind als wir selbst, müssen wir auch nicht unbedingt wachsen und uns weiterentwickeln. Nach dem Motto: »Wir sind sowieso schon allen andern haushoch überlegen.«

Tatsächlich ist die bedenklichste Eigenschaft unseres »Ichs« die, nicht wachsen zu wollen, wachsen im Sinne von »lernen« und »sich weiterentwickeln« – und behindert uns unbewusst auf dem Weg zu unserem Glück. Denn es ahnt zu Recht, dass es irgendwann einmal überflüssig wird und sich quasi selbst abschafft, wenn es bereit ist zu wachsen. Und davor hat unser Ego ganz fürchterliche Angst. Tatsächlich ist das Ich nichts anderes als eine Illusion, aber als solche nicht weniger real und mit großen Auswirkungen auf unser Denken und Handeln. So kommt es, dass unser Ego oder unser »Ich« oft einem störrischen Esel gleicht, und genau wie man mit einem störrischen Esel umgeht, sollten wir lernen, mit unserem Ego-Esel umzugehen: liebevoll und geduldig.

In älteren Schulen strebte man danach, das »Ich« zu zerstören, sich selbst aufzugeben, jedes eigene Wollen auszulöschen, um dem Reinen den Vortritt zu geben. In der heutigen Zeit ist die Schulung eine andere: Statt im »Nichts-Sein« üben wir uns im »Alles-Sein«. Denn kann unser »Ich« die Erfahrung machen, dass es nicht nur auf sich selbst begrenzt ist, dass es im Gefühl und Erleben buchstäblich alles sein kann, dann lernt es die Demut und hört auf, uns Schwierigkeiten zu bereiten. Ja, in für uns besonders glücklichen Momenten ist es das, was es in Wirklichkeit auch ist: überhaupt nicht existent.

Es ist ein physikalisches Gesetz, dass Druck Gegendruck erzeugt. Wenn ich etwas bekämpfe, gebe ich ihm ungewollt eine Menge Energie und bewirke damit das Gegenteil von dem, was ich erreichen möchte. In der asiatischen Kampftechnik Aikido wird dieses Gesetz klug umgesetzt: Statt dem Angriff eines Gegners die eigene Kraft entgegenzusetzen, wird die Energie des Angreifers elegant genutzt und umgeleitet. So wird er mit seinen eigenen Mitteln außer Gefecht gesetzt – oder anders gesagt: Er setzt sich selbst außer Gefecht.

Das Gesetz, das wir mit unserem Ego anwenden, geht sogar noch weiter. Wir bekämpfen und unterdrücken es nicht, denn das wäre eine ungeheure Kraftverschwendung. Unser Ego bekäme dann nur noch mehr Angst und würde umso störrischer werden. In die Enge getrieben, schart das Ego außerdem ganz schnell Verbündete um sich. Ein starker Verbündeter des Egos ist der Verstand, der immer gute Gründe finden wird, warum das Ego absolut im Recht ist. Und gemeinsam sorgen sie dafür, dass unsere Gefühlswelt mitunter völlig auf den Kopf gestellt wird. Wer in Konfliktsituationen der Troika Ego, Verstand und Angst folgt, der ist meist schlecht beraten. Denn das Ego fühlt sich leicht angegriffen und in seiner Ehre gekränkt. Die Einsicht, dass Konflikte unsere besten Lernsituationen sind, ist dem Ego völlig fremd. Das Ego nimmt alles persönlich. So wie es gern andere abwertet, um selbst gut dazustehen, wittert es stets Missachtung und Herabsetzung.

Im Grunde ist unser Ego-Esel ein ganz armes und von vielen Ängsten geplagtes Wesen. Und wenn wir nicht aufpassen, spannt er uns vor seinen Karren, statt dass er uns dient. In Krisensituationen kann es auch passieren, dass er so gefühlsverwirrt ist, dass er sich – ganz Esel – keinen Zentimeter mehr weiterbewegt und uns damit handlungsunfähig macht.

Denn wenn unser Ego-Esel auch noch so sehr auftrumpft, so fehlt es ihm doch an vielem. Vor allem fehlt es ihm an dem Mut, zu seinen Fehlern zu stehen. Es fehlt ihm die Courage, zu wachsen und genau das zu werden, als was er so gern erscheinen möchte. Dabei kann er das mit Leichtigkeit, wenn er seine Angst erst einmal überwindet. Und genau hier sind wir gefragt. Ganz wichtig ist die Erkenntnis, dass wir nicht unser Ego sind. Der Ego-Esel ist nur ein Teil unserer Persönlichkeit, auch wenn er das selbst ganz anders sieht. Falls es uns aber nicht gelingt, ihn mit Liebe und Geduld zum Wachsen zu bringen, damit er seine enge, »egoistische« Haltung erweitern und verbreitern kann, dann wird er uns ewig den

Weg zu unserer Glückseligkeit und zu unserem herrlichen Erfolg versperren.

Die beste Strategie, mit unserem Ego-Esel umzugehen, ist also, ihn nicht auszuschimpfen, uns seiner nicht zu schämen und ihn nicht zu bekämpfen. Stattdessen umarmen wir ihn und geben ihm Liebe und Verständnis. Tatsächlich habe ich mir vor Jahren einen hübschen Plüschesel angeschafft, den ich immer in meiner Nähe habe – inzwischen sind noch ein paar nette Eselkollegen dazugekommen. Fühle ich, wie mein Ego sich mal wieder aufplustern will oder in Konflikten verschreckt reagiert, dann projiziere ich es auf dieses süße Kuscheltier. Das hat mehrere Vorteile: Indem ich meinem Ego ein »Wesen« gebe, wird es zu einem Gegenüber. Um das Ich, so schwer greifbar und im Grunde doch nur eine Illusion, können wir uns nicht kümmern – um unseren Esel ja. Außerdem ist es viel einfacher, mit einem süßen Esel liebevoll und geduldig umzugehen als mit uns selbst.

»Ja, ja, mein Eselchen, ist schon gut«, sage ich dann zu ihm. »Es ist zwar wirklich schlimm, was du da erleiden musst. Aber glaub mir, alles ist gut.«

Das Ich wurde erschaffen, damit der Mensch eine eigene Persönlichkeit, ein eigenes Ideal, eine eigene Meinung entwickeln konnte. Auch die Fähigkeit, Fehler zu machen, wurde uns ganz bewusst gegeben. Nur mit dieser »Ausstattung« ist es uns überhaupt möglich, auf Erden zu wirken, uns zu verwirklichen, zu erschaffen. Einfacher geht das aber, wenn wir unsere Kraft nicht vergeuden, indem wir gegen unser störrisches Ich und unsere Fehler ankämpfen. Viel besser ist es, wenn es uns gelingt, den Ego-Esel dazu zu bringen, dass er uns flott unseren spirituellen Weg entlangträgt und uns hilft, Hindernisse aus dem Weg zu räumen.

Übung: Lerne deinen Esel kennen

Hat ein Mensch alle Arten von Gefühlen in sich verwirklicht, dann enthält seine Gefühlswelt auch alle Tierarten. Es gibt auf der Erde nach wie vor die Tiere, die der Mensch als Gefühl noch nicht zu integrieren wagt. Und so wird es immer auch neue Tiere geben, die neue Gefühlsqualitäten verkörpern. Ebenso werden Tiere dann aussterben, wenn die Menschen die Gefühle, die sie verkörpern, selbst zu leben wagen.

Der Esel entspricht dem Ich. Das Ich kennt man nicht, man kann es nicht sehen, denn es ist eine Illusion, oder haben Sie das Ich vielleicht schon mal erblickt? Ist Ihres schon irgendwo sichtbar geworden?

Wenn Sie nun also wissen, dass Ihr Ich Ihrem Esel entspricht, dann können Sie Ihrem Esel begegnen.

Die Übung

Schließen Sie die Augen, und stellen Sie Ihrem Esel folgende Fragen:

»*Wie siehst du aus?*«
»*Wie fühlst du dich?*«
»*In welcher Landschaft bist du?*«

Sehen Sie sich Ihren Esel genau an. Ist er fröhlich oder traurig? Ärgerlich, bockig, oder freut er sich einfach, dass Sie endlich mit ihm Bekanntschaft schließen? Achten Sie genau auf seine Gefühlsstimmung. Interessant ist es auch, ein bisschen herumzuschauen, in welcher Umgebung sich Ihr Esel aufhält. Hat er genügend Gras? Steht er auf einem Berg? Im Schnee? Blühen Blumen zu seinen Füßen? Oder ist er ein Wüstenesel?

Das Spiel mit den Eselsohren

Das Ideal des Esels sind hohe, große Ohren, Elefantenohren, die fliegen. Die Eselsohren verlängern, sich länger vorstellen, das hilft, über Hindernisse zu gehen.

Affirmation: »Ich gebe meinem Esel hohe Ohren, und noch das größte Problem bekommt Flügel.«

Denn Ihrem Problem können Sie nicht Flügel geben, Ihrem Esel ja. Sie können seine Ohren als riesengroße Eselsohren vielleicht sogar bis in den Himmel verlängern, dann kann Ihnen das ganze Universum alles geben, alle Kräfte und alle Mächte, um noch das größte Hindernis zu überschreiten. Dann wird alles leicht.

Vielleicht hat Ihr Esel Schlappohren, seine Ohren sind nach unten geklappt? Dann können Sie sie in die Tiefe verlängern, ganz, ganz nach unten.

Affirmation: »Ich erlaube meinem Esel lange Schlappohren bis hinunter in die tiefste Tiefe!«

Wenn wir ein Unglück, einen Schmerz noch nicht verdauen konnten, fühlen sich unsere Gefühle arm an, bedauernswert. Mit dieser Schlappohrenpraxis können diese bedauernswerten Gefühle nach unten abfließen und dort, in der Tiefe, geordnet werden. All das, was noch nicht losgelassen wurde, erfreut die Tiefe, man nimmt es Ihnen gern ab, Sie müssen das Ungute in Ihrem Leben nicht ewig mitschleppen.

Und ist noch der letzte Schmerz in die Tiefe abgeflossen, werden sich die Ohren Ihres Esels freudig in die Höhe erheben und Ihnen Flügel schenken.

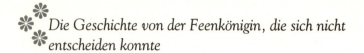
Die Geschichte von der Feenkönigin, die sich nicht entscheiden konnte

Es war einmal eine Blumenfee, die wusste nie, was sie wollte, denn am liebsten wäre sie alle Blumen gleichzeitig gewesen. Doch auch alle Blumen gleichzeitig zu sein wäre ihr nicht recht gewesen, denn dann wäre sie ja nicht einzigartig. Einzigartig wollte sie gern sein, doch als was? Dies war also ein großes Problem für die Blumenfee.

So ging sie zu ihrem Gemahl, dem Feenkönig, und wollte seinen Rat: »Es sind nun schon drei Jahre«, klagte sie, »dass ich mich verberge und mich im Frühling nicht offenbare auf der Erde. Denn jedes Mal, wenn ich mich entscheiden muss, welche Blume ich werden will, dann fühle ich, dass ich eigentlich alle Blumen sein möchte. Drei Jahre habe ich jetzt also darauf verzichtet, als Samen aufzuerstehen, und bleibe in meinem Traum- und Zauberhimmel, wo ich je nach Lust und Laune alles sein kann, wonach es mir gerade ist. Doch jetzt bin ich ganz unglücklich geworden, weil ich mich nie als konkrete Blüte erlebe. Kurzum – ich kann mich nicht entscheiden. Darum habe ich jetzt kundgetan in meinem Blütenreich, dass jene Blume, die als nächste zu mir kommt, um mich nach meinem Rat zu fragen, meine Inkarnation sein wird auf Erden.

Doch stell dir vor, mein lieber Gemahl, seit ich das bekannt gemacht habe in meinem Reich, wagt es keine einzige Blumenfee mehr, sich mir zu nähern, fast als hätten sie alle Angst, mir meine Verantwortung für mein Werden abzunehmen. Was soll ich nur tun?«

»Meine liebe Feenkönigin«, sagte der Königsgemahl. »Ich weiß, ich weiß, denn schon immer wusste ich, was mit dir ist, und immer werde ich es wissen. Aber sage mir: Was soll ich dir raten, was soll ich dir sagen, da du doch eigentlich schon alles weißt?«

In diesem Moment erkannte die Blumenkönigin, dass sie sich bei ihrem Gemahl noch nie bedankt hatte für seine bedingungslose Liebe. Denn dass sie so viel wusste und alles sein konnte, das hatte sich ihr nur durch seine Liebe eröffnet, dadurch, dass er in ihr immer die Allerherrlichste sah. Sie verstand, dass es ihr Undank war, weswegen sie jetzt nicht mehr wusste, was sie eigentlich tun sollte.

Sie küsste den König auf die Stirn, schaute in sein Herz und wusste im selben Moment, welche Erfahrung sie auf Erden verkörpern würde. Denn in seinem Herzen hatte sie eine weiße Blüte gesehen.

»Ach«, sagte sie überrascht, »an die weißen Blumen habe ich bis jetzt noch gar nicht gedacht. Immer habe ich die starken, freudigen Farben gewählt, und vor der Farblosigkeit des Weißen hab ich mich immer ein bisschen gefürchtet. Doch jetzt möchte ich erleben, wie es ist, als weiße Blume alle anderen Farben und alle Gefühle widerzuspiegeln.«

Und sie beschloss, als dornenlose weiße Rose die Erde zu bevölkern, weit und breit. Denn diese Rose stößt mit ihrer Wurzel hinab bis in die tiefste Tiefe, und ihre Blüten erheben sich hoch in den weiten Himmel. Und jeder Mensch, der in die Blüte einer weißen Rose blickt, fühlt sich in seinen Gefühlen verstanden und aufgehoben, seien es nun die traurigen, schweren oder die lichten, hellen Gefühle, und besonders gern legt man die weiße Rose auf das Grab eines Verstorbenen – als letzten Gruß der Liebe.

ZWEITES TOR

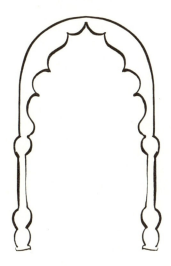

Sehnsucht nach der Wahrheit – die Ganzheit eröffnen

Es gibt alles in deiner Gefühlsenergie, alles, was dir mangelt: Du musst nur wagen, deinen Reichtumsschatz nicht mehr zu verbergen, sondern ihn zu offenbaren.

Eins mit dem Universum

Was ist eigentlich der Sinn hinter dem, was wir Tag für Tag tun? Warum fühlen wir uns oft so unruhig, unzufrieden, unvollständig? An solchen Tagen »läuft« der Alltag nicht »rund«, es scheint uns, als sei »Sand im Getriebe«, und alles ist mühsam. Dann fühlen wir eine unerklärliche Sehnsucht nach so etwas wie Ganzheit, nach Erfüllung und Sinnhaftigkeit.

Oft ist es gerade diese Sehnsucht, die uns antreibt, immer weiterzumachen wie ein Hamster in seinem Rad. Und doch finden wir nicht, was wir suchen, wissen oft nicht einmal, was es ist, was uns fehlt.

Auch ich war viele Jahre lang eine Suchende, ohne zu wissen, wohin die Reise eigentlich gehen sollte. Das begann, als meine Kindheit zu Ende war und ich nicht mehr tagtäglich in der Natur herumspringen konnte, wie es mir einfiel. Auf einmal wurde es immer wichtiger, »etwas zu werden«, statt einfach nur zu sein. Damals fing es an, dass man sich messen und die Dinge richtig machen musste, nicht falsch. Die »Erfindung« von Richtig und Falsch bedeutete wahrscheinlich für jeden von uns die Vertreibung aus dem Paradies. Jedenfalls war es bei mir so. Von da an hatte ich viele Jahre lang das Gefühl, nicht gut genug zu sein, so wie ich war. Nicht zu genügen. Wer kennt das nicht?

Ich wuchs in keinem Elternhaus auf, in dem ich besonders unterstützt und ermutigt wurde, leider war eher das Gegenteil der Fall. Man gab mir das Gefühl, dass »aus mir eh nichts werden könnte«, dass ich viel zu verträumt wäre. Von klein auf war ich äußerst schüchtern; und daran änderte sich auch nicht viel, als ich ins Teenageralter kam. Ich war immer sehr schweigsam, vielleicht lag das auch daran, dass meine Familie während meiner ersten vierzehn Lebensjahre in drei verschiedene Sprachregionen umziehen musste. Denn geboren wurde ich in Genf, und die ersten fünf Jahre wuchs ich mit der französischen Sprache auf. Dann zogen meine Eltern nach Bern ins Elternhaus meines Vaters, der Mechaniker war und viele Jahre lang dort den Postbus fuhr. Hier lernte ich Deutsch. Als ich vierzehn war, ging es schließlich ins Tessin. Ein Jahr vor meinem Schulabschluss musste ich also Italienisch lernen. Im Grunde gehörte ich nirgendwo so richtig dazu. Es machte mir nichts aus, eine Einzelgängerin zu sein, ich war mir nicht einmal darüber bewusst, dass ich anders war als die anderen Kinder.

Obwohl ich zwei Schwestern hatte, verbrachte ich meine Kindheit weitgehend allein. Eine echte Herzensfreundin hatte ich auch nicht, wohl aber Freundinnen für bestimmte Aktivitäten, zum Beispiel war da ein Mädchen, mit dem ich zum Ballettunterricht ging. Überhaupt, der Ballettunterricht: Den wünschte ich mir so sehr, und doch schien er unerreichbar, denn meiner Mutter waren die sechs oder sieben Franken in der Woche zu teuer. Da hörte ich eines Tages im Religionsunterricht vom heiligen Jesuskind.

»Wenn ihr euch etwas ganz fest wünscht«, sagte die Lehrerin, »dann erzählt es dem Jesuskind. Das Jesuskind kann euch jeden Wunsch erfüllen.«

Also betete ich von nun an zum Jesuskind: »Liebes Jesuskind, ich habe gehört, du kannst Wünsche erfüllen. Bitte hilf mir, dass ich zum Ballett darf!«

Ein paar Tage später kam eine Schulfreundin zu mir und erzählte von ihrer Ballettschule, wo die Stunde nur 1,60 Franken kostete. »Oh«, dachte ich, »das Jesuskind hat meinen Wunsch erhört!«

Doch auch das wollte meine Mutter nicht in meinen Ballettunterricht investieren. Also beschloss ich, mir diesen Betrag selbst zu verdienen. Hatte nicht die Frau in unserer Straße, die diesen schönen Hund besaß, neuerdings Probleme mit den Beinen? Mutig klingelte ich an ihrer Tür.

»Ich wollte Sie fragen«, begann ich schüchtern, »ob ich Ihren Hund ausführen soll, jetzt, wo Sie so schlecht gehen können?«

»Ja«, sagte sie, »das wäre sehr schön. Was möchtest du dafür?«

»Einen Franken sechzig in der Woche«, schlug ich vor. Und so hatte mir also das Jesuskind dabei geholfen, Ballettunterricht zu bekommen.

Ich hatte nie einen Zweifel daran, dass wir Menschen mithelfen müssen, damit die Wunder geschehen können. Wir tragen die Wunder in uns, das fühlte ich schon als ganz kleines Mädchen. Oder besser gesagt: Ich fühlte mich als Teil eines großen Ganzen. Als Kinder besitzen wir noch viel mehr Weisheit und Vertrauen in uns, die im Lauf unseres Erwachsenwerdens nach und nach verlorengehen. Dann müssen wir erst wieder lernen, dass jeder von uns ein ganzes, eigenes Universum in sich trägt. Die Ganzheit eröffnen heißt also, das eigene Universum aus unserem Leben nicht mehr auszuklammern, sondern in seine Dimensionen hineinzuwachsen. Es heißt, den Teil in uns zu erkennen, der von jeher mit der göttlichen Vollkommenheit verbunden ist. In jedem von uns gibt es einen einzigartigen, eigenen Anteil an der Vollkommenheit, und das Ziel unseres Lebens ist es, diesen auf der Erde zu verwirklichen, zu werden.

Erlauben wir uns diese Verbindung, erschließen wir uns gewaltige Ressourcen, denn hier, in unserem Universum, steht uns alles zur Verfügung, was wir zum Glücklichsein und zu einem erfolgreichen, erfüllten Leben benötigen. In der ganzheitlichen Schulung lernen wir, unsere einzigartige Vollkommenheit zu vertreten und auf die Erde zu bringen, sie im Hier und Jetzt zu verwirklichen. Das ist es, was zum Beispiel in der Redewendung »Er ist über sich hinausgewachsen« zum Ausdruck kommt. Wir alle kennen Situationen, in denen einfach alles gestimmt hat und wir mit uns im Reinen waren. In solchen Momenten haben wir die Teilung überwunden, die

Gaben des Universums standen uns zur Verfügung, und alles gelang fast »wie durch Zauberhand«. Meist geschieht dies, wenn wir in unserer Schaffensfreude sind, wenn wir genau das tun (dürfen), wozu wir den reinen Freudenimpuls fühlen: »Oh ja, dazu habe ich jetzt Lust!« Als kleines Mädchen hatte ich eine unbändige Lust zum Tanzen, und diese Lust und Freude, zusammen mit dem Urvertrauen gegenüber dem Jesuskind, sorgten dafür, dass ich mir den Ballettunterricht selbst erlauben konnte.

Auch dies gehört zu unserer ganzheitlichen Schulung: dass wir uns darüber bewusst werden, wo sich unsere reinste Freude eigentlich versteckt hält. Denn im Laufe unseres Erwachsenwerdens mussten wir sie so oft zurückstellen oder unterdrücken, dass es gar nicht so einfach ist herauszufinden, was uns tatsächlich am meisten Freude macht. Aber genau in unserer reinsten Freude verbergen sich auch unsere Stärken und unsere Mächte.

Die Bedürfnisse unseres Körpers

Unsere reinste Freude empfinden so wie damals, als wir Kinder waren, das können wir nur, wenn wir uns in unserem Körper wohlfühlen. Das gehört zur Ganzheit selbstverständlich dazu. Ich halte jährlich zwei Heilseminare, und da geht es um Heilung auf allen Ebenen: die Heilung des physischen Körpers bis hin zur Ordnung der Gefühle. Denn das ist nicht voneinander zu trennen. Krankheit und Unglück entstehen durch ein Ungleichgewicht, und darum gehört zum Ganzwerden, dass wir Körper und Seele wieder in Balance bringen.

Das fängt bei ganz einfachen Dingen an, beispielsweise bei der Frage: »Wie fühle ich mich? Was brauche ich jetzt in diesem Augenblick?« Möglicherweise ist Ihnen beim Lesen der Fuß eingeschlafen, oder Sie wollten schon seit einer Weile aufstehen, in die Küche gehen und sich ein Glas Wasser holen. Oder das Fenster öffnen und frische Luft hereinlassen. Oder sich eine wärmere Jacke holen, vielleicht ist Ihnen kalt. Vielleicht täte es gut, jetzt einen Apfel zu essen. Zu oft achten wir nicht auf die Bedürfnisse unseres Körpers, so oft, dass er es vielleicht schon aufgegeben hat, uns daran zu erinnern. So merken Frauen oft nach Stunden, dass sie eigentlich die ganze Zeit auf die Toilette mussten, und viele Männer achten, wenn sie arbeiten, nicht auf die Bedürfnisse ihres Magens.

Dabei hilft es, wenn wir den Körper und sogar seine einzelnen Teile, die Organe, Drüsen, Knochen und so weiter, als Wesenheiten ernst nehmen und mit ihnen in Dialog treten. »Mein lieber Magen, wonach steht dir heute der Sinn?« Sie werden sich wundern, wie prompt der Magen nach einiger Übung (denn zunächst ist er vor Staunen stumm darüber, dass Sie endlich das Wort an ihn richten) antworten wird. Vielleicht wird es ein bisschen komplizierter, wenn Ihr Magen das Kantinenessen nicht mehr möchte. Vielleicht müssen Sie ein paar Umstände in Kauf nehmen, um seine Wünsche zu befriedigen. Aber Sie werden bald merken, dass es sich lohnt: Sie werden sich wohler fühlen, schließlich ist der Magen ein wichtiger Teil Ihres Körpers und bestimmt nicht nur unsere Gesundheit, sondern hat großen Einfluss auf unsere Gefühlswelt. Nicht umsonst sagt man: »Das ist ihm wohl auf den Magen geschlagen.« Und: »Liebe geht durch den Magen.«

Bei alldem geht es darum, dem Unsichtbaren hinter dem physischen Körper ein Dasein zu gewähren – das heißt, sich dessen bewusst zu werden, was sich hinter dem Sichtbaren, dem Manifestierten verbirgt und wofür die Materie steht. Auf diese Weise können die Körperwesen uns führen und lenken und uns dabei helfen, dass es gar nicht erst zu Krankheiten kommt.

**Praktische Übung in der Achtsamkeit:
Die Aufmerksamkeit Ihrem Körper schenken**

Und damit es nicht bei Worten bleibt, wollen wir nun eine kleine Übung machen.

Schließen Sie die Augen, und fragen Sie Ihren Körper, was er jetzt in diesem Augenblick am liebsten möchte. Beobachten Sie, nehmen Sie wahr. Aha, Ihr Rücken hat sich durchgestreckt? Sitzen Sie auch bequem? Vielleicht mussten Sie gähnen? Auch die kleinste körperliche Regung will ernst genommen werden. Was möchte Ihr Körper? Aufstehen, sich recken? Dass Sie sich ein Glas Wein einschenken und weiterlesen? Spannt Ihr Hosenbund? Möchten Sie Ihre Beine hochlegen?

Schenken Sie Ihrem Körper die volle Aufmerksamkeit, und nehmen Sie ihn als Gegenüber wahr. Vielleicht antwortet er Ihnen sogar: »Ich möchte so gern schlafen gehen!«, »Mein Bauch ist viel zu voll, du hast zu viel gegessen«, oder »Ich hätte jetzt Appetit auf etwas Saures« …

Das alles sind nur Beispiele. Was Ihr Körper in diesem Moment tatsächlich braucht, das können nur Sie selbst herausfinden. Aber ich verrate Ihnen ein Geheimnis: Mein Körper sagte mir eben, dass er ein Taschentuch braucht, urplötzlich fing meine Nase an zu laufen.

Der Gefühlskörper – ein Ausgleichskörper

Ich habe mithilfe der Engel ein ganzes Buch über den menschlichen Körper und seine Wesen geschrieben: *Mein Körperbuch*. Darin ist nicht nur von unserem physischen Körper die Rede, sondern unter anderem auch von unserem Gefühlskörper. Wir müssen lernen, uns auch um diesen Körper zu kümmern, denn er will ausgeglichen werden, wenn wir ein ganzheitliches, erfülltes Leben führen wollen.

Der Gefühlskörper besteht aus Gegensätzen: Freude–Trauer, Begeisterung–Enttäuschung, Zufriedenheit–Wut, Angst–Mut, Verzweiflung–Hoffnung und so weiter. Aus der Spannung zwischen diesen Gegensätzen beziehen wir einen Großteil unserer Energie, und zwar optimal, wenn sich die Gegensätze mehr oder weniger die Waage halten. Doch dies ist meistens nicht der Fall. Dann fühlen wir uns »unausgeglichen«, stehen »unter Strom«, sind ruhelos oder haben zu wenig Energie. Auf die Dauer hat dieses Ungleichgewicht im Gefühlskörper Auswirkungen auf unseren physischen Körper, denn alles ist miteinander verbunden: Ist unser physischer Körper im Ungleichgewicht, wirkt sich das auf unser Gefühlsleben aus und umgekehrt.

Um ein erfülltes, glückliches Leben zu führen, müssen wir uns also auch um unsere Gefühle kümmern, sie in der Vertikalen ordnen. Das Schwere gehört nach unten, alles Lichte und Leichte nach oben. Auch hier sind wir oft nicht »im Lot«, entweder zu kopflastig, »mit dem Kopf in den Wolken«, oder wir tragen zu viel Schwere mit uns herum, statt überkommene Erfahrungen und Schmerzen in die Tiefe abzugeben. Es kommt auch vor, dass wir emotional aus höchsten Höhen in die tiefsten Tiefen stürzen, und das in rasantem Wechsel – auch dies ist eine Energieverschwendung und nicht wirklich befriedigend. Aber der Gefühlskörper ist ein Ausgleichskörper, und wo wir ein Zuviel haben, reagiert er mit dem Gegenteil.

Wenn unser Ego-Esel unsere Gefühle ordnen will

Mit welchen Emotionen gehen wir eigentlich tagtäglich um? Welchen Gefühlen erlauben wir, dass sie unser Befinden bestimmen? Ist es jeweils ein spontanes, neues, unvoreingenommenes Gefühlserleben, das aus dem Hier und Jetzt entsteht, also aus unserer Gegenwart? Oder schleppen wir vielleicht einen großen Gefühlsrucksack mit uns herum mit längst Erlebtem, Vergangenem? Ein Gepäckstück, das immer schwerer wird, weil täglich neue Erfahrungen dazukommen und Gefühle erzeugen, die wir nicht loslassen? Und bestimmt dieses emotionale Gepäck nicht auch oft darüber, wie wir auf gewisse Situationen reagieren?

Es sind vor allem die sogenannten negativen Gefühle, die sich bei uns gern festsetzen. Aus Wut und Verletztheit wird Groll, aus Neid wird Missgunst, aus Misstrauen Eifersucht, aus Angst Furchtsamkeit, aus Enttäuschung Mutlosigkeit und so weiter und so fort. Es ist mal wieder unser Ich, das im guten Glauben, uns schützen zu müssen, diese Gefühlserfahrungen sammelt wie einen wertvollen Besitz. Und dann, wenn eine ähnliche Situation im Anmarsch ist, die passenden Gefühle aus seinem Arsenal herauszieht. Dann läuft, ehe wir uns versehen, ein altbekanntes Programm in uns ab: Kaum nähert sich unserem Partner eine Frau, die so ähnlich aussieht wie jene, mit der uns ein anderer vor Jahren betrogen hat, läuten die Eifersuchtsalarmglocken. Müssen wir uns einer ähnlichen Situation stellen, in der wir schon einmal versagt haben, macht sich Mutlosigkeit in uns breit. Die Beispiele lassen sich beliebig fortführen – beobachten Sie einfach Ihren eigenen »Gefühlshaushalt«, und Sie werden staunen, wie gut uns unser Ich im Griff hat, wenn wir es ihm erlauben. Und wenn Sie glauben, für Gefühle könnten Sie nichts, die kämen einfach von selbst, dann haben Sie recht. Nur: Sie kommen nicht von »irgendwo her«, sondern aus dem Gefühlsgepäck Ihres Ego-Esels.

Wie soll man klare, unvoreingenommene Entscheidungen treffen, wenn man von einer alten Angst geschüttelt wird? Wie soll man einen Abend mit seinem Geliebten genießen, wenn durch einen Gefühlsautomatismus eine alte Eifersucht uns das Herz zerschneidet? Wie sollen wir in unserem Beruf erfolgreich sein, wenn unser Ich uns im entscheidenden Moment unsere längst verjährten Misserfolge vor Augen führt? Und wie soll unser Körper mit all diesen angesammelten negativen Gefühlen umgehen, ohne krank zu werden?

Es wird Zeit, dass wir selbst Herr oder Herrin in unserem Körperhaus werden. Wie schon erwähnt wurde, sind es die Fehler, die Misserfolge, die emotionalen Schmerzen, die für uns die größten Chancen und Geschenke bereithalten – aber nur, wenn wir uns ihnen auch mutig stellen. Viel einfacher ist es allerdings, wenn wir uns nach einer wirklich peinlichen Situation so schnell wie möglich von der eigenen »Schande« wegdrehen und die Blamage sofort vergessen: »Schwamm drüber!« Dann tun wir gern so, als sei nichts gewesen. Und doch – unser Ego-Esel hat ein ausgezeichnetes Gedächtnis, er vergisst nichts. Er sammelt die nicht wirklich durchlebte

Emotion brav und treu auf und steckt sie in seinen Sack. Für andere Gelegenheiten, bei denen er uns so ein »Schandgefühl« wieder unter die Nase reibt. Ist es da nicht praktischer und gesünder, wenn wir uns gleich diesen negativen Gefühlserfahrungen hingeben, uns »das volle Programm« gewähren, mit Genuss in der »Schande« baden oder es wirklich wagen, den Schmerz in seiner ganzen Tiefe zuzulassen? Oder mit all unserer Kraft in die heilige Wut gehen und zu ihr stehen, statt sie zu unterdrücken und hinunterzuschlucken? Denn alle ungelebten Emotionen kehren garantiert zu uns zurück – wenn es sein muss, ein Leben lang.

Auch das kennen wir gut: Immer wieder geraten wir in dieselben unangenehmen Situationen – ein Déjà-vu nach dem anderen. Dieselben Konflikte, dieselben Hindernisse, dieselben Probleme. Warum ist das so?

In jedem Konflikt ist ein wertvolles Geschenk für uns verborgen, wie ein Schatz in einer unansehnlichen Verpackung. Wenn wir uns aber jedes Mal mit Schaudern abwenden und das Geschenk nicht annehmen, wird es uns wieder und wieder präsentiert. Leider müssen wir, um das Geschenk zu erhalten, erst durch die Lernaufgabe hindurch, die jeder Konflikt bedeutet, müssen uns gerade dem stellen, was uns so große Schwierigkeiten bereitet. Unser Ego-Esel mit seinem Sack voller Negativerfahrungen und den dazugehörenden schlimmen Gefühlen will uns aber genau davor »bewahren« und leistet uns damit einmal wieder überhaupt keine guten Dienste.

Die Annahme der Gefühle – so wie sie sind

Zur Ganzwerdung gehört auch, dass wir jedes Gefühl annehmen und erleben, so wie es ist. Sei es nun angenehm oder schmerzhaft. Seltsamerweise ist es für uns manchmal sogar schwierig, die ganz besonders beglückenden Gefühle anzunehmen. Gerade so, als seien sie »zu schön, um wahr zu sein«. Es ist unser Ich, das verhindern möchte, dass wir in jeder Situation ganz rein und unvoreingenommen das empfinden, was tatsächlich da ist.

Der Schlüssel für das ganze Erleben aber ist die Liebe, denn wirklich fühlend ist nur sie. Haben wir unseren Erlebenskörper, den fühlenden Körper nicht in Liebe integriert, dann leiden wir immer unter irgendeinem Mangel, einer Sehnsucht. Wir empfinden die Umstände und unsere Mitmenschen, unser Tun und das, was uns die Umwelt zurückspiegelt, als nicht genug. Wir finden, wir hätten etwas Besseres verdient. Müssten mehr verdienen. Eine bessere Position haben. Ein schöneres Haus. Wir sind der Meinung, dass man uns schlecht behandelt. Die Welt empfinden wir dann als ungerecht.

Das universelle Gesetz dazu lautet aber: Wenn wir mit unserem Vollkommenheitsteil verbunden sind und das Gefühl haben, dass etwas nicht genug ist, dann liegt der Grund dafür darin, dass da etwas ist, was wir selbst zum Geben haben, ein Mehr. Etwas, was wir noch nicht gegeben haben. Wenn wir zum Beispiel finden, dass wir nicht genug geliebt werden, dann ist dies ein Hinweis darauf, dass wir selbst noch mehr Liebe schenken könnten und es auch sollten. Aber ich spreche nur von unserem subjektiven Empfinden – vielleicht werden wir ja schon über alles geliebt, können es aber nicht wahrnehmen oder annehmen, weil wir unsere Liebe noch nicht gegeben haben. Oder ein anderes praktisches Beispiel: Ein Handwerker bekommt seine Rechnung nicht bezahlt. Mit Recht hadert er. Er kann jetzt streiten, vor Gericht ziehen, und vielleicht muss er das auch tun, aber ob er dann sein Geld bekommt, ist eine andere Sache. Energetisch bedeutet eine unbezahlte Rechnung, dass ihm dieser Kunde seine Wertschätzung nicht schenkt, denn sonst würde er ihn ja bezahlen. Das ist die versteckte Botschaft, die er Ihnen unbewusst, im Auftrag Ihres Universums, überbringt. Es ist ein Hinweis für Sie, dass Sie sich selbst die eigene Wertschätzung noch nicht ganz gegeben haben. »Aha«, könnte dann die Erkenntnis lauten, »dieser Mann gibt mir mein Geld nicht, obwohl es mir zusteht. Vielleicht erlaube ich mir selbst bestimmte Dinge nicht, die mir zustehen. Ich muss mir also selbst mehr Wertschätzung schenken. Mir selbst und allen anderen Menschen auch.« Ohnehin ist es immer einfacher, Dinge oder Gaben für die ganze Menschheit zu wünschen und zu segnen als allein für uns selbst. Und in der »ganzen Menschheit« sind wir selbst ja auch enthalten.

Ja, im Grunde ist der Mensch viel zu bescheiden. Darum ist die Schule der Engel auch eine Lehre der Ermutigung, noch viel mehr zu wagen, als wir es bisher tun. Und eine Brücke auf diesem Weg in die Fülle führt über unseren Umgang mit den Emotionen. Sie sind der Schlüssel zu unserem Fortschritt. Der liegt dort, wo wir jedes einzelne dieser Gefühlsgeschenke auspacken, anschauen, aushalten, durchleben, wo wir es annehmen, um es am Ende zu integrieren.

Wie sieht das aus, eine integrierte Wut? Oder ein wirklich tiefer Schmerz, der uns schon seit Jahren immer wieder quält, entstanden durch eine Verletzung, ein Schandgefühl, eine tiefe Enttäuschung? Wenn es uns gelingt, uns ihnen wirklich hinzugeben und sie als das zu nehmen, was sie sind – Erfahrungen –, wenn wir es wagen, diese höchst unangenehmen Emotionen auszuhalten, ihnen ein Wesen zu geben, so wie wir dem Ego den Esel geschenkt haben, wenn wir uns nicht länger mit Grausen abwenden, sondern diesen unseren Gefühlen unsere Liebe geben, unser Mitgefühl, unsere Zuwendung, dann verwandeln sie sich auf wundersame Weise, verlieren ihren Stachel und ihre Bitterkeit und lösen sich irgendwann tatsächlich auf. Dazu braucht es Mut und die Ehrlichkeit, zu sich selbst zu stehen. Denn unsere Gefühlserfahrungen sind ein Teil von uns und wollen von uns in Liebe gesehen und angenommen werden. »Die ganze Annahme wagen«, nennen das die Engel: das Gefühl ganz und gar anzunehmen, ebenso ihre Auslöser. Das kann ein Mensch sein, der uns auf die Palme bringt, oder Umstände, eine Eigenschaft, die uns immer wieder begegnet, eine Regierung, die wir als ungerecht empfinden, und vieles mehr. Um wirklich zu wachsen, müssen wir uns verabschieden von der Ablehnung all dessen, was wir als negativ werten. Denn im Gefühlskörper wirkt Ablehnung als Anziehungskraft.

Sind unsere Gefühle geordnet, steht unserem Fortschritt nichts mehr im Weg. Wir haben ein Ziel, das wir mit Freude verfolgen, und wir erlangen es auch. Dann geht es weiter, Schritt für Schritt, und innerhalb kürzester Zeit ist es uns möglich, über unsere kühnsten Vorstellungen hinaus weiterzuschreiten.

Dann ist es schon fast das Universum, das durch uns unsere persönlichen Grenzen überschreitet, das Universum verwirklicht sich dann durch uns, denn wir Menschen sind meist zu scheu, zu klein denkend, weil wir uns immer wieder durch unser Ich verengen.

Übung: Unsere ungesehenen Gefühle annehmen

Der erste Schritt ist die Frage: »Was ist für mich am allerschlimmsten, wenn ein anderer es tut oder so ist?«
Das Wichtigste dabei ist, wirklich dazu zu stehen: »Ja, das ist für mich schlimm.«
Der zweite Schritt ist: »Wie fühlt es sich an, selbst so zu sein oder das zu tun?«
Versetzen Sie sich in die Situation, und stellen Sie sich vor, Sie tun genau das, was Sie am allerschlimmsten finden, wenn es jemand anders mit Ihnen tut. Wagen Sie die Erfahrung, wie sich das anfühlt!
Vielleicht ist Ihre ehrliche Reaktion: »Ihhh, nein, das kann ich nicht.« Aber vielleicht ist sie auch: »Oh, das fühlt sich ja durchaus nett an. Damit könnte ich mich sogar anfreunden.«
Fühlen Sie es, gehen Sie in das Erleben. Und dann ist es genug. Denn eine einmalige tiefe Erfahrung vom Gegenteil erlöst Sie vom Dagegensein.

Der Magnetismus der Ablehnung

Wie gesagt: Das Dagegensein, das Sichwehren gegen das, was Sie als schlimm empfinden, ist es gerade, was das Schlimme anzieht. Es ist eine wichtige Erkenntnis, dass auf energetischer Ebene Ablehnung im Gefühlskörper Anziehungskraft bedeutet. Aber wie können wir diesem Teufelskreis entkommen?

Wenn wir auf der Gefühlsebene nachvollziehen können, warum die Umwelt sich so verhält, wenn wir also die Gefühle der anderen für uns erfahrbar machen, dann finden wir darin den Schlüssel zur Veränderung. Vielleicht wird sich das Verhalten des anderen nicht sofort ändern. Aber es wird uns leichter fallen, unsere Ablehnung loszulassen, was den anderen irgendwann einmal davon »erlöst«, immer dieselben Spielchen mit uns zu treiben.

Was wir aus unseren Unfähigkeiten lernen

Unsere Gefühlswelt wird aber nicht nur von der Außenwelt bestimmt. Oft ist es unsere eigene Begrenztheit, unser Scheitern, das uns zu schaffen macht und unseren Ego-Esel in Schwung bringt. Denn er meint es ja auf seine Weise gut: Er will mit allen Mitteln verhindern, dass wir uns blamieren oder dass wir scheitern. Aber statt unsere Defizite unter den Teppich zu kehren, ist es viel hilfreicher, wenn wir uns fragen, warum wir in bestimmten Situationen immer wieder hilflos und ratlos reagieren.

Also fragen wir uns: »Was ist es, was wir am allerwenigsten können? Wo liegt unsere Unfähigkeit?«

Übung: Ich stelle mich meiner Unfähigkeit

Treten Sie in Dialog mit ihr: »Meine Unfähigkeit, wer bist du? Wie bist du? Wie fühlst du dich an? Wie fühlt sich meine Unfähigkeit in meinem Körper an?«
Vielleicht stellt sich eine körperliche Reaktion ein, vielleicht kommen Ihnen die Tränen. Vielleicht aber braucht es noch viele Wiederholungen dieser Frage, bis unsere reinste, tiefste Unfähigkeit wagt, sich uns zu zeigen. Denn Sie dürfen nicht vergessen: Das langjährige Regime unseres Ego-Esels, der all unsere Unfähigkeiten sauber weggeschlossen hat, um sie uns nur dann vor die Nase zu halten, wenn wir seiner Meinung nach zu übermütig werden, ist nicht immer in ein paar Minuten aufgelöst. Da braucht es Geduld und Mut, immer wieder in die Tiefe zu schauen, ob es sich zeigen mag. Und auflösen, heilen kann unsere Unfähigkeit nur die Liebe. Davon wird in einem späteren Kapitel die Rede sein.
Unsere Unfähigkeiten sind immer auch mit unseren Gefühlen verbunden. Denn oft sind wir gerade dort blockiert, wo wir einmal ein intensives Gefühlserlebnis hatten. Und so ist unsere Unfähigkeit ein wichtiger Hinweis darauf, dass wir da irgendwo ein Gefühl noch nicht geordnet haben.
Das ist es, was ich meine, wenn ich sage, wir sollen unseren Gefühlskörper in der Vertikalen ordnen: Die schweren Gefühlserfahrungen gehören dann, wenn wir sie wirklich durchlebt haben, in die Tiefe. Dort unten dürfen wir sie abgeben, das heißt, sie loszulassen, uns von ihnen zu verabschieden, uns wirklich ein für alle Mal von ihnen zu trennen. Das ist gar nicht so einfach, denn unserem Ego ist das überhaupt nicht recht. Es hängt geradezu an den negativen Gefühlserfahrungen, sie sind ihm lieb und teuer, denn dann kann es immer wieder jammern und klagen und sich wichtig fühlen. Auch das kennen wir nur zu gut: Haben Sie sich nicht auch

schon dabei ertappt, wie Sie mit selbstquälerischem Genuss Ungerechtigkeiten, die man ihnen möglicherweise vor Jahren schon zugefügt hat, immer wieder aufs Neue in aller Ausführlichkeit erzählen?

Tut uns das gut? Wenn die Erfahrung frisch ist, dann schon. Die Regel heißt: Dreimal dürfen wir uns beklagen, und zwar richtig. Dreimal diese unselige Geschichte erzählen, wenn wir wollen, mit aller Inbrunst. Dann aber ist es gut, und wir sollten damit aufhören. Denn dieses Wieder-und-wieder-Baden in dem negativen Gefühl schadet uns. Wir »ziehen« uns damit jedes Mal selbst aufs Neue »runter«, wo es so viel gesünder für uns wäre, »obenauf zu bleiben« und stattdessen diese Erfahrung in die Tiefe zu verabschieden, dorthin, wo sie hingehört: zu unserem Todesfreund. Auch hier hat unsere Sprache wunderbare Formulierungen, wenn es zum Beispiel »einen Streit begraben« heißt.

Und den Todesfreund, eine enorm segensvolle innere »Institution«, werden wir später beim Tiefendurchgang noch näher kennenlernen.

Die Geschichte vom größten Stein

Es war einmal ein Prinz, der für seinen Vater, den König, die Geschäfte verwaltete, und zwar vollkommen selbstständig, so als regierte er und nicht der König. Er besaß das größte Vertrauen seines Vaters, der wusste, dass er sich auf den Prinzen in allem verlassen konnte, und sich stattdessen mehr um das Repräsentieren in Würde kümmerte.

Der Prinz lebte ganz für die Regierungsgeschäfte, er war ein guter Regent und kümmerte sich in bester Weise um das Volk. Die einzige Freude, die er sich außerhalb seiner Arbeit gönnte, war ein Singvogel, den er in einem Käfig hielt und der ihm mit seinem Gesang die Abende versüßte.

Obwohl er so ein fähiger Regent war, ging der Prinz doch immer wieder zu seinem Vater und fragte ihn hier und dort um Rat – wobei er ihm allerdings die beste Lösung stets schon vorschlug. Trotzdem schien es, als bräuchte er immer wieder den Segen seines Vaters.

Eines Tages war es wieder so: Der Prinz trug seinem Vater ein Problem vor und präsentierte ihm gleichzeitig auch die Lösung dafür. Doch statt diese abzusegnen, wie er es sonst immer tat, sprach der König: »Ich weiß nicht. Um das wirklich ganz beurteilen zu können, muss ich alle Hintergründe kennen.«

Der Prinz war sehr verstimmt. Wie konnte sein Vater, der ja im Grunde keine Ahnung hatte, an seinem Urteil zweifeln? Sein Unmut wuchs, als er feststellen musste, dass der König in diesem Fall nun tatsächlich alles ganz genau wissen wollte. Einen vollen Monat lang gingen sie gemeinsam Bücher durch und Akten, und noch immer war der König nicht überzeugt von der Lösung, die der Prinz vorschlug, sondern hörte nicht auf, Frage um Frage zu stellen.

Da verlor der Prinz eines Tages die Geduld und schrie seinen Vater, den König, an: »Warum kümmerst du dich nicht um das, was dir sonst auch am wichtigsten war, deine Gewänder, deine Krone, deine Juwelen, und überlässt das Regieren mir? Warum schaust du nicht, dass du einen besonders großen Edelstein bekommst, den du in die Mitte deiner Krone setzen kannst, statt mir Zeit und Nerven zu rauben?«

Der König betrachtete seinen Sohn und sagte: »Du hast recht!«

Er ließ seinen Schatzmeister holen und sprach zu ihm: »Lasst im Land verkünden, dass ich einen neuen, großen Edelstein suche, den größten, der auf der Welt zu finden ist. Und wer mir den nach Ablauf eines Jahres bringt, wird den Prinzen, meinen Sohn, als Regenten ersetzen!«

Da erschrak der Prinz und verlor allen Mut. Sein Vater musste den Verstand verloren haben, anders konnte er sich dessen Verhalten nicht erklären.

So zogen viele Edelsteinhändler hinaus in die Welt, um nach dem größten und schönsten Stein zu suchen. Der Prinz aber schloss sich in seinen Räumen ein und war für niemanden zu sprechen, überzeugt davon, dass bald ein törichter Kaufmann die Geschicke des Reiches lenken würde. Doch am Abend des dritten Tages hörte er auf einmal eine wundersame Stimme, die zu ihm sprach:

»Was sitzt du in deinem Zimmer, mein Prinz?
Da draußen wartet der größte aller Steine.
Er wartet auf dich, er wartet auf dich.«

Der Prinz sah sich um. Es dauerte eine Weile, bis er bemerkte, dass es der Singvogel in seinem Käfig war, der zu ihm sprach. Und jetzt erst kam ihm der Gedanke, auch er könnte sich auf die Suche machen.

»Ja, wo soll ich denn suchen?«, sprach er mehr zu sich selbst. »Mit Edelsteinen kenne ich mich nicht aus.«

Doch der Vogel antwortete:

»*Was stellst du dir für dumme Fragen?*
Da draußen sind meine Brüder und Schwestern.
Sie alle warten darauf, dir behilflich zu sein.«

Und am anderen Morgen nahm der Prinz ein Pferd und ritt hinaus in die Welt. Er ritt kreuz und quer durch das Land, doch wo er auch hinkam, waren die anderen schon dort gewesen. Und weil es ihm so peinlich war, als Kronprinz nun wie ein Bettler nach einem Stein zu fragen, überschritt er die Grenze des Reiches, um in Ländern, wo man ihn nicht erkannte, nach dem größten aller Steine zu suchen. Er besuchte Geschäfte, Händler, Basare, und mit der Zeit wurde er wohl zu einem Edelsteinkenner, doch nirgendwo fand er einen Stein, der größer war als die, die der König bereits besaß.

Das Jahr neigte sich bereits seinem Ende entgegen, und es wurde Zeit für den Prinzen, nach Hause zurückzukehren. Er machte sich traurig und ganz hoffnungslos auf den Weg. Wie so oft in dem vergangenen Jahr dachte er daran, dass er es selbst gewesen war, der im Zorn seinem Vater diesen absurden Rat gegeben hatte. Und wie schon so oft zuvor ärgerte er sich ganz fürchterlich über sich selbst.

Es war am letzten Abend des alten Jahres, als er ganz in der Nähe des Königsschlosses an einer Höhle vorüberritt. Er hörte einen wunderschönen Gesang und hielt inne: Es klang wie der Vogel in seinem Käfig, nur vielstimmig und prachtvoller, und es kam aus der Höhle.

»Ich will die letzte Nacht vor meiner Heimkehr hier verbringen«, sagte sich der Prinz. Er stieg vom Pferd und betrat die Höhle. Sie war geräumig und bequem. »So weit ist es also mit mir gekommen«, dachte der Prinz, »dass ich lieber in einer Höhle auf Moos und Laub schlafe, als in mein väterliches Schloss zurückzukehren.«

Als er am nächsten Morgen aufwachte, erschrak er fürchterlich. Denn neben seinem Lager lag schön aufgewickelt eine riesige Schlange, die ihn mit erhobenem Kopf interessiert betrachtete.

»Hab keine Angst vor mir«, sagte die Schlange. »Erzähl mir lieber, welchen Kummer du hast. Denn dass du nicht glücklich bist, das sehe ich wohl.«

Und so erzählte der Prinz der Schlange seine ganze Geschichte. »Und heute«, so endete er seine Erzählung, »ist der unglücklichste aller Tage für mich. Denn heute werde ich meines Amtes enthoben. Und niemals werde ich selbst König sein.«

Die Schlange lächelte. »Wie blind ihr Menschen doch seid«, sagte sie leise. »Siehst du denn nicht, was unter meinem Körper verborgen ist?«

»Nein«, sagte der Prinz, »du bist viel zu groß und dick, ich kann nichts erkennen!«

Da lachte die Schlange und glitt lautlos zur Seite. Unter ihrem mächtigen Körper kam etwas zum Vorschein, das aussah wie ein großes Päckchen, ganz und gar in Schlangenhaut eingewickelt wie in einem Kokon.

»Hier«, sagte die Schlange, »das ist mein Geschenk an dich. Bring es zum König. Doch hüte dich, meine alten Häute selbst zu lösen. Der König allein soll diesen Schatz enthüllen.«

»Was ist da drin?«, fragte der Prinz misstrauisch. »Woher soll ich wissen, dass du mir nicht einen Streich spielst? Wahrscheinlich ist darin ein hässliches Schlangenei verborgen?«

»Wer weiß?«, lachte die Schlange. »Wer weiß? Darin verbirgt sich deine schlimmste Befürchtung oder deine größte Hoffnung. Du hast es selbst in der Hand.«
Wieder lachte die Schlange, dann glitt sie fort in die Dunkelheit. Der Prinz ekelte sich vor den abgestorbenen Häuten der Schlange, kaum wagte er, das Päckchen in die Hände zu nehmen.
»Soll ich wirklich dieses schmutzige Schlangenzeug zu meinem Vater tragen? Ist es nicht vielleicht besser, ich gehe fort und kehre nie wieder heim?«
Schließlich überwand er sich, fasste das Schlangenhautbündel an, steckte es in seine Satteltasche und ritt zum Schloss. Dreimal überwältigen ihn fast die Zweifel, dreimal hielt er an und war kurz davor, sich zu vergewissern, was die Schlangenhäute tatsächlich verbargen. Doch jedes Mal hörte er die Stimmen von Vögeln, die ihm zuriefen:

»Was zweifelst du an deinem Schatz, mein Prinz?
Hab Vertrauen, hab Vertrauen und kehre heim.
Denn dein Königreich wartet auf dich.«

So ließ er das Päckchen, wie es war, und kehrte zurück ins Schloss seines Vaters. Er kam gerade recht, um sich als Letzter ganz hinten an die lange Reihe derer zu stellen, die dem König einen Stein präsentieren und Regent werden wollten. Er sah die herrlichsten Verpackungen, kostbare Schatullen, reich bestickte Beutel, er sah wunderschöne große Steine in allen Farben und schämte sich seines schmutzigen, stinkenden Bündels. Doch am offenen Fenster saßen Scharen von Vögeln, die alle dasselbe Lied sangen, und so wartete er geduldig, bis er an die Reihe kam.

Der König blickte auf, als er ihm gegenüberstand, und lächelte. »So, bist du wieder zurück?«, sprach er und ergriff, ohne zu zögern, das seltsame Bündel. »Lass sehen, was du deinem König mitgebracht hast.«

Der Prinz schwitzte vor Aufregung und Scham. Ergeben in sein Schicksal sah er zu, wie die Finger seines Vaters Schlangenhaut um Schlangenhaut von dem Bündel lösten. Und siehe da, als die letzte entfernt war, da erstrahlte der größte und schönste Edelstein, den ein Mensch jemals gesehen hatte.

Der alte König erhob sich von seinem Thron und hob den Stein weit in die Höhe, damit sein Funkeln den ganzen Saal erfüllte. Er reichte ihn weiter zu seinem nächsten Diener, und der gab ihn weiter, sodass jeder im Saal ihn einmal in seinen Händen halten und bewundern durfte.

Der König aber nahm die Krone vom Kopf und setzte sie seinem Sohn aufs Haupt.

»Sehet hier euren neuen König«, sprach er laut. »Denn von heute an kann er ganz allein regieren, ohne einen alten Mann pro forma um seine Erlaubnis zu fragen. Mein Sohn hat seinen letzten Zweifel an sich selbst überwunden. Jetzt wird er ein guter König sein.«

Und so war es. Der neue König war nun nicht mehr nur ein guter und gerechter Regent, sondern er hatte auch erlebt, was die tiefste Verzweiflung ist, er hatte gelernt zu vertrauen, er war bereit gewesen, die größte Scham zu durchleben und dadurch sein wahres Königreich zu eröffnen. Niemals aber vergaß er die Schlange, er vergaß nicht die Vögel und alle anderen Wesen, die ihm auf seiner weiten Reise begegnet waren, und wurde so auch zu einem gerechten König für sie.

DRITTES TOR

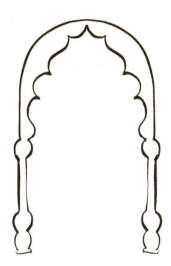

Die Ideale verwirklichen, sich die Fülle erlauben

Erfolg erlangst du, soweit du es wagst, mit dem Unguten gut umzugehen, und dich nicht wegdrehst, wenn etwas nicht so ist, wie du es haben möchtest.

Mein Weg in die Welt der Mode

Nach der Schule wollte ich so schnell wie möglich unabhängig werden und von zu Hause ausziehen. Die Mutter einer Freundin war Friseurin, und als ich sah, wie viel Trinkgeld die Kundinnen immer gaben, dachte ich, dass dies vielleicht der schnellste Weg in die Freiheit sein könnte. Noch lieber allerdings wollte ich nach Zürich, um dort an der Kunsthandwerkerschule zu studieren. Von jeher hatte ich viel Sinn für alles Schöne, zeichnete und entwarf mit Leidenschaft. Doch das erlaubte meine Mutter nicht. Und mein Vater sagte: »Wenn du Friseurin lernst, dann kannst du auch gleich in die Fabrik gehen!« Das war natürlich auch nicht das Richtige. Ich wollte etwas lernen, was mir Freude machte. Etwas Kreatives.

Schließlich beschloss meine Mutter, dass ich die Schneiderinnenfachschule in Lugano besuchen sollte.

Ich konnte bereits nähen. Schon als kleines Mädchen hatte ich meine Puppen selbst eingekleidet. Ich hatte ihnen die schönsten Sachen genäht und mit Zahnstochern winzige Pullover gestrickt. Die Schneiderinnenfachschule reizte mich nicht besonders, stattdessen interessierte mich viel mehr, wie man Kleider entwirft und die Schnittmuster dazu herstellt. So wurde die Fachschule zu einer harten Erfahrung für mich, auch deshalb, weil ich dort eine Lehrerin hatte, der ich es nie recht machen konnte. »Du bist die Dümmste«, hieß es ständig, »das lernst du nie.« Doch ich habe mich durchgebissen.

Danach besuchte ich ein halbes Jahr lang eine Modefachschule in Zürich, denn ich hatte in aller Stille beschlossen, dass ich es allen zeigen würde. Ich würde Karriere machen, ja, berühmt werden. Als Schneiderin mir die Finger wund nähen, bis die Nadeln glühten – das kam für mich nicht infrage. Aber wie lernte man das Zuschneiden, das Schnitteentwerfen? Schritt für Schritt tastete ich mich voran auf meinem Weg. Ich sammelte Erfahrungen als Zuschneiderin in einer großen Fabrik, doch bald langweilte mich diese stupide Arbeit. Tag für Tag schnitt ich nach denselben Mustern Stoffe zu – das konnte doch nicht alles gewesen sein? In der Schublade meines Zuschneidetischs lag neben dem Buch, in das ich täglich Eintragungen machen musste, auch stets ein Zeichenblock bereit. Wann immer ich auch nur ein paar Minuten übrig hatte, tanzte mein Bleistift heimlich über das Papier. Wie aber konnte ich meine Ideen und Entwürfe in tragbare Modelle umsetzen?

Es war an einem Sommertag im Jahr 1962. Ich hatte mir freigenommen, weil eine Freundin zu Besuch gekommen war. Wir gingen am Luganer Quai spazieren, als ich eine Telefonzelle sah. Meine Freundin wollte sich etwas in einem Geschäft ansehen, und derweil nahm ich all meinen Mut zusammen. Ich schlug in den Gelben Seiten nach und rief in einer vornehmen Konfektionsfirma an – eine wahre Heldentat für jemand so Schüchternen wie mich damals. Ich fragte, ob sie eine Designerin bräuchten, und zu meiner großen Freude wurde ich zu einem Gespräch eingeladen. Ich bekam die Stelle.

Die Firma stellte damals klassische Damenmäntel her, konservative, fantasielose Säcke mit kleinen Pelzkrägelchen. Drei Brüder leiteten das Familienunternehmen, und einer von ihnen war der »Modelleur«, wie man das in der Schweiz damals nannte. Mit ihm arbeitete ich zusammen und gern auch freiwillig am Samstag, um ihm zu helfen, die Schnittkartons für neue Modelle auszuschneiden. Dabei lernte ich viel.

Dann kamen die großen Ferien, und da ich erst so kurz in der Firma war, hatte ich noch keinen Anspruch auf Urlaub. So war ich zwei Wochen lang ganz allein in der Abteilung.

»Entwirf mal was, Mädel«, sagte mein Chef gönnerhaft lachend. »Zeig uns, was du kannst!«

Das ließ ich mir nicht zweimal sagen. In diesen vierzehn Tagen wurde ich von einer wahren Arbeitsfurie gepackt: Wie in Trance zeichnete, entwarf, schnitt ich zu und nähte. Als die Geschäftsführer aus dem Urlaub zurückkehrten, wollten sie ihren Augen nicht trauen. Denn vor ihnen hingen zwanzig neue Modelle. Ich hatte es nicht bei Mänteln belassen, sondern eine ganze Sommerkollektion für Damen entworfen: Röcke, Jacken, Kleider, Mäntel – alle aus demselben Voile, diesem speziellen Baumwollstoff, aus dem man die allerersten Entwürfe fertigt.

Es war das Jahr 1962, und Mary Quant hatte gerade den Minirock »erfunden«. Was heute eine Selbstverständlichkeit ist, war damals eine echte Revolution. Es ging darum, den Frauen endlich eine Mode zu ermöglichen, in der sie sich frei bewegen und wohlfühlen konnten. Bis dahin trug die »Dame« strenge, enge Kostüme. Die Säume waren lang, die Absätze hoch – man konnte sich darin kaum bewegen.

Das alles wurde nun anders, und ich war mit Feuereifer dabei. Von meinen Ferien-Entwürfen wurde alles produziert, die Kunden zeigten sich überrascht von dem neuen Stil und waren begeistert. Und das Wichtigste war: Sie bestellten. Die Mode-Ikone der Schweiz war damals Rosy Brod, die eines der vornehmsten Bekleidungsgeschäfte in Zürich führte. Und die sagte zu meinem Chef: »Mario, mit dieser jungen Dame musst du nach Paris fahren!«

Und das tat er tatsächlich. Wir fuhren nach Paris und sahen uns dort die Kollektionen der wichtigsten Marken an. Ununterbrochen war ich am Zeichnen und Entwerfen, und alles, was ich machte, kam außerordentlich gut an. Es ging mir um das Einfache in der Mode, es war das Schlichte, was mich faszinierte. Die Zeit war dafür reif. In Paris lernte ich nun die Entwürfe von André Courrèges kennen. Er war seiner Zeit weit voraus mit seinem futuristischen Stil, der an die

Raumfahrt angelehnt war und »Space Age« genannt wurde. Das alles inspirierte mich sehr.

Ehe ich mich's versah, war ich zum kreativen Herzen der Firma geworden und prägte ihren Stil. Allerdings nur hinter den Kulissen. Offiziell verkaufte mein Chef meine Modelle als die seinen, und ich hatte damals nicht die Persönlichkeit, um zu sagen: »Das habe ich erschaffen.« Das wäre auch gar nicht möglich gewesen, denn mein Chef war ein großer Tyrann und hatte mich voll im Griff. Natürlich reiste ich mit auf alle Tourneen und Modeschauen, ich wählte die Models aus und erarbeitete mit ihnen die Shows, denn meine Mode war so neu, dass man sie auch neu präsentieren musste. So machte ich die gesamte Arbeit, aber beim Geschäftsessen mit den Kunden verbot mir mein Chef, auch nur den Mund aufzutun: Ich sollte konsequent schweigen. Was mir ja nicht schwerfiel.

Mir hat diese Rolle damals gut gefallen. Wie gesagt, ich war ohnehin sehr schüchtern, und dabei zu sein und meine Mode auf der ganzen Welt präsentieren zu können war für mich das Schönste, was ich mir vorstellen konnte. Wie damals als Kind war ich vollkommen glücklich in dieser kreativen Formen- und Farbenwelt. Und so erreichte ich das Ziel, das ich mir still und heimlich im Alter von achtzehn Jahren gesteckt hatte, innerhalb weniger Jahre, und schließlich wurden meine Entwürfe per Lizenzverkäufen auf der ganzen Welt getragen. Und das, obwohl mir sowohl meine Mutter als auch meine Schneiderlehrerin prophezeit hatten, dass aus mir nicht viel werden könnte. Konnte es einen größeren Erfolg geben?

Schritt für Schritt zum ersehnten Ziel

Erfolg heißt, sich ein Ziel zu setzen und dieses auch zu erreichen. Nicht mehr und nicht weniger. Schon das Wort drückt es aus: das, was *er-folg*-t, wenn wir die richtigen Schritte tun. Klingt einfach. Dennoch erscheint es vielen als unendlich schwierig. Entgegen vielfacher Meinung ist es allerdings nicht schwierig, den Erfolg zu erlangen, sondern die Vorbedingungen dafür zu schaffen.

Erster Schritt zum erfüllenden Erfolg: Was ist mein heimlichster, reinster Wunsch?

Das fängt schon damit an, dass wir uns oft nicht im Klaren darüber sind, was wir wirklich wollen. Der Erfolgswunsch muss klar formuliert sein, sonst wissen weder wir noch unser Universum, wohin die Reise gehen soll. Stattdessen ziehen wir es oft vor, schon vorher Gründe zu finden, warum es nicht klappen kann. Häufig sind dann die anderen schuld, die uns behindern und uns im Weg stehen. Oder wir schenken der Meinung anderer mehr Glauben als unserem reinsten Wunsch. Dabei ist es doch so: Wie könnte ich mir etwas ganz tief und rein wünschen, wenn ich nicht die Gaben dafür bereits in mir trüge? Die Schwierigkeit ist, wie bei den Reinen Freuden, dass wir so lange unsere ureigenen Wünsche unterdrückt haben und nun kaum noch wissen, wie sie eigentlich lauten.

Statt also unserem Ego-Esel nachzugeben, mit ihm zu lamentieren und Gründe zu finden, warum wir nicht erfolgreich sein können, sollten wir den ersten Schritt auf unserer

Reise zum Erfolg mutig wagen: »Was ist es, was ich erreichen möchte?«

Wir sind grundsätzlich viel zu bescheiden. Statt zu unserem reinsten Wunsch zu stehen, machen wir oft schon im Vorhinein Abstriche. Statt wie ich damals zu sagen: »Ich will die erfolgreichste Modedesignerin der Schweiz werden«, würden viele es vielleicht abschwächen zu etwas wie »Ich würde gern in einer tollen Modefirma arbeiten«. Schließlich hatte ich damals, als ich das sagte, gerade mal eine Schneiderinnenfachschule hinter mir. Schon allein das Ziel, in einer großen Modefirma zu arbeiten, wäre vielen als utopisch erschienen. Und so kommt es, dass manch einer, dessen reinster Wunsch es ist, der berühmteste Maler Deutschlands zu werden, am Ende Kunstlehrer wird und an der Arbeit mit den Kindern verzweifelt. Oder ein anderer möchte als Politiker die Welt verändern und findet sich in der Organisation eines Vereins wieder. Sehen Sie sich um in Ihrem Bekanntenkreis, wie viel Enttäuschung, Resignation und Unzufriedenheit sich allerorts breitmachen. »Ach ja«, heißt es dann oft, »ich hätte so gern ... Aber das Leben hat es anders bestimmt.«

Und das ist falsch. Nicht das Leben. Jeder Einzelne selbst. Denn er steht nicht zu seinem eigenen reinen Wunsch und hat folglich auch nur das bekommen, was er »bestellt« hat.

Also, was ist Ihr tiefster, reinster Erfolgswunsch? Was heißt für Sie Erfolg? Spannend ist es auch, einmal unser Herz zu fragen: »Mein Herz, was ist für dich ein Erfolg?« Möglicherweise hat es gar nicht den Wunsch nach materiellem Erfolg, sondern sein reinster Wunsch ist es, zu lieben und mit den Menschen verbunden zu sein.

Es ist ja nicht immer so, dass materieller Reichtum wirklich glücklich macht. Dafür gibt es Beispiele genug. Das ist auch der Grund, warum wohlhabende, berühmte, erfolgreiche Menschen oft zu Drogen greifen – sie scheinen zwar alles zu besitzen, was man sich nur wünschen kann, doch ihr Herz fühlt eine unerklärliche Leere. Nicht allein unser Bankkonto gibt Auskunft darüber, ob wir echten Erfolg erleben, sondern die Zahlen darauf spiegeln nur wider, welchen Reichtum wir uns im Außen erlaubt haben. Das menschliche Gefühl aber reagiert auf einen astronomisch hohen Kontostand nur flüchtig, dann interessiert es sich für andere Dinge. Es ist die Fähigkeit, das zu werden, was wir tief verborgen in uns tragen, was uns das Gefühl gibt, reich zu sein: genug zu haben, so wie es ist.

Wenn wir glücklich werden wollen, dann sollten wir bei unserer Frage nach unserem reinsten Erfolgswunsch auch dies mit einbeziehen. Werden, was wir im Grunde schon sind, nur noch nicht entwickelt, offenbart haben, weder für die Umwelt noch für uns selbst. Man könnte auch sagen: unsere Bestimmung finden.

Also, was ist es nun?

Wollen Sie Filmregisseurin werden und einen Oscar gewinnen? Eine Erfindung machen und diese weltweit vermarkten? Die eleganteste Hotelkette gründen, Nummer eins in der Kosmetikindustrie werden, der beste Koch der Welt?

Stehen Sie dazu! Lassen Sie sich nicht von Ihrem Ego-Esel einschüchtern, der sicher schon laut protestiert. »Da übernimmst du dich aber. Das schaffst du ja eh nicht. Außerdem ist das anmaßend! Du wirst dafür bestraft werden!« Und so weiter und so fort.

So wie viele gut meinende Menschen in unserem Umfeld macht sich unser Ego-Esel Sorgen. Was passiert, wenn wir scheitern? Aber die Wahrheit ist: Wenn wir nicht zu unserem reinsten Wunsch stehen, dann bedeutet das, dass wir jetzt schon scheitern. Denn welche Kompromisse wir auch eingehen, spätestens am Ende unseres Lebens wird uns die Erkenntnis einholen, dass wir unsere Chancen nicht wahrgenommen und die Geschenke unseres Himmels nicht angenommen haben. Auch dann gibt es noch jede Menge vorgeschobene Gründe dafür, die davon ablenken sollen, dass wir es einfach nicht gewagt haben, unsere Vollkommenheitsteile auf der Erde zu verwirklichen. Wir schieben anderen die Schuld in die Schuhe. Suchen Ausreden. Und das ist wirklich schade.

Wollen wir uns nicht wenigstens auf den Weg machen und sehen, wie weit wir kommen? Vielleicht stellen wir unterwegs oder sogar schon kurz nach dem Start fest, dass sich unser Wunsch verändert hat, oder wir finden erst nach und nach heraus, dass es eigentlich etwas ganz anderes ist, was für uns den seligen Erfolg bedeutet. Das kommt häufig vor und ist völlig in Ordnung. Sollte das der Fall sein, dann dürfen wir uns beim Universum bedanken und sagen: »Vielen Dank, aber das ist es nicht. Ich habe gemerkt, eigentlich wünsche ich mir etwas anderes, nämlich ...« Denn wie gesagt, für viele Menschen ist es gar nicht so einfach herauszufinden, wie ihr Wunsch lautet. Und dann kann uns ein erster Wunsch auf die richtige Spur führen. Wichtig ist, irgendwann loszugehen und nicht ein Leben lang grübelnd in den Startlöchern stecken zu bleiben.

Unsere reinsten Freuden und Wünsche zeigen sich am ehesten dann, wenn wir durch Zeiten der Stille und des Innehaltens zu uns selbst kommen und mit unserem physischen und emotionalen Körper in Verbindung treten. Aus diesem Grund haben so viele spirituelle Schulen die Meditation als wichtiges Mittel entwickelt. Wie man zur Ruhe und zu sich selbst kommt, durch welche Praxis, das ist bei jedem Mensch verschieden. Was einzig zählt, ist, dass man achtsam gegenüber sich selbst ist und sich aus dem Getriebe der Welt täglich für eine gewisse Zeit ausklinkt. Dabei könnten uns folgende Fragen einen Hinweis darauf geben, was ganz individuell Erfolg bedeuten könnte:

>*»Bin ich glücklich? Was hindert mich am Glücklichsein?«*
>*»Was darf ich nicht? Was kann ich nicht?*
>*Was steht mir im Weg?«*
>*»Was bewundere ich an anderen?*
>*Was würde ich auch gern können?«*

Manchmal macht die Begegnung mit unserem reinsten Wunsch zunächst einmal traurig. Denn ebenso, wie er uns sagt, was wir uns wünschen, macht er uns auch deutlich, was wir nicht (mehr) wollen. Dann geben Sie der Traurigkeit in Ihrer Vorstellung ein Wesen und treten mit ihr in Dialog: »Meine Traurigkeit – wie bist du? Wer bist du? Bist du die Freude an der Traurigkeit? Bist du traurig über dich oder über den anderen? Bist du enttäuscht? Worüber? ...«

Vielleicht fühlen wir uns auch mutlos und denken, dass wir die Erfüllung dieses großartigen Wunsches wohl nie erreichen werden. Es hilft, wenn wir uns dieser traurigen, sorgenvollen oder mutlosen Gefühle in Liebe annehmen und ein »Gebet für die traurigen Gefühle« sprechen:

>*»Ich nehme meinen Kummer und meine Sorgen liebevoll in mein Herz auf. Und ich bete für alle, die noch viel mehr Kummer, die noch größere Sorgen haben: Ihnen möge geholfen sein. Sie mögen erlöst sein von ihrem Unguten.«*

Und praktisch angewendet könnte das so lauten, wenn Sie beispielsweise ein Geschäftsmann oder eine Geschäftsfrau sind und sich mehr Kunden wünschen:

»*Ich bete für alle Selbstständigen, sie mögen unendlich selige Kunden haben. Sie mögen erfolgreich sein, sie mögen erfüllt sein.*«

Das befreit vom Konkurrenzdenken, denn der Ego-Esel mag bei einem solchen Gebet zunächst zusammenzucken und einwenden: »Für alle? Aber ich will doch der Erfolgreichste werden!« Das Segnen und Wünschen für alle anderen ist ein energetischer Beschleuniger und löst mancherlei Blockaden, zum Beispiel die Blockade Neid. Denn das Neidgefühl kann nur dann in uns entstehen, wenn wir uns selbst noch nicht die eigene Fülle zugestehen. Die Engel nennen das »sich die ganze Fülle erlauben«.

Es mag befremdlich klingen – warum sollte ich mir das Beste nicht »erlauben«? Doch wenn wir wirklich in uns gehen und unsere Gefühle und Denkmuster überprüfen, dann trifft das für fast alle von uns zu. Wir denken uns kleiner als wir sind. So sind wir erzogen: »Immer schön bescheiden!« So wird es nichts mit dem großen Erfolg. Wenn wir uns zur Bescheidenheit zwingen, dann entsteht Neid: »Ich gönn mir doch auch keinen solchen großen Wagen! Aber meine Schwester, die muss natürlich so ein protziges Auto haben!«

Das Neidgefühl macht, dass wir uns arm fühlen, vernachlässigt: »Alle dürfen, nur ich nicht. Ich möchte auch so gerne, aber ich darf nicht.« Wer sagt denn, dass wir etwas nicht dürfen? Wer hat denn ein Recht, das zu tun, wenn nicht wir selbst?

Gern verschieben wir die Verantwortung für unser Nichtdürfen auf die Außenwelt. Da ist der daran schuld oder jener. »Die Umstände« sind besonders beliebt, die können sich auch schlecht wehren. Doch eines muss ganz klar gesagt werden: Einer der größten Verhinderer von Erfolg ist der Neid. Er macht eng, raubt uns die Energie und zieht energetisch genau das Gegenteil dessen an, was wir uns wünschen. Vielmehr ist es der entgegengesetzte Weg, der uns voranbringt, der Weg der Liebe und des Segnens aller – Großherzigkeit.

Es braucht also unseren Mut und das Wagnis, ohne Wenn und Aber zu unserem reinsten Wunsch zu stehen. Das heißt nicht, wir müssten nun überall herumposaunen, dass wir bald den Nobelpreis gewinnen werden. Im Gegenteil ist es viel wirksamer, wenn wir unseren reinsten Wunsch und unseren Entschluss, ihn zu verwirklichen, für uns behalten. Auch das hat einen energetischen Grund: Das Reden über etwas zerstreut die Energie, die wir lieber gebündelt auf unser Ziel richten. Außerdem wird uns jeder, dem wir davon erzählen, seine eigene Meinung dazu kundtun. Und schon wieder werden wir von unserem Innersten, Ureigenen abgelenkt.

Auch ich habe es damals keiner Menschenseele anvertraut, dass ich beschlossen hatte, die erfolgreichste Modedesignerin der Schweiz zu werden. Über die energetischen Gesetze war ich mir mit meinen achtzehn Jahren noch nicht bewusst. Doch ich ahnte, dass außer mir selbst kein Mensch an die Verwirklichung dieses Wunschs glauben würde. Und so unwahrscheinlich es tatsächlich auch war – ich selbst hatte keine Zweifel daran, dass ich mein Ziel erreichen würde.

Zweiter Schritt zum erfüllenden Erfolg:
Vom Traum- und vom Wunschhimmel und dem Erlauben des Fehlers

Es gibt einen winzigen, jedoch entscheidenden Unterschied zwischen »von etwas träumen« und »sich etwas wünschen«. Ich nenne das eine den »Traumhimmel« und das andere den »Wunschhimmel«. Im Traumhimmel ist alles ideal, vollkommen, ohne Mangel und Fehler. Hier sehe ich meinen reinen Wunsch wie in einem Hochglanzprospekt: Über dem idealen Haus scheint immer die Sonne, der erträumte Partner ist einfach perfekt, der ideale Beruf kennt keinen Alltag. Tatsächlich ist es aber so: Das, was ich im Traumhimmel sehe, wird niemals auf der Erde wahr. Ich kann mich noch so oft in diesen Traum vertiefen, es wird immer ein Traum bleiben. Das Gefühl, das dann bei mir entsteht, ist Sehnsucht: »Ach, wäre das schön, wenn es so sein könnte!« – Seufz!

Warum ist das so? Warum wird ein Traum nicht Wirklichkeit? Der Grund ist, dass in allem, was sich auf Erden manifestieren kann, ein Fehlerteil enthalten ist. Ein Mangel. Irgendetwas, was der Vollkommenheit ein winziges bisschen Unvollkommenheit hinzufügt. So wie wir Menschen eben: das Ebenbild Gottes plus eine Prise Fehlerteilchen. Aber genau das braucht es, damit die Welt einschließlich uns selbst sich manifestieren konnte, es ist ein Schöpfungsgesetz. Wir werden in diesem Buch noch öfter auf dieses universelle Gesetz zu sprechen kommen.

Wollen wir unseren Erfolg also nicht im idealen, geistigen Traumhimmel belassen, sondern auf der Erde verwirklichen, dann müssen wir akzeptieren, dass auch er einen gewissen

Mangel in sich trägt. Das Traumhaus, auf die Erde gebracht, hat vielleicht einen feuchten Keller. Oder es liegt ein wenig schattig. Alles ist perfekt – bis auf diese unangenehmen Nachbarn. Es ist so fantastisch abgelegen – aber am Wochenende haben die Motorradfahrer die kurvige Straße für sich entdeckt und donnern in Hundertschaften am Haus entlang. Es hat den idealen Grundriss – doch der Garten ist ein bisschen klein. Und so weiter und so fort.

Im Unterschied zum Traumhimmel akzeptiere ich im Wunschhimmel mutig, dass mein großartiger Erfolg von vornherein einen Mangel, einen Schönheitsfehler in sich trägt. Zuerst »sehe« ich meinen Wunsch zwar im Traumhimmel – ideal und vollkommen. Statt jetzt aber in der Träumerei zu verweilen, was durchaus ein Leben lang möglich wäre, entscheide ich mich, diesen idealen Traum in die Realität zu holen, ihn zu verwirklichen. Aus dem erträumten Haus wird dann das materialisierte Haus auf der Erde. Gleichzeitig weiß und akzeptiere ich, dass das reale Haus im Gegensatz zum erträumten irgendwelche Mängel haben wird. Das mag in manchem Fall schmerzlich sein. So kann es kommen, dass derjenige, der sich ein schönes Haus wünscht, es nie wagen wird, den entscheidenden Schritt zu tun und eines zu kaufen: An jedem, das er besichtigt, findet er etwas, was ihn stört. Lässt er aber zu, dass er sich in »sein« Haus »verliebt«, dann wird seine Begeisterung ihn über den Mangel hinwegtragen, den auch dieses Haus sicherlich hat.

Ein Geheimnis für die Verwirklichung unseres Erfolgs ist es, dass wir den Anteil an Defiziten in unserem Ziel annehmen und mit Liebe betrachten. So wie eine Mutter die abstehenden Ohren oder krummen Beine ihres Kindes von Herzen liebt. Ist es doch ihr Kind. Und bei unserem erlangten

Erfolg ist es ebenso: Es ist doch unser reinster Wunsch, der halt diese kleine »Macke« hat.

Ist das denn so schlimm? Ja, das ist es? Dann wird uns dieser Fehlerteil die Energie und den Mut verleihen, noch weiter voranzuschreiten, noch Größeres zu wagen. Vielleicht entdecken wir auch durch den kleinen Mangel im erlangten Erfolg, dass in uns noch ein viel tieferer, reinerer, ein ganz anderer Wunsch schlummert, den wir jetzt verwirklichen dürfen.

So war es auch bei mir und meinem Erfolgswunsch. Mit dreißig war ich tatsächlich die erfolgreichste Modedesignerin der Schweiz, doch keiner wusste davon. Ich hatte einen tyrannischen Chef und viele Jahre lang keinen Tag Urlaub. Eine Weile war das in Ordnung für mich. Doch eines Tages, als meine Kollektionen wirklich weltweit Anerkennung gefunden hatten, da tauchte eine leise Frage in mir auf: »Ist das alles?« Bis dahin war es mein Ziel gewesen, es meiner Mutter und der ganzen Welt zu zeigen, dass ich sehr wohl etwas kann und jemand bin. Dieses Ziel hatte ich erreicht. Aber was nun? Ich war rund um die Uhr in der Firma beschäftigt, hatte oft nicht einmal die Wochenenden für mich, und Raum für eine Beziehung gab es auch nicht in meinem Leben. Und mehr und mehr fühlte ich, dass mir etwas Wichtiges fehlte.

In jener Zeit kam einmal eine meiner Tanten zu Besuch und erzählte, sie würde neuerdings in eine Yogaschule gehen.

»Oh«, sagte ich, »kann ich da mal mitkommen?«

Meine Tante sah mich überrascht an. »Das ist nichts für dich«, sagte sie dann, »weißt du, da schweigt man zwanzig Minuten lang ... du würdest dich nur langweilen.«

»Ich möchte trotzdem gern mitkommen«, insistierte ich.

Es war tatsächlich eine fremde Welt für mich, in der ich mich allerdings sofort wohlfühlte. Auch fand an diesem Abend eine große Meditation statt, eine Frau las etwas aus einem Buch. Und am Ende wurde eine Luke im Dach aufgemacht. Das war eigentlich alles. Und doch passierte etwas Überwältigendes, denn in dem Moment, als sich die Luke öffnete, machte ich eine unbeschreibliche Erfahrung, wie ich sie noch nie zuvor hatte: Ein unendliches Wesen erschien. Sein Körper und meiner verschmolzen miteinander, aus allen Zellen kam Musik. Da waren keine Worte, mir wurde nichts gesagt, aber ein unglaubliches Gefühl der Seligkeit füllte mich aus, ein höchstes Glücksgefühl. Und alles war voller Licht.

Nach dieser erstaunlichen Erfahrung mit jenem Wesen, von dem ich keine Ahnung hatte, wer das sein könnte, besuchte ich regelmäßig die Sommerschule in Ponte Tresa von Selvarajan Yesudian und seiner Partnerin Elisabeth Haich. Yesudian stammte aus Ceylon und hatte einen eigenen Hatha-Yoga-Stil entwickelt, der heute noch gelehrt wird. Das tat mir sehr gut und war ein wunderbarer Ausgleich zu meiner Arbeit. Ja, mit der Zeit wurde es mehr als das. Ich machte die Ausbildung zur Yoga-Lehrerin. Auf der anderen Seite machte mich die intensive Yogapraxis auch ein bisschen weltfremd, ich wurde noch stiller, noch schweigender. Aber ich ahnte, dass ich auf dem richtigen Weg war auf meiner Suche nach Ganzheit.

Eines Tages wurde mir angeboten, einen Nachmittag in der Woche an der Migros-Schule Yoga zu unterrichten. Ich fragte in der Firma, ob ich den Montagnachmittag freibekommen könnte, und bot an, dafür am Samstagvormittag zu arbeiten. Die Antwort war knapp, sie lautete: »Nein.« Das war für mich eine herbe Ernüchterung. All die Jahre hatte ich alles gegeben, und nun kamen mir meine Vorgesetzten in keiner Weise entgegen? Ich konnte es kaum fassen.

Aber ich ließ mir diese Freude nicht ganz nehmen: Von da an machte ich am Montagnachmittag pünktlich Schluss und unterrichtete wenigstens noch von fünf Uhr nachmittags bis spät in den Abend. Und fühlte mit der Zeit immer deutlicher, dass meine Arbeit und mein innerer Weg eigentlich nicht besonders gut miteinander zu vereinbaren waren. Zunächst fand ich Kompromisse, fuhr später zu einem Seminar als geplant, weil ich noch Kunden betreuen sollte oder eine Kollektion fertig werden musste. Und doch schwand nach und nach meine Freude daran, in der Anonymität die schönsten Kleider zu kreieren und zuzusehen, wie meine Vorgesetzten davon profitierten.

Was bedeutete schon mein weltweiter Erfolg, wenn ich nichts weiter war als die Sklavin meiner Firma? Irgendwann fühlte ich mich wie eine Kuh, die keine Milch mehr geben kann. Ich meditierte viel und suchte nach dem richtigen Weg. Doch zu kündigen, dazu hatte ich nicht den Mut, obwohl ich mir in all den Jahren ein kleines Vermögen angespart hatte – denn wann hätte ich mein Geld auch ausgeben sollen? Außer für Fortbildungen und Seminare hatte ich nie Urlaub genommen. Auch sonst lebte ich bescheiden.

Ich träumte davon, eines Tages eine längere Reise nach Indien zu unternehmen. Viele meiner Freunde, mit denen ich Yoga praktizierte, taten das. Doch anders als sie sah ich keine Möglichkeit dazu. Meine Reisen führten zu Modenschauen auf der ganzen Welt. Ein privat motivierter Auslandsaufenthalt jedoch war undenkbar. Und so erkannte ich, dass ich mit meiner Situation sehr unzufrieden geworden war.

Ein kleiner Exkurs über die Unzufriedenheit

Die Unzufriedenheit ist eigentlich, auch wenn wir sie gar nicht mögen, eine ganz wichtige Instanz. Sie ist sozusagen ein Alarmsignal, wenn nicht sogar ein wertvoller Wegweiser auf unserer Lebensbahn. Sind Sie auch unzufrieden? Dann schieben Sie das Gefühl nicht beiseite, sondern gehen Sie lieber in die Begegnung.

»Was gefällt dir in deinem Leben nicht mehr? Womit bist du am meisten unzufrieden?« Fragen Sie sich selbst, und hören Sie so lange in sich hinein, bis Sie Antworten vernehmen. Aha. Das ist es. Und dann: »Meine wunderbare Unzufriedenheit, ich bin dir so dankbar. Jetzt sehe ich, was ich verändern muss.«

Die negativen Gefühle sind ein ausgezeichneter Spiegel, sie zeigen uns, was wir uns noch nicht erlaubt haben – unser verborgenes, von uns selbst noch unentdecktes »Mehr«. Sie schenken uns die Energie zur Veränderung, wenn wir darauf verzichten, zu jammern und zu klagen und in der Unzufriedenheit zu baden wie in einem schlammigen Meer. Denn die Unzufriedenheit kann auf eine negative Weise sehr zufrieden machen. Die Unzufriedenheit trägt keine Bewegung in sich, sie *ist*. Hat ein Mensch sich einmal in ihr eingerichtet, dann bleibt sein Leben dort stehen.

Haben Sie sich womöglich jetzt selbst wiedererkannt? Ist Ihnen das auch schon passiert? Was macht man dann, um aus dieser selbstzufriedenen Unzufriedenheit wieder herauszukommen?

Als Erstes muss man sich selbst vergeben, dass man so lange seine köstlichen Gaben nicht genutzt hat, die man zur

Verfügung hatte, um in die Herrlichkeit, in den Erfolg zu gehen. Danach sollte man für alle anderen Menschen, denen es ähnlich ergangen ist, folgenden Segen sprechen:

> *»Mögen doch alle Menschen sich die Herrlichkeit erlauben*
> *und die Zufriedenheit segnen!*
> *Mögen alle unzufriedenen Menschen gesegnet sein*
> *mit dem herrlichsten Frieden,*
> *um sich ihre Ideale immer mehr, immer weiter,*
> *immer größer, immer herrlicher zu erlauben!«*

Denn wie könnten wir etwas als herrlich empfinden, wenn nicht tief in uns die Fähigkeit wäre, dieses in uns Verborgene zu erwecken, zu offenbaren, zu verwandeln? Es darf aber keine Träumerei sein – wir haben bereits gesehen, dass aus Träumen nie etwas wird.

Warum sind unsere negativen Gefühle der beste Spiegel: die Traurigkeit, die Unzufriedenheit, die Wut, der Ärger? Weil ihre Heimat in der Tiefe liegt, und in diesen Tiefenregionen gibt es weder Schwärmerei noch Träumerei. Was wir in der Tiefe zu fühlen wagen, das hat Substanz.

Wenn Sie also unzufrieden damit sind, wie es bei Ihnen beruflich läuft, oder wenn Sie Ärger am Arbeitsplatz haben, dann erlauben Sie sich einen »tiefen Tag«. An diesem Tag machen Sie alles ganz langsam und geben all ihre Unzufriedenheit und Ihren Schmerz nach unten. In diesem Zustand fragen Sie sich, und Sie sprechen sich selbst mit Ihrem Namen an: »..., was ist für dich herrlich? Was ist für dich wundervoll?«

Und wenn Sie Antwort erhalten haben: »Genau. Das will ich jetzt!«

Damit wagen Sie, die Hilfe anzunehmen und der unseligen Vergangenheit nicht weiter hinterherzuklagen.

Auch bei mir wurde die Unzufriedenheit ein Spiegel meiner Situation: Ich hatte immer weniger Freude an den unausgesprochenen Machtspielen mit meinem Chef. All die Jahre konnten wir nur gemeinsam erfolgreich sein, weil ich meine Ansprüche zurückgestellt hatte. Denn er lebte in der Illusion, dass er der Kreative war und ich ihm lediglich ein bisschen zuarbeitete. Dafür hatten sich über die Jahre ganz spezielle Spielregeln entwickelt: Wenn ich zum Beispiel wollte, dass eine bestimmte Farbpalette genommen würde, dann musste ich ihm genau das Gegenteil vorschlagen: Wenn ich Grün wollte, dann schlug ich Rot vor. Denn mein Chef lebte mit mir sehr im Widerspruch, und er antwortete dann garantiert: »Nein, wir nehmen lieber Grün.« So erreichte ich all die Jahre, dass meine Vorstellungen realisiert wurden – über den Umweg seiner Ablehnung.

Inzwischen aber gingen mir diese Spielchen auf die Nerven. Ich sagte von vornherein, was ich am besten fand, und da mein Chef immer widersprechen musste, wählte er nun das Falsche aus. Dies bedeutete den Anfang vom Misserfolg der Firma und gleichzeitig, ohne dass ich mir darüber bewusst war, den Beginn meiner Abnabelung.

Und dann geschah etwas ganz Wunderbares. Eines Tages wurde ich zu den drei Geschäftsführern gerufen: »Wir wollen dir kündigen.«

In mir ging ein großes Strahlen auf. Ich hätte nie gewagt, von selbst zu gehen. Denn bei aller Bescheidenheit wusste ich, was ich für die Firma bedeutete. Nun aber hatten sie mir die Entscheidung abgenommen.

»Ich darf nach Indien!«, jubelte es in mir.

Offenbar ahnten sie wirklich nicht, was meine Arbeit für den steten, inzwischen weltweiten Erfolg der Firma ausmachte. Bevor ich gekommen war, hatten sie Damenmäntel produziert, gediegene, seriöse Modelle, die in der Schweiz verkauft wurden. In den vergangenen zwölf Jahren waren sie weltweit eine feste Größe in allen Bereichen geworden. Doch sie waren der Meinung, diesen Aufstieg selbst geschultert zu haben. Und mir war es nur recht.

»Einverstanden«, sagte ich so schnell und erleichtert, dass sich alle wunderten.

Tatsächlich ging es nach meinem Ausscheiden mit der Firma immer weiter bergab. Und schon ein paar Jahre später gab es sie nicht mehr. Nicht, dass ich darüber schadenfroh gewesen wäre, nein, ich bedauerte das sehr. Und doch ist diese Geschichte eine denkwürdige Lektion für mich gewesen: eine Lektion über die kosmischen Energien, über den aufsteigenden Erfolg, die mangelnde Dankbarkeit und den unausweichlichen Niedergang.

Der reiche Bauer – eine Geschichte über den Erfolg

Eines Tages traf ich einen reichen Bauern. »Wie bist du eigentlich zu deinem Wohlstand gekommen?«, fragte ich ihn.

Der alte Mann freute sich darüber, wieder einmal seine Lebensgeschichte erzählen zu können. »Weißt du«, sagte er, »ich hatte einen Vater, der immer nur klagte, wie arm er doch sei. Und darum war es von klein auf mein innigster Wunsch, einmal reich zu sein. ›Wie stelle ich das an?‹, fragte ich mich, als ich seinen Hof übernommen hatte.

Ich machte einen Plan, teilte mir die Arbeit sorgsam ein. Dann kaufte ich mir eine schöne Glocke, hängte sie unter meinen Dachfirst; und jeden Morgen zur Stunde der Dämmerung schlug ich sie an, Gott zum Lobe und mir selbst zur Erinnerung an meinen Wunsch, damit ich nie vergaß, warum ich so fleißig arbeitete. Und ja, ich arbeitete mehr als alle anderen in der Gegend. Statt zehn Stunden zu schlafen, begnügte ich mich mit sechs. Und morgens, wenn ich meine Glocke läutete, hüpfte mein Herz vor Vorfreude auf diesen neuen Tag. Die Arbeit machte mir nämlich großen Spaß.

Am Abend bedankte ich mich, dass ich alles so schön hingekriegt hatte, und bat um die nötige Kraft für den kommenden Tag. Ich konnte mir nichts Schöneres vorstellen als die Arbeit eines Bauern.

So kam es, dass ich nach drei Jahren schon ein stattliches Kapital angespart hatte. Davon kaufte ich von einem Nachbarn, der keine Lust mehr auf die schwere Arbeit hatte, ein großes Stück Land.

Die Mehrarbeit konnte ich nicht mehr alleine bewältigen, ich brauchte einen Arbeiter. Mit Gottes Hilfe fand ich einen jungen Mann, der gern bereit war, mir zu dienen.

Zwar weiß ich gut, dass er am Anfang entsetzt war und es übertrieben fand, wie hart und wie lange ich arbeitete. Darum sagte ich zu ihm: ›Du musst nicht immer dabei sein, wenn ich arbeite. Doch wenn es dir Freude macht, dann komm mit!‹ Der Junge arbeitete auf diese Weise zwar nicht so viel wie ich, doch mehr als ein normaler

Arbeiter; und was er machte, tat er freiwillig und mit Freuden.

Nach ein paar Jahren hatte ich wieder eine schöne Summe beisammen und kaufte einen Hof und Land dazu. Und weil ich fand, dass mein Helfer es verdient hatte, gab ich ihm das kleine Gut zu einer geringen Pacht. Mein Pächter half mir immer, wenn ich es nötig hatte, und gemeinsam nahmen wir zwei neue Arbeiter dazu. Und so ging es weiter. Die Jahre vergingen und brachten mir mit Geduld und Fleiß Gewinn, und alle paar Jahre kaufte ich Land und Höfe und gab sie meinen besten Helfern in Pacht. So wurde ich mit der Zeit ein reicher Bauer.

Eines Tages jedoch stellte ich einen Mann ein, der war ein echter Faulpelz. Aber weißt du, was? Ich mochte den Kerl. Zwar wusste ich gut, dass er nur so tat, als ob er arbeitete, und mich bestahl, wenn ich nicht hinsah; doch auf diese Weise wurde mir einmal mehr so richtig bewusst, wie gut die anderen Helfer alle gewesen waren. Und darum zog ich von Pächter zu Pächter und dankte allen noch einmal von Herzen für ihre aufrichtige Arbeit.

In dieser Zeit, als ich den Faulpelz im Haus hatte, gab es keinen Gewinn. Was ich erwirtschaftete, trug er heimlich wieder hinaus. Ich konnte ihm also auch keinen Hof in Pacht geben. Das passte ihm aber auch nicht. Und er begann, schlecht über mich zu sprechen.

Auch er zog von Hof zu Hof, aber er versuchte, meine Pächter gegen mich aufzuwiegeln, hielt große Reden, sprach von Ungerechtigkeit und wie sehr ich mich doch auf ihre Kosten bereicherte. ›Ja aber‹, wandte da so mancher ein, ›ohne ihn wäre ich nie zu meinem Hof gekommen!‹

›Ach was‹, schrie der Faulpelz, ›jeder, der arbeitet, hat ein Recht auf einen eigenen Hof. Noch immer müsst ihr dem Alten Pacht abgeben. Ist das gerecht?‹

Und so verbreitete sich nach und nach die Unzufriedenheit unter meinen Pächtern.

Ich sah das alles, aber weißt du, was? Es konnte mir meinen Frieden nicht rauben. Als dieser Faulpelz sah, dass ich gütig zu ihm blieb, egal, was er auch gegen mich anstellte, machte ihn das ganz verrückt. Da er mir nicht half, konnte ich nur noch ganz wenige Felder bestellen, und das tat ich unverdrossen. Doch der Überfluss blieb jetzt natürlich aus. Die Kost wurde immer einfacher, und einen Hof konnte ich dem Faulpelz auch nicht kaufen. Und so ging er eines Tages auf und davon. Das tat mir wirklich weh, denn ich hatte ihn liebgewonnen wie einen missratenen Sohn.

Eine Weile blieb ich allein auf meinem Hof. Dachte viel nach, segnete, tat meine Arbeit. Ich selbst brauchte nicht viel und war es zufrieden. ›Warum immer weiter vergrößern?‹, dachte ich, schon allein von all der Pacht hätte ich genügsam leben können. Doch noch immer machte mir die Arbeit so viel Freude, dass ich weitermachte, allein und glücklich.

Eines Tages kam ein Landstreicher zu mir und fragte, ob er eine Nacht bleiben könnte oder drei.

›Natürlich‹, sagte ich und bot ihm einen schönen Platz in der Scheune an.

Am nächsten Morgen läutete ich wie immer bei Morgengrauen die Glocke, und das muss den Landstreicher aufgeweckt haben. Er kroch aus dem Heu, setzte sich auf diese Bank hier vor meinem Haus, rieb sich die Augen und sah mir bei der Arbeit zu. Und als ich in den Stall trat und die Kühe mich mit ihrem Gemuhe begrüßten, da stand er auf einmal in der Tür und sagte: ›Ich habe gar nicht gewusst, dass Kühe so freundlich sind.‹

Dann sah er mir zu, wie ich mit der Sense das Gras schnitt, und irgendwann hielt er es nicht mehr aus auf seiner Bank, er kam zu mir.

›Das klingt so schön‹, sagte er, ›wenn die Sense durch das Gras fährt, sch ... sch ... sch ... – fast wie Musik. Darf ich das auch einmal ausprobieren?‹

›Das kannst du gerne‹, antwortete ich, ›doch so einfach ist es nicht, ich habe viele Jahre lang geübt. Aber ich bin sicher, wenn du das drei Jahre lang machst, kannst du es noch besser als ich.‹

Wir haben viel miteinander gelacht, als er die erste Wiese ummähte, wie holperig sie wurde, wie zerrupft sie aussah.

Am nächsten Tag konnte er seine Arme kaum heben, so starken Muskelkater hatte er, doch er schien zufrieden. Und als ich begann, das gemähte Gras zusammenzurechen, war er auf einmal wieder zur Stelle: ›Hm‹, sagte er, ›wie gut das duftet.‹ Und abermals half er mir.

So gut gefiel es dem Landstreicher, dass er zuerst eine ganze Woche blieb und schließlich drei ganze Jahre. Alles, was ich tat, war für ihn neu und wunderbar; und wenn ihm die Muskeln wehtaten nach einem langen Arbeitstag, dann sagte er: ›Mein Körper ist müde, aber zufrieden!‹

Er war ein guter Helfer, voller Begeisterung. Überall in der Gegend bei meinen Pächtern schwärmte er davon, was ich ihm nun wieder beigebracht hatte und was ich alles konnte, sodass sie sich alle freuten und sich wunderten, wie jemand an seiner Arbeit so viel Vergnügen haben konnte. Besonders groß war die Freude des früheren Landstreichers, als ich ihm nach drei Jahren einen eigenen kleinen Hof kaufte. Klein sollte er sein, darauf bestand er. ›Denn mehr, als ich brauche, will ich nicht‹, sagte er.

Stattdessen war er es, der damit anfing, dass man sich gegenseitig besuchte, und er brachte in unsere Landgemeinschaft ein bisschen Farbe, neue Ideen, neue Freude herein.«

Der alte Bauer nickte vor sich hin, lächelte. »Tja«, sagte er, »wenn ich jetzt so zurückdenke an meinen Vater – ich glaube, ich würde mich auch mit wenig reich erleben. Denn im Grunde ist mein Reichtum innen. Nicht außen. Nicht, was ich an Geld habe, macht meinen Reichtum aus; denn mit dem Geld hab ich ja immer gleich Land und Hof für die anderen gekauft, ich sitze nicht auf meinen Schätzen. Und ist es nicht seltsam? Eigentlich lebe ich nicht viel anders als mein Vater, der von sich sagte, er sei arm.«

Dritter Schritt zum erfüllenden Erfolg: das Gelübde, das Opfer

Wenn wir erkannt haben, was wir in unserem Leben erreichen wollen, wenn wir unser Ideal im Traumhimmel gesehen haben und bereit sind, es auf Erden zu verwirklichen, dann braucht es als Nächstes ein Gelübde, ein Versprechen. Dieses Versprechen geben wir uns selbst. So wie der Mann, der sich vornahm, ein reicher Bauer zu werden. Als Symbol für sein Gelübde »Ich werde einmal ein reicher Bauer sein« hängte er sich die Glocke unter seinen Dachfirst und läutete sie jeden Morgen. Hilfreich ist es auch, wenn wir unserem Ziel eine Person zuordnen, es personalisieren, so wie wir es schon mit unserem Ich und den Gefühlen getan haben. Dann können wir ihm gegenübertreten und mit ihm sprechen, zum Beispiel ihm das Versprechen geben: »Ich verbeuge mich vor dir, meinem idealen Ziel, und bin bereit, dir zu dienen, mich für dich zu opfern.«

Der Bauer hat sehr schön erzählt, wie er sich für sein Ziel, reich zu werden, »opferte«, indem der viel und hart arbeitete und dabei nicht täglich zu danken vergaß für das Erreichen der vielen kleinen Ziele auf dem Weg zum großen Ziel.

Wenn wir hohe, große Ziele haben, müssen wir alles geben. Wer beschließt, ein zweiter Paganini zu werden, der muss jahrelang diszipliniert üben und alles andere hintanstellen. Wer eine Firma aufbauen will, muss seine ganze Kraft hineingeben. Ist unser Ziel sehr komplex, dann brauchen wir einen guten »Masterplan« – so wie der Bauer sich sorgfältig überlegte, wie er seine Arbeit organisierte. Bei außergewöhnlichen Zielen braucht es auch eine gute Strategie, oft müssen wir erst herausfinden, wie man einen bestimmten Weg am besten einschlägt – gerade so, wie wenn wir eine Reise in unbekanntes Gebiet antreten wollen. Bei allem Wohlwollen des Universums genügt es nicht, sich etwas ganz fest zu wünschen und viel zu beten, um irgendwann einmal virtuos die Geige spielen zu können. Mit allen anderen Zielen verhält es sich ebenso.

Mit Opfer meine ich, dass wir uns wirklich auf unseren Hosenboden setzen, zu unserem Training gehen, die Strategie recherchieren, mit Leuten sprechen, dazulernen, was auch immer nötig ist, um unser ganz eigenes Ziel zu erreichen: Schritt für Schritt zum erfüllenden, erfüllten Erfolg.

Auch muss man die Demut haben, klein anzufangen. Wer ein Musikinstrument lernt, muss zunächst die Noten kennen. Dann Übungen machen, wieder und wieder. Selbst ein erfolgreicher Geiger, der das Ziel bereits erlangt hat, muss immer wieder klein beginnen und üben, üben, üben. So wie der Bauer, der nicht einfach nur Geld anhäufte, sondern mit seinem Erreichten etwas anfing, es weitergab, um wieder von vorn zu beginnen. Im Grunde, so kann man sagen, wurde der Bauer auf seinem Weg zu erfüllendem Reichtum zu einem Ausbilder in Sachen Landwirtschaft – alle seine Pächter gingen durch seine Schule und wurden am Ende gute Landwirte und sogar mit einem Hof belohnt. Tatsächlich scheint dies seine besondere Gabe gewesen zu sein: nicht nur selbst reich zu werden, sondern auf seinem Weg anderen ebenfalls zu Wohlstand zu verhelfen. »Eine Win-win-Situation«, würde man heute sagen. Auf diese Weise erreichte er sein Ziel in tieferem Sinne: Er wurde materiell reich, aber am Ende seines Lebens erkannte er, dass der materielle Reichtum ihm weit weniger bedeutete als der innere, den er sich durch seine Lebensweise und den Umgang mit anderen erworben hatte. Er stellte fest, dass sein Vater gar nicht viel anders gelebt hatte als er, der Unterschied von Arm und Reich fand nur im Gefühl, in der Wahrnehmung statt.

Opfern heißt in diesem Zusammenhang auch, auf das Unwichtige zu verzichten und stattdessen seine ganze Kraft in die Erlangung des Ziels zu geben. Prioritäten setzen. Während ich in der Modebranche arbeitete, hab ich auch in meiner kargen Freizeit stets an meine Arbeit und mein Ziel gedacht:

Saß ich in einem Café, hatte ich garantiert ein Skizzenbuch dabei und zeichnete, änderte, entwarf, verwarf und so weiter und so fort. Wo ich auch war, immer fiel mir etwas ins Auge, eine Form, eine Farbe, ein besonderer Stoff, eine Kombination. Nur in dieser Konzentration, in dieser Hingabe ist es möglich, unser reinstes Ideal zu verwirklichen.

Wenn Ihnen das zu viel ist – kein Problem. Nicht jeder muss seine Träume auch leben, wenn er nicht will. Dann ist Ihr reinstes Ideal vielleicht ein ruhiges, zufriedenes und einfaches Leben. Doch auch dieses Ideal will ein Gelübde und ein Opfer, denn sich die echte, reine Ruhe zu erlauben und zu erhalten ist in unserer Zeit auch nicht immer eine leichte Aufgabe.

Was immer Sie tun möchten – tun Sie es ganz. Und vielleicht geht es Ihnen dann wie dem Landstreicher aus der Geschichte über den Erfolg, der sich geschworen hatte, nie einen Finger zu rühren. Vielleicht führt Sie Ihr Weg eines Tages zu einem Menschen wie dem reichen Bauern, der seine Arbeit so sehr liebt, dass es auch Sie verlockt, ein Wagnis einzugehen und ein größeres Ziel anzustreben.

Das enttäuschte Ideal und die Freude am Weitergehen

»Ist das alles gewesen?«, fragte ich mich, nachdem ich mein wunderbares, so heiß ersehntes Ziel erreicht hatte und die erfolgreichste Modedesignerin der Schweiz geworden war – wenn auch im Verborgenen, man könnte sagen: Dies war der Makel, der jedem realisierten Ideal innewohnt.

»Ist das nicht traurig?«, werden Sie sich fragen. Wozu die ganze Mühe, wenn wir herausfinden, dass wir tatsächlich etwas ganz anderes wollen?

Zu meinem persönlichen Lebensweg kann ich nur sagen: Ich stehe zu dieser Zeit, es waren auf eine Weise die schönsten und aufregendsten Jahre meines Lebens. Und die Erfahrung möchte ich um keinen Preis missen. Ich genoss meine vielen Reisen, das Zusammenarbeiten mit kreativen Menschen, all die Schönheit um mich herum und das Glück des Erschaffens. Bei einer Modenschau zu sehen, wie das, was ich mir ausgedacht hatte, präsentiert und begeistert anerkannt wurde, war ein unbeschreibliches, lohnendes Gefühl, das mich für vieles entschädigte. Und die Tatsache, im Geheimen zu wirken, störte mich ja auch viele Jahre lang überhaupt nicht.

Doch dann hatte ich mich mit meinen ersten Yoga-Erlebnissen auf die Suche nach der Wahrheit begeben und diesen Weg kontinuierlich weiterverfolgt. Die Gottverbindung hatte ich immer, doch die Sehnsucht, das Wesentliche, Wahre in meinem Leben immer mehr verwirklichen zu können, nahm stetig zu. Allmählich begannen sich diese beiden Welten, die Modewelt und die Wahrheitssuche, einander im Weg zu stehen. Beides wollte mich ganz, oder anders gesagt: Ich wollte mich der Wahrheit mit Leib und Seele widmen, denn ich fühlte, dass ich nur so ein ganzer, erfüllter und glücklicher Mensch werden könnte. Vielleicht ahnte ich auch bereits damals, dass Gott etwas mit mir vorhatte, dass eine Aufgabe auf mich wartete, die wichtiger war, als mit meinem Chef darüber zu diskutieren, welche Farben die neue Kollektion prägen sollten.

Und ich bin bis heute tief dankbar, dass die Firma mir den Weg so leicht freimachte, indem sie mir die Kündigung aussprach. Unser Ideal kann sich wandeln, ein erreichtes Ziel kann die Treppenstufe zu einem neuen Ideal sein. So ist es auch mit der Evolution, stets entwickelt sie sich weiter, bleibt niemals stehen und ruht sich nicht auf einer besonderen Entwicklungsstufe aus. Es geht immer weiter. So ist es auch bei uns, denn wir sind Teil der Evolution, in physischer wie in geistiger Hinsicht. Das ist es, was es bedeutet, wenn wir beten: »Dein Wille geschehe wie im Himmel, so auch auf Erden.«

VIERTES TOR

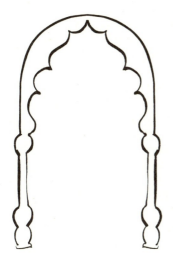

Die Erfahrung des Geführtseins

Der Beharrliche geht seinen Weg. Wo andere rennen, geht er langsam voran, wo andere stehen bleiben, schreitet er ruhig weiter. Nichts wird ihn aufhalten.
Das Wazifa: As-Sabur

Die Suche

Oft glaubt man, im Dunkeln zu tappen, doch im Nachhinein versteht man, dass man die ganze Zeit geführt worden war. So ging es auch mir. Meine Suche nach dem Weg zur Wahrheit geschah durch die Auslese. Ich probierte vieles aus und erkannte: Das ist es nicht. Und das auch nicht. Bei vielen Richtungen und sogenannten Gurus stellte ich fest, dass sich hinter ihren Lehren keine echte Substanz verbarg. Einige dieser Lehren waren auf den jeweiligen Lehrer ausgerichtet, alles machte sich an ihrer Person fest, sodass ihre Schüler fast abhängig von ihnen wurden. Das hat mir schon immer missfallen. Ich wurde extrem sensibel gegenüber Scheinglanz, denn davon hatte ich in der Modebranche bereits genügend erlebt – auf meiner Wahrheitssuche aber wollte ich *hinter* all den Glanz gelangen, ich suchte die Essenz. Doch würde ich die je finden? So schaute ich mich weiter um, ohne bewusst zu suchen, probierte aus, lernte kennen und verfeinerte durch Auslese mein Gespür für das Echte. So ging das einige Jahre lang.

Befindet man sich auf dem Weg der Suche nach der Liebe, dann geht man zunächst einmal ins Außen. Man geht dahin und dorthin, probiert vieles aus. Auch ich war lange auf diesem typischen Weg der Suche nach mir selbst im Außen. Man reist, besucht Lehrer und Seminare, macht Erfahrungen, liest. Sammelt hier eine Weisheit auf, dort einen Spruch. Ich hatte niemanden, mit dem ich über meine Suche sprechen konnte. Damals, in den Siebzigerjahren, gab es auch noch nicht diese Fülle an Büchern über solche Themen wie heute. Ich kannte niemanden, der wirklich verstehen konnte, was ich eigentlich wollte.

Wie großartig die Führung doch ist, verstand ich erst viel später: Man kann sicher sein, sie führt einen immer genau dorthin, wo man etwas finden kann. Scheinbar gibt es keinen Zusammenhang, es wirkt alles verstreut und zufällig. Und doch werden wir Schritt um Schritt sehr geduldig geführt.

Es war noch während meiner Zeit als Modedesignerin, als ich eines Tages auf einer Geschäftsreise eine sehr seltsame und schmerzhafte Erfahrung machte: Ich hatte unsagbare Schmerzen an den Händen und Füßen. Äußerlich war nichts zu sehen, auch hatte ich mich nicht verletzt. Abhilfe schafften nur umgekehrte Yoga-Haltungen wie der Kopfstand. Aber ich konnte doch nicht die ganze Zeit auf dem Kopf stehen! Gleichzeitig vibrierte unablässig mein ganzer Körper, und das ohne erkennbaren Grund. Von außen merkte man mir nichts an, und ich funktionierte, tat meine Arbeit mit diesen Körpervibrationen und den Schmerzen an Händen und Füßen. Dass es sich vielleicht um eine mystische Kreuzigungserfahrung handeln könnte, auf die Idee kam ich erst, als ich in einer esoterischen Zeitschrift eine Anzeige las von einem Camp in den Bergen von Chamonix. Es war ein Meditationscamp, organisiert vom Internationalen Sufi-Orden unter der Leitung von Pir Vilayat Inayat Khan. Dabei stand etwas von der »mystischen Kreuzigung«. Das klang sehr geheimnisvoll und erinnerte mich an meine eigenen Erfahrungen. »Vielleicht kann mir dieser Pir Vilayat Inayat Khan mehr darüber sagen«, dachte ich und meldete mich an.

Ich hatte keine Ahnung, worauf ich mich da einließ. Zunächst einmal war es äußerst mühevoll, überhaupt zu diesem Seminarort zu gelangen. Ich musste mit dem Sessellift den Berg hinauffahren und von da noch eine Stunde mit Gepäck weiter zu Fuß aufsteigen, bis ich zu einem kleinen Dorf kam. Ich glaubte, endlich angekommen zu sein, doch es stellte sich lediglich als Basislager des eigentlichen Camps heraus. Hier wurde für die Seminarteilnehmer gekocht, während die »Retreat Area« noch viel weiter oben lag. Ich brauchte drei Tage, um mich dort hinaufzuwagen.

Ich werde nie vergessen, welchen Eindruck Pir Vilayat Inayat Khan und seine Anhänger beim ersten Mal auf mich machten. Auf einem Felsen entdeckte ich einen älteren, äußerst würdig aussehenden Mann mit einem weißen Bart, ganz in helle Wolle gekleidet. Keiner brauchte mir zu sagen, dass dies der Pir war, und vom ersten Moment an fühlte ich großes Vertrauen und Respekt vor ihm. Um ihn saßen etwa vierzig Menschen, die eine immer wiederkehrende Melodie sangen und dabei die Köpfe rhythmisch im Kreis drehten.

»Jetzt bist du bei den Verrückten gelandet«, war mein erster Gedanke.

Was ich damals sah, war die Sufi-Praxis des Zikr – bei dem man durch mitunter stundenlanges Singen und Drehen des Kopfes in einen Zustand der Versenkung gerät. Auf mich wirkte das ziemlich verrückt. Trotzdem setzte ich mich dazu und machte einfach mit.

Ich lernte damals noch einige weitere Sufi-Praktiken kennen. Zum Beispiel arbeitete Pir Vilayat mit den sogenannten Wazifas. So nennt man die 99 heiligen Namen Gottes, die jeweils für eine andere göttliche Eigenschaft oder Qualität stehen. Der Meister sucht für den Schüler eines der Wazifas aus, das jener dann wie ein Mantra rezitieren soll, um diese besondere göttliche Qualität zu integrieren. Auch darauf ließ ich mich ein und machte einfach mit, auch wenn ich keine Ahnung hatte, was das alles bedeuten sollte. Mein Gefühl sagte mir einfach, dass ich hier richtig war.

In dieser Nacht konnte ich nicht schlafen. Lange saß ich auf einem Hügel in der Nähe des Camps und betrachtete die Berge im Licht der Sterne. Und dann geschah es: Nach dem Erlebnis bei meinem allerersten Yoga-Besuch, als sich die Luke im Dach öffnete und ich die Verschmelzung mit einem Lichtwesen verspürte, hatte ich hier meine zweite große Erleuchtungserfahrung. In tiefster Dunkelheit sah ich nur Licht und hörte die wundervollste Konzertmusik – heilige Musik. In dieser Nacht hatte ich auch eine Vision: Ich sah eine weiß gekleidete männliche Gestalt, die mir nur drei Worte sagte: »Geh deinen Weg.«

Während meines gesamten Aufenthalts in den Bergen von Chamonix brannte mein ganzer Körper, ich konnte nichts essen, nur trinken. Und obwohl ich all die Tage nicht wagte, das Wort an Pir Vilayat Inayat Khan zu richten, und er auch nie von der »mystischen Kreuzigung« sprach, weswegen ich ja eigentlich hergekommen war – mir war klar: Hier befand ich mich auf dem richtigen Weg. Und so besuchte ich immer wieder Retreats und Seminare von Pir Vilayat Inayat Khan.

Daneben faszinierte mich auch der Buddhismus, der damals gerade neu nach Europa kam. Einmal besuchte ich ein Retreat zum Thema »Tod«, das Geshe Rabten Rinpoche leitete. Er war einer der ersten Meister, die die Lehren des Buddhismus nach Europa brachten. Das gesamte Seminar dauerte zehn Tage, aber weil man mir in der Firma keinen Urlaub zugestand, kam ich zwei Tage zu spät und setzte mich still in die Halle. Am Ende des Seminars führte Geshe Rabten persönlich eine Puja durch, eine buddhistische Andacht. Und obwohl dreihundert Menschen in der Halle meditierten und ich weit hinten saß, fühlte ich plötzlich ein Brennen an der Stelle zwischen den Augenbrauen, wo das Dritte Auge sitzt. Ich sah auf und bemerkte, dass der Geshe mich ansah. Später ließ er mir durch seinen Übersetzer ausrichten: »Geshe Rabten will dir sagen: Wenn du jemals Hilfe brauchst, kannst du dich auf sein Herz konzentrieren. Das werde dir helfen. Es ist eine Praxis, die dich auch einschließt: Auch du sollst den anderen jeden Herzenswunsch erfüllen.«

Mir war das damals sehr peinlich. »Wieso«, fragte ich mich, »sagt er das von all den vielen Menschen ausgerechnet mir?«

Aber in den Wochen und Monaten, die folgten, wurde ich immer unglücklicher in der Firma und kam dankbar auf sein Angebot zurück: Während meiner Meditationen konzentrierte ich mich immer wieder auf das Herz des Geshe Rabten. Ich wünschte mir Klarheit darüber, wie es mit mir weitergehen sollte. Zweimal machte ich diese Praxis. Beim ersten Mal keimte in mir der Wunsch auf, neben meiner Arbeit in der Firma noch etwas anderes zu machen. Damals wurde mir jene Stelle als Yoga-Lehrerin angeboten, für die man mir nicht freigeben wollte. Und nach dem zweiten Mal erhielt ich die Kündigung. Endlich war ich frei.

Zeit der Reinigung

Ein guter Freund aus den Kreisen des Sufis namens Zahir hatte immer wieder erzählt, dass er in diesem Jahr zur Kumbh Mela, einem der größten religiösen Feste der Welt, nach Indien fahren wollte: »In diesem Jahr gibt es eine Planetenkonstellation, die nur alle 144 Jahre auftritt«, erzählte er begeistert. »Und so wird das Fest ganz besonders heilig sein.«

Wie oft hatte ich ihm sehnsüchtig zugehört. Nach Indien zu dieser so besonderen Kumbh Mela – wie schön wäre es, wenn ich auch mitfahren könnte. Ein unerfüllbarer Wunsch, solange ich noch meine Anstellung hatte. Nun aber hatte ich meine Kündigung erhalten, und dieser Reise stand nichts mehr im Weg. Endlich eine Reise, die nichts mit Geschäften zu tun hatte, auf der ich selbst entscheiden würde, wohin ich wollte und wie lange ich irgendwo bleiben konnte. Zunächst einmal, so beschloss ich, wollte ich ein, zwei Monate in Delhi leben und in keinem geringeren Ashram als dem des berühmten Dhirendra Brahmachari Yoga üben.

Doch vor meiner Abreise wollte ich zu Hause meine Angelegenheiten ordnen und für die Zukunft vorsorgen – schließlich war ich Schweizerin und hatte gelernt, dass alles seine Ordnung haben musste. Ich hatte in all den Jahren meiner Arbeit nie viel ausgegeben und so eine schöne Summe angespart. Damit wollte ich gern etwas anfangen, eine Idee verwirklichen, von der auch andere etwas haben sollten. Und dabei dachte ich an meine Familie.

In einer der Meditationen während jenes Todes-Retreats, von dem ich schon erzählt habe, hatte ich erkannt, dass ich meinen Vater kaum kannte, dass ich keinen echten Bezug zu ihm hatte. In jungen Jahren noch hatte er sich vorzeitig pensionieren lassen, und was ihm seither meiner Meinung nach fehlte, war eine echte Aufgabe. Meine Mutter, mit der ich immer ein recht schwieriges Verhältnis hatte, klagte schon seit Jahren über die beengten Verhältnisse, in denen sie in ihrer kleinen Mietwohnung leben musste. Daher kam ich auf eine so verrückte wie wundervolle Idee, wie ich dachte: Ich fand ein schönes altes Haus mit vier Stockwerken und bot meinen Eltern an, im unteren Teil einzuziehen. Mein Vater, der handwerklich sehr geschickt war, erklärte sich bereit, das ganze Haus auszubauen. Ihren Wohnbereich sollten meine Eltern selbst finanzieren. Für den Ausbau des oberen Teils, den ich nach meiner Rückkehr bewohnen wollte, überließ ich meiner Mutter die Vollmacht über mein Sparkonto. Dafür, dass mein Vater mir meine Wohnung ausbaute, sollten meine Eltern ihr Leben lang mietfrei Wohnrecht in dem Haus haben.

Alle waren einverstanden, und ich kaufte das Haus. Ein bisschen fühlte ich mich wie der reiche Bauer aus der Geschichte: Auch ich wollte von dem Geld, das ich in meinen Jahren in der Modefirma verdient hatte, etwas weitergeben. Ich wollte etwas damit anfangen und andere teilhaben lassen. Auch hoffte ich, auf diese Weise endlich ein vernünftiges Verhältnis zu meinen Eltern zu bekommen. Auf meine Reise nahm ich nur so viel Geld mit, wie ich in Indien benötigen würde. Alles andere ließ ich in der Obhut meiner Mutter. Für spätere Zeiten, wenn ich aus Indien zurückkehren würde.

Gemeinsam mit Zahir flog ich also im Herbst 1977 nach Delhi. Schon bald trennten sich unsere Wege, und ich quartierte mich im Yoga-Ashram von Dhirendra Brahmachari ein. Ich brauche nämlich auf Reisen immer eine Art Basislager, wo ich mein Zelt aufschlagen und verweilen kann, auch wenn dieser Ashram alles andere als gemütlich war: Karge Zellen aus Beton reihten sich in diesem Neubau aneinander, alles glich mehr einer Militärkaserne als dem, was wir Europäer uns unter einem indischen Yoga-Ashram vorstellen. Mir war das egal, ich brauchte keinen Luxus. Gemeinsam mit anderen Schülern aus der ganzen Welt übte ich wieder einmal Yoga, obwohl ich schon ahnte, dass dies nicht mein endgültiger Weg sein würde. Dennoch trug mich diese Praxis in wunderbarer Weise über die Schwelle von meinem alten in mein neues, freies Leben.

Es war eine Zeit der tiefen Reinigung, die ich in den ersten Wochen in Indien durchlebte. Während ich mich in die Yoga-Praxis versenkte, zogen all die Jahre meiner Arbeit erneut an mir vorüber und erschienen mir jetzt, aus der Entfernung, immer mehr in einem neuen Licht. So erkannte ich zunehmend deutlicher, wie sehr ich dort ausgenutzt worden war, wie wenig Dank ich erfahren hatte und wie sehr mich meine Chefs »versklavt« hatten. Ich sah aber auch, wie bereitwillig ich das alles hatte mit mir geschehen lassen. Ich wusste, jetzt galt es, mich von alldem zu verabschieden. Das Alte loszulassen. Dazu gehörten auch viele Erfahrungen aus meiner Kindheit, alte Schmerzen und Wunden, an die ich schon lange nicht mehr gedacht hatte. Fragen wie »Wer bin ich überhaupt?« tauchten auf und erstaunten mich. War ich all die Jahre tatsächlich diejenige gewesen, die die anderen in mir sahen? Hatte ich deren Erwartungen entsprechen wollen und mich dabei selbst ein wenig verloren? Wer ist schon frei von der Meinung anderer? Ist das, was wir als unseren Willen ansehen, nicht oft durch das bestimmt, was andere auf uns projizieren? Wie war denn das mit meiner Mutter, die mir ständig gesagt hatte, dass aus mir nichts werden würde? Ihr hatte ich bewiesen, dass das nicht stimmte – aber warum musste ich das überhaupt? Ich meditierte viel über diese Fragen, und wenn Trauer und alter Groll in mir auftauchten, dann lernte ich, diese Gefühle der Tiefe abzugeben, mich zu versöhnen mit meiner Familie, meinen Lehrerinnen, meinen Vorgesetzten und so weiter.

Loslassen, um irgendwann wieder frei und offen zu sein für das Neue, was immer es auch sein würde – das tat ich reichlich. Ein Brechdurchfall – ganz üblich für einen Europäer, wenn er zum ersten Mal nach Indien kommt – half mir, mich auch körperlich zu reinigen. Es gab Tage, da musste ich mich fast pausenlos übergeben. Ja, der Körper weiß, wie er das macht.

Doch wie übergibt sich eigentlich die Seele? Wie schaffen die Gefühle es, den alten Ballast loszuwerden?

Eine wirksame Übung, um inneren Frieden zu finden und alte, negative Erfahrungen abzugeben, möchte ich hier vorstellen.

Meditation: Dein Friedensreich und Ewigkeitsraum

Wir verneigen uns vor unserem himmlischen Vater und unserer himmlischen Mutter und beginnen mit ihnen.

Die Schwelle zum Friedensraum

Wir nähern uns unserem Friedensreich, dem Bereich in uns, wo wir tief in uns unseren Frieden haben. Auf der Schwelle dahin legen wir allen Unfrieden ab, jeden Ärger, Widerstand, jede Wut, Rache, alles Jammern und Klagen, ja, auch das Selbstmitleid. All dies geben wir vor diesem Bereich wie an einer Garderobe ab und betreten nun unseren ureigenen Raum des Friedens.

Im Friedensraum

Wie sieht mein Raum des Friedens aus? Wie fühle ich mich hier? Ich lasse alles los, was mich aufwühlt, und gebe es einfach ab in die Tiefe und lasse den Frieden, meinen eigenen Frieden, auf mich wirken.

Das Einladen

Und dann, wenn es mir als richtig erscheint und mich mein Frieden ganz und gar ausfüllt, lade ich meine Erdeneltern ein, zu mir in den Raum des Friedens zu kommen. Vielleicht möchte ich zuerst meine Mutter einladen, danach meinen Vater. Ich lade sie ein und weise ihnen einen Platz in meinem Friedensraum zu: Hier, da kannst du sitzen.

Es macht nichts, wenn ich im Leben Probleme mit einem der Eingeladenen habe. Im Raum des Friedens schweigen die Konflikte, hier geben die Gefühle Ruhe, und wir begegnen einander in Frieden.

Danach lade ich nacheinander meine Geschwister ein, begrüße sie in meinem Raum des Friedens und weise ihnen ihren Platz zu. Vielleicht ist dieser Platz nahe bei uns? Vielleicht etwas weiter entfernt oder sogar ganz weit weg? Unser Raum des Friedens ist groß, er dehnt sich aus nach Bedarf.

Danach lade ich meine Großeltern ein, begrüße sie und weise ihnen ihre Plätze zu. Ich lasse mir Zeit dabei. Vielleicht habe ich meine Großeltern gar nicht gekannt, aber das spielt keine Rolle. Energetisch sind sie auch über den Tod hinaus mit uns verbunden.

Und so fahre ich fort und lade meine Urgroßeltern ein. Vielleicht entscheide ich mich für eine Ahnenlinie. Für eine Frau ist es segensreich, einmal eine lange Reihe ihrer Ahninnen in ihren Raum des Friedens einzuladen, für einen Mann die väterlichen männlichen Vorfahren.

In diesem Raum begegnen wir uns in Frieden. Wir können einander lassen und ohne Wertung betrachten, so wie wir sind und zueinander stehen. Im Raum des Friedens können wir einander vergeben und unsere verletzten Gefühle heilen.

Der Segen des Vergebens
Ich segne dich mit meinem Friedenssegen.
Ich vergebe dir, was ich dir noch nicht vergeben habe.
Ich vergebe mir selbst, was ich mir noch nicht vergeben habe.
Ich danke dir für die Gaben, die du mir übergeben hast.
Gehe hin in Frieden!

Dieselbe Praxis können Sie natürlich mit jedem anderen Menschen machen: einer Freundin, mit der Sie Streit haben, einem Kollegen, der Ihnen Schwierigkeiten bereitet, einem unangenehmen Nachbarn – mit wem Sie auch immer in Unfrieden leben. Dabei werden Sie entdecken, dass Sie sich selbst nicht nur von den negativen Gefühlen befreien. Sehr oft ist es so, dass diese Praxis auch den anderen davon erlöst, Ihnen immer wieder auf eine Weise zu begegnen, die Ihnen Kummer und Schmerzen bereitet.

Die Kumbh Mela

Von Delhi aus fuhr ich nach Allahabad zum größten und mystischsten spirituellen Treffen Indiens, zu dem jedes Mal zig Millionen Pilger zusammenströmen: der Kumbh Mela. Allahabad ist die zweitälteste Stadt Indiens und spielt in den antiken vedischen Schriften eine bedeutende Rolle. Ihr ursprünglicher Name lautet Prayaga, was so viel wie »Weihestätte« bedeutet. Denn hier am Zusammenfluss der heiligen Flüsse Ganges und Yamuna soll Brahma in einem mystischen Ritual die Welt erschaffen haben. Und seit Menschengedenken kommen hier alle Gurus, Sadhus, Heilige und Gläubige aus der ganzen Welt zusammen, um ein rituelles Bad im heiligsten Fluss Indiens zu nehmen, der nach altem Glauben an diesen Tagen zum Unsterblichkeit verleihenden »Milchozean« wird.

Auch in diesem Jahr strömten Millionen von Gläubigen zusammen und boten ein unglaubliches Schauspiel. Da waren die Sadhus, die das Vorrecht beim heiligen Bad hatten und in einer riesigen Schar, nur mit Lendenschurz und heiliger weißer Asche auf ihren dunklen, ausgemergelten Körpern mit wirren weißen Haaren und Bärten, den Dreizack in der Hand, wie Urwesen aus den alten Schöpfungsmythen zum Ufer stürmten. Da waren Frauen in leuchtenden Saris, Yogis der unterschiedlichen Schulen – zu dieser besonderen Kumbh Mela stiegen selbst die weltabgewandten Heiligen und Einsiedler aus dem Himalaya herab. Ich genoss es, in diesem Getümmel aus Menschen allein zu sein und all diese Eindrücke auf mich wirken zu lassen. Es war wie ein Eintauchen in ein einziges, unendliches Wesen, ein Mitfließen und Miterleben. »So muss sich ein Hering in einem riesigen Heringsschwarm fühlen«, dachte ich. Es war eine unglaubliche Erfahrung der Gemeinschaft und des Aufgehobenseins in einem kollektiven Gefühl der Heiligkeit.

Mitten in diesem Verschmelzen mit anderen, völlig fremden Menschen hörte ich auf einmal, wie jemand meinen Namen rief.

Es war Giorgio, ein Yoga-Lehrer aus Italien, den ich im Ashram in Delhi flüchtig kennengelernt hatte. Was für ein Zufall, dass er mich unter all diesen vielen Menschen entdeckt hatte. Und obwohl wir in Delhi kaum zehn Worte miteinander gewechselt hatten, beschlossen wir, die Tage in Allahabad gemeinsam zu verbringen. Danach trennten wir uns als gute Freunde. Während ich zurück nach Delhi fuhr, kehrte Giorgio nach der Kumbh Mela nach Rom zurück. Ich bat ihn, meine bis dahin belichteten Filme mitzunehmen – damals fotografierte man noch mit herkömmlichem Filmmaterial –, damit ich sie nicht die ganze Zeit mit mir herumschleppen musste. Niemals hätte ich geglaubt, dass Giorgio in meinem Leben noch eine wichtige Rolle spielen würde. Ich fand ihn nett, mehr nicht. Und kaum hatten wir uns getrennt, vergaß ich ihn sofort.

Die Begegnung mit Dhirendra Brahmachari

Während meiner Zeit in Delhi lernte ich auch den berühmten Swami dieses Ashrams kennen, den Yogi Dhirendra Brahmachari. Er war eine starke, charismatische Persönlichkeit und hat in seinem Leben viel dazu beigetragen, dass sich die Praxis des Yoga sowohl in Indien als auch in Europa verbreiten konnte.

Ich wusste nicht, wie mir geschah, als er mich eines Tages dazu einlud, mit ihm in dem Privatflugzeug, das er gemeinsam mit Indira Gandhis Sohn besaß, nach Mantalai und Katra in dem nördlichen, am Fuße des Himalaya gelegenen Bundesstaat Jammu zu fliegen. In Katra hatte Dhirendra Brahmachari eine Schule zur Ausbildung von Yoga-Lehrern gegründet. Begeistert erzählte er mir von seinem Ziel, Yoga als Unterrichtsfach in den Schulen einzuführen, was er in den darauffolgenden Jahren auch teilweise realisieren konnte.

Swami Dhirendra Brahmachari war selbst Schüler von Maharshi Kartikeya gewesen, von dem man sagt, dass er ein sagenhaftes Alter von 336 Jahren erreicht hatte und ein großer Heiliger war. Als Schülerin seines Schülers konnte ich also diese Yoga-Praxis aus der direkten Linie erlernen. Ich fragte Swami Dhirendra, ob ich in Katra bleiben könnte und die Yoga-Lehrer-Ausbildung absolvieren dürfte, und er erlaubte es mir. So blieb ich also dort und legte auch dieses damals sehr begehrte Diplom ab.

Dennoch spürte ich, dass ich es wahrscheinlich nicht nutzen würde, um in Europa diese Yoga-Richtung zu lehren. Denn Dhirendra Brahmacharis Yoga-Lehre war mir zu einseitig, zu technisch. Es fehlte mir die Liebe dabei.

Dhirendra Brahmachari wandte sehr radikale Techniken an und forderte sie auch von seinen Meisterschülern ein. Dazu gehörte zum Beispiel, große Kälte zu ertragen und von so gut wie keiner Nahrung zu leben. Er selbst versetzte sich regelmäßig ins Samadhi in einer eigens dafür erbauten Gruft, in der er tagelang ohne Licht, ohne Luft und ohne Nahrung überlebte. Das war nicht meine Sache.

Zu den kuriosen Episoden in Swami Dhirendras Leben zählt, dass er in den sechziger Jahren in die Sowjetunion eingeladen wurde, wo er angehende Kosmonauten Hatha-Yoga lehrte. Später wurde er Yoga-Lehrer, politischer Ratgeber und, wie viele Zeitzeugen behaupten, der Liebhaber von Indira Gandhi. Während seine Bücher weltberühmt wurden und die Lehren des Yoga auch im Westen bekannt machten, während er Tausende seiner Schüler inspirierte und prägte, stellte sich nach seinem Tod heraus, dass er nicht nur große Summen in die Bollywood-Filmindustrie investiert hatte, sondern auch Teilhaber an einem Rüstungsunternehmen war. Wie Indira Gandhis ältester Sohn vierzehn Jahre zuvor (1980) starb auch Swami Dhirendra Brahmachari bei einem Flugzeugunglück. Mit einer Maschine, wie wir sie bei meinem ersten Indienbesuch 1973 benutzten, zerschellte er genau dort, in der Nähe von Katra an einem Berg. Dass er auf diese Weise sterben würde, hatte er vorausgesagt.

Bei den Mönchen von Hemis Gompa

In Katra freundete ich mich mit Maria an, einer jungen Schweizerin. Maria war von einer Bekannten, die in Leh wohnte, eingeladen worden, zu kommen und eines der ältesten buddhistischen Klöster der Region zu besuchen: das Kloster der Rotmützenmönche Hemis Gompa. Sie fragte mich, ob ich mitkommen wollte, und ich sagte begeistert zu.

Leh lag zwar nur rund 500 Kilometer von Katra entfernt, dennoch war es recht schwierig, in diese abgelegene Gegend zu gelangen. Wir nahmen zunächst einen Bus nach Jammu, dann einen zweiten bis nach Srinagar und genossen die wunderbare Fahrt durch Landschaften, die samt der dort lebenden Menschen wirkten wie aus Abrahams Zeiten. In Srinagar wohnten wir für drei Tage auf einem Hausboot, während wir auf den Jeep warteten, den Marias Freundin, die gute Beziehungen zum General einer indischen Garnison in Leh hatte, für uns organisiert hatte, um uns nach Leh zu bringen. Die Fahrt über holprige Naturstraßen entlang steil abfallender Berghänge dauerte noch einmal zwei Tage. Unermüdlich schraubte sich der Jeep in Serpentinen aufwärts durch karge Felslandschaften, und mehr als einmal glaubte ich, dass der Weg auf keinen Fall weiterführen könnte.

Als wir in Leh ankamen, waren wir begeistert. Ich fand eine kleine, gemütliche Wohnung für meinen dreiwöchigen Aufenthalt. Wir waren als Touristen gekommen und wollten natürlich das Kloster besichtigen. Die Gründung von Hemis Gompa wird in das dritte Jahrhundert vor Christus datiert, und es gibt eine Legende, die besagt, dass Jesus während der Zeit vor seinem dreißigsten Lebensjahr, über die nichts in der Bibel berichtet wird, hier gewesen sein soll. Damit wird erklärt, wie er zu seiner Lehre der Gewaltlosigkeit kam, die in seinem Kulturkreis etwas sehr Ungewöhnliches war.

Das Dorf Hemis und das dazugehörige Kloster liegen spektakulär inmitten eines majestätisch aufragenden Felsensembles 45 Kilometer südlich von Leh. Ich werde nie vergessen, wie beeindruckt ich nach unserem mühevollen Aufstieg von den an die wallartig aufsteigenden Felswände hingeduckten Häusern des Dorfes war, von der Klosteranlage ganz zu schweigen. Aus verschiedenen Epochen stammend, umschließen die Gebäude von drei Seiten einen rechteckigen Innenhof. Das älteste von diesen, ganz aus Holz erbaut, mit unzähligen bunt bemalten Schnitzereien, birgt eine goldene Statue des Shakyamuni, Darstellungen Buddhas und kunstvolle Fresken. Gegenüber liegt ein weiß getünchter gemauerter Bau mit vorgelagerten hölzernen Fensterbalkonen. Das Schönste allerdings war die Freundlichkeit, mit der wir von den Mönchen willkommen geheißen wurden. Ob wir wohl mit ihnen gemeinsam meditieren dürften, erkundigten wir uns. Mit Freuden wurde uns das gestattet.

Eines Abends saß ich meditierend auf der Veranda meiner Wohnung in Leh, als ich auf einmal eine Vision hatte, die mich völlig überraschte: Ich sah mich selbst mit einem Kind auf dem Schoß. Es war mir nicht ganz klar, wie ich dieses Bild deuten sollte, denn ich hatte gleichzeitig einen Schmerz in meinem Herzen gespürt. »Es wird das Kind meiner Schwester sein«, sagte ich mir und vergaß die Vision wieder.

Es war Sommer, und bald sollte dort ein traditionelles Festival stattfinden mit Maskentänzen und allerhand Spektakel. Es brauchte nicht viel, um Maria davon zu überzeugen, dass wir unbedingt so lange bleiben sollten, damit wir uns dieses seltene Schauspiel ansehen konnten.

»Am liebsten möchte ich hier für immer leben«, dachte ich, als ich zum ersten Mal den steilen Pfad zum Kloster entlangging und mein Blick hinunter ins Tal wanderte. Für das Festival strömten viele Menschen nach Leh, Unterkünfte wurden rar, und so kam ich auf die Idee, dass ich in der Nähe des Klosters zelten könnte. Ich fragte Marias Bekannte, ob sie den General für mich um ein kleines Zelt bitten könnte. Von den sommerlichen Sufi-Camps in den Bergen von Chamonix war ich das einfache Leben in Zelten gewohnt. Ich staunte darum nicht schlecht, als auf einmal zwei Militärlastwagen die steile Bergstraße heraufgekrochen kamen und zwanzig Soldaten von ihnen heruntersprangen. Im Nu wurden nun drei riesige Zelte aufgeschlagen. In das eine stellten die Soldaten richtige Betten für Maria und mich, im zweiten wurde eine Dusche und WC eingerichtet, und das dritte beherbergte die Küche – und unsere Diener! Der General hatte nämlich beschlossen, dass wir seine Gäste waren. Auch beim Festival avancierten wir sofort zu Ehrengästen, was mir eigentlich ziemlich peinlich war, und bekamen die besten Plätze auf der eigens fürs Festival errichteten Balustrade.

Noch immer war es Sommer, und die höheren Chargen beim Militär durften für zwei Monate ihre Frauen aus den großen Städten kommen lassen. Dies war eine Zeit der Empfänge und Feste, und meine Freundin und ich wurden dazu eingeladen. Und obwohl ich mich natürlich perfekt in dieser Umgebung bewegen konnte, schließlich war ich lange genug in der Modebranche unterwegs gewesen, so war es doch vollkommen neu für mich, dass auf einmal von mir erwartet wurde, Konversation zu machen – mein Chef hatte mir das ja immer verboten. Ich konnte kaum ein Wort Englisch, und so überwand ich meine Scheu und ging zu den Empfängen, um hier in dieser entlegenen indischen Provinz ein bisschen Englisch zu lernen und die Kunst des Smalltalks zu üben – einen größeren Kontrast zu meinem stillen Leben im Kloster konnte es kaum geben.

Bald nach dem Festival reiste meine Freundin weiter, ich aber wollte bleiben. Die Zelte wurden abgebaut, und ich fragte den Rinpoche, ob ich im Kloster wohnen dürfte. Er erlaubte es, und eh ich mich's versah, fand ich mich im Zimmer der Königin von Ladakh wieder. Es ist bis heute eine alte Tradition, dass es in diesem Kloster ein Zimmer für die Königin gibt, die nach der Annexion von Ladakh durch Indien keine politische Macht mehr besaß, von den Einheimischen aber immer noch verehrt wurde. Und für die Besuche, die sie hin und wieder dem Kloster abstattete, war da dieses Zimmer, das immer für sie bereitstand.

Staunend bewohnte ich nun also das Zimmer der Königin. Es war sehr geräumig und mit herrlichen, sehr alten Holzschnitzereien verziert. Im Dach prangte ein Loch – aber das machte nichts, es regnete ja zum Glück nicht. Die Fenster, aus denen ich einen atemberaubenden Blick hinunter in die Ebene der Provinzstadt Leh und weit darüber hinaus hatte, waren mit geschnitzten Ornamenten versehen, Glasscheiben gab es nicht. Die uralten Holzdielen, die beim Gehen knarrten, waren über und über mit Teppichen ausgelegt. Eine Matratze mit einem weiteren Teppich darüber bildete das Königinnenbett. Für die Toilette gab es ein Plumpsklo mit einem fünf Meter tiefen Abgang. Das Kloster verfügte auch über eine kleine Gästehütte, doch warum auch immer – der Rinpoche hatte beschlossen, mir das Zimmer der Königin zu geben.

Tag für Tag meditierte ich gemeinsam mit den Mönchen. Auch wenn ich nichts verstand, so war ich mit dem Herzen immer dabei. Und von Tag zu Tag wurde ich ruhiger und glücklicher.

Der für das Kloster verantwortliche Rinpoche lebte normalerweise in einem Kloster in Darjeeling und verbrachte nur den Sommer in Ladakh, und so hatte ich das Glück, diesen heiligen Mann während meiner Zeit in Hemis Gompa zu erleben. Ich sprach in all diesen Wochen nichts und fügte mich vollkommen ein in das klösterliche Leben. Der Rinpoche mochte mich gern, beim Essen rief er mich oft zu sich und gab etwas von dem gewürzten Reis und den Linsen von seinem Teller auf meinen. Danach verzog er sein Gesicht in tausend Lachfältchen, legte seine Stirn an die meine und seine Hände seitlich an meinen Kopf – und segnete mich liebevoll. Schließlich ging ich schüchtern und glücklich wieder zurück auf meinen Platz. Es war ein Ritual zwischen uns, bei dem ich jedes Mal bis in meine letzte Körperpore seine universelle Liebe fühlte.

Und dann fand der Rinpoche eine Aufgabe für mich: Ich sollte eine Schrift in englischer Sprache kopieren, eine Lehre, die er einem aus Kanada stammenden Mönch zugedacht hatte. Obwohl ich kaum Englisch konnte, tat ich das auch getreulich, ohne zu verstehen, was da geschrieben stand. Ich schrieb einfach Wort für Wort die Mönchslehre ab.

Mitten in dieser Aufgabe wurde ich krank. Es war eine Bekannte aus dem Freundeskreis des Generals, die bemerkte, dass meine Zunge gelb war, und gleich Alarm schlug. Sofort wurde eine Ambulanz zum Kloster geschickt, die mich ins Militärhospital verfrachtete. Eigentlich hätte ich mich lieber von den Mönchen behandeln lassen, die ja in tibetischer

Kräuterkunde sehr bewandert waren. Ich hatte Hepatitis und musste drei Wochen lang in diesem Hospital bleiben, was ich sehr langweilig fand. Ich schrieb das ganze Buch ab, das mir der Mönch zum Kopieren gegeben hatte.

Während dieser Zeit kam mich auch einmal der General persönlich besuchen. Ich werde nie vergessen, wie er ins Zimmer trat, sich umsah und sagte: »What a bloody place!« Na ja, er hatte recht, es war ziemlich schmuddelig und heruntergekommen, außerdem gab es Wanzen. Damit war es jetzt vorbei, der General ordnete an, dass mein Zimmer gesäubert und frisch gestrichen wurde. Sogar zwei Sessel ließ er bringen.

Als ich geheilt entlassen wurde und zurück zum Kloster kam, war gerade die Königin zu Besuch. Freundlicherweise überließ mir einer der Mönche sein Zimmer. Ich weiß noch, wie streng seine Bettstatt roch. Die Königin blieb nur eine Nacht und war gekommen, um sich mit dem Rinpoche zu beraten. Zu Gesicht bekam ich sie leider nicht.

In Hemis Gompa wird der tibetische Buddhismus gelehrt. Das bedeutet, dass der Rinpoche die authentischen Schriften rezitiert und sie danach kommentiert. Ich saß dabei, ohne bewusst etwas zu verstehen. Auf diese Weise erhielt ich zusammen mit den Mönchen eine ganze Reihe von Einweihungen.

Als ich später wieder zu Hause war, suchte ich Bücher darüber und las nach, was ich dort über das Unbewusste erfahren hatte. Und stellte fest: Ich wusste Dinge, von denen ich bewusst keine Ahnung hatte. In dieser Linie wird das Wissen direkt übermittelt – ohne Umweg über den Verstand.

Das Einzige, was ich bewusst aus den Lehren der Mönche mitnahm, war das Gebot, einem jeden Menschen, der mir auf meinem Lebensweg begegnen würde, seinen tiefsten, verborgensten Wunsch zu erfüllen. Die Wunscherfüllung sei etwas Heiliges, erfuhr ich. Und bereitwillig nahm ich diese Lehre tief in mein Herz auf.

In Hemis Gompa wäre ich gern für immer geblieben. Hier hatte ich für viele Monate meinen Frieden gefunden. Ich erkundigte mich sogar, was es bräuchte, um mich als Nonne in diesem Kloster einweihen zu lassen. Die Bedingung war, dass ich die tibetische Sprache erlernen sollte, was mich ehrlich gesagt nicht besonders reizte. Ich meditierte viele Tage lang über diese Frage, und dann sagte ich zu meiner eigenen Überraschung: Ich möchte aber noch ein Kind.

Aus meinem seligen Frieden riss mich dann jedoch eine ganz andere Stimme und rief mich zurück in die Schweiz: Es war die Stimme meiner Mutter. Als ich einmal zu Hause anrief, gellte sie mir entgegen. Mein Sparkonto sei leer, ließ sie mich wissen. Und das Haus noch lange nicht fertig. »Komm zurück und verdien mehr Geld!«, lautete der mütterliche Befehl.

Ich war entsetzt. Denn auf meinem Konto hatte sich eine wirklich große Summe befunden, von der ich nach meiner Rückkehr eine Weile in Ruhe leben zu können gehofft hatte, ohne sofort den Druck des Geldverdienens im Rücken zu haben. Es war offensichtlich, meine Eltern hatten sich nicht an die Abmachung gehalten und auch ihren eigenen Wohnungsausbau von meinem Geld finanziert. Ja, sie hatten mein Konto sogar um eine beträchtliche Summe überzogen. Ich war nicht nur mittellos geworden, ich musste auch Schulden zurückzahlen, die ich nicht gemacht hatte. Von meinem Traum von einem Leben in Frieden an der Westflanke des

Himalayas musste ich mich jäh verabschieden. So bald wie möglich flog ich zurück nach Hause.

Die große Vergebungskraft

Die Situation, die ich zu Hause antraf, empfand ich als äußerst grotesk. Ich hatte ein Haus gekauft und meine Eltern eingeladen, darin bis an ihr Lebensende mietfrei zu wohnen – und nun hatten sie mich derart ausgeraubt. Damit nicht genug, war meine Mutter voller Vorwürfe, so als hätte nicht sie mein Sparbuch, sondern ich ihres geplündert.

Es war die perfekte Gelegenheit, um meine in Indien gewonnenen Einsichten in die Praxis umzusetzen. Tatsächlich aber fühlte ich mich, als sei ich aus himmlischen Höhen unsanft auf der Erde aufgeschlagen. Und doch: Was ich in dieser Zeit über mein eigenes Ego-Eselchen und das meiner nächsten Mitmenschen lernte, war eine Lektion fürs ganze Leben.

Um die Schulden zu begleichen, die meine Mutter in meinem Namen gemacht hatte, blieb mir nichts anderes übrig, als so schnell wie möglich wieder zu arbeiten. Vor meiner Abreise hatte ich mir geschworen, nie wieder in der Modebranche tätig zu werden. Und nun? Kurz erwog ich, mein Geld als Yoga-Lehrerin zu verdienen, Diplome hatte ich inzwischen genügend abgelegt. Doch zum einen war Yoga damals, Anfang der Siebziger, noch nicht so verbreitet wie heute, dementsprechend gering war das Interesse an solchen Kursen. Und zum anderen war mir klar, dass ich als Yoga-Lehrerin niemals so viel würde einnehmen können wie mit meinen Modeentwürfen. Und ich hatte keine Lust, jahrzehntelang meine Schulden abzustottern und dadurch erneut für immer gebunden zu sein. Ich war schließlich nach Indien aufgebrochen, um eine neue Phase in meinem Leben zu beginnen.

Nun musste ich also versuchen, doch wieder einen Fuß in die Welt der Mode zu bekommen. Unglücklicherweise befand sich die Branche in einem großen Umbruch, und viele Firmen steckten in einer tiefen Krise. Die Konfektion war zusammengebrochen, der Trend ging zu Massenproduktion in Billigländern. Und ausgerechnet jetzt wollte ich eine Stelle finden!

Außerdem war das Verhältnis zu meiner Mutter, mit der ich ja nun unter einem Dach lebte, alles andere als einfach. Statt endlich zu einem Miteinander zu finden, schien es, als seien die unterschwelligen Konflikte, die wir zeit meines Lebens miteinander hatten, nun ausgerechnet während meiner Selbsterfahrungsreise nach Indien hemmungslos hochgekocht. Noch befand ich mich ganz in dieser Energie, in die ich in Hemis Gompa bei den Mönchen eingetaucht war, und entsprechend schwer fiel es mir, mit den ungerechten Angriffen meiner Mutter umzugehen. Und doch half mir gerade die durch monatelanges Meditieren erlangte Gelassenheit durch diese schwierige Situation hindurch.

Statt mich auf die sinnlosen Auseinandersetzungen mit ihr einzulassen oder in Selbstmitleid zu zerfließen, fuhr ich nach Zürich auf eine Modemesse. Zu einer festen, längerfristigen Anstellung wollte ich mich nicht mehr verpflichten. Also nahm ich mir vor, mir eine Firma zu suchen, die mich nur für drei Monate einstellen würde. Denn dies war mein Plan: drei Monate arbeiten, drei Monate in Indien verbringen. Ich wusste, das war bei der aktuellen Situation auf dem Stellenmarkt ziemlich illusorisch. Und dennoch hatte ich keinen Zweifel daran, dass es mir gelingen würde, einen solchen maßgeschneiderten Job zu finden.

Auf der Messe sah ich mich nach einer Firma um, die mir gefiel. Es waren genau zwei Unternehmen, die zu mir passten. Als ich bei dem ersten anrief und fragte, ob sie eine Stylistin brauchten, wurde ich eingeladen. Und erfuhr, dass man zur Fertigstellung einer Kollektion jemanden mit meinen Qualifikationen suchte. Allerdings war dieser Auftrag auf drei Monate befristet. Ob ich damit einverstanden sei?

Es ist eine Erfahrung, die sich durch mein ganzes Leben zieht: Das, was ich aus meiner reinen Freude heraus wünsche, das tritt immer ein. Und dieses Gesetz trifft nicht nur auf mich zu: Es wird – wenn es wirklich gewollt ist.

Während dieser Zeit, in der ich Gefahr lief, mit dem Verhalten meiner Mutter und meinem Schicksal zu hadern, übte ich mich in dem, was ich heute »die große Vergebungskraft« nenne. Und hier möchte ich mit Ihnen eine Originalbotschaft teilen, die mir von Gottvater vor vielen Jahren als Teil meiner eigenen Schulung mitgeteilt wurde und die mir und meinen Schülern seither immer wieder Kraft und Frieden schenkt, wenn wir in Konflikte verwickelt werden. Ja, die große Vergebungskraft ist sogar in der Lage, eine Verletzung in einen Heilsegen zu verwandeln:

Die heilige Vergebungskraft
erlaubt dem Menschen,
ganz frei zu werden von jeder negativen Verbindung,
die nach der Verletzung übrig bleibt.

Wenn der Mensch die große Vergebungskraft
durch sein Herz fließen lässt,
und sich gleichzeitig mit dem verbindet,
wodurch er verletzt wurde,
entsteht die große Heilung,
und gleichzeitig auch die große Vergebung,
ohne negative Erinnerung.
Das Negative wird ganz vergessen,
bleibt vielleicht übrig als Erkenntnislehre,
aber ohne Gefühlsenergie.

Dadurch werden ganz neue Öffnungen erschaffen,
denn jede große Vergebung eröffnet den reinen Kanal,
der durch die Verletzung entstanden ist.
Dadurch wird die neue Energie eröffnet,
und die große Vergebungskraft wird für den
Vergebenden eine Befreiungskraft,
aber auch gleichzeitig eine Eröffnungskraft.

Die ganz großen Sündenverletzungen erlauben dem
Verletzten
eine eigene große Entwicklung und Eröffnung,
und der, dem vergeben wird, wird dadurch ein
klein wenig geheilt
und ein klein wenig gefördert.

Die reine Energie, die hinter der Sünde steht –
die perfekte Form –,
kann nun aber ganz genau durch den Verletzten strömen,
und das Seelenenergiequantum wird sehr gefördert und
auch verstärkt und verbessert.

Dadurch macht der Mensch Erfahrungen,
die er sich nie hätte selbst eröffnen können,
und die letzte Wahrheit ist,
dass der Mensch die Möglichkeit hat, alle Sünden
aller Menschen in sich zu reinigen,
aber auch zu eröffnen, was hinter der Sünde steht.

Die Wahrheit sollte erst geschenkt werden,
wenn man sich ganz gereinigt hat mit der großen
Vergebungskraft;
und erst dann, wenn man keinen Schmerz,
keinen Ärger, keine Wut mehr fühlt,
wird der andere die ganze Gewalt seiner Sünden fühlen
können,
weil nur das reinste Herz die ganze Gemeinheit ganz rein
und unpersönlich fühlen lässt.

Wenn keine Spuren von Wut,
Enttäuschung und Trauer enthalten sind,
können sich die reinsten Energiekanäle eröffnen,
und man gibt die Möglichkeit,
dass der andere selber seine Unreinheiten sehen
und annehmen kann.

Wenn also der andere sehr große Sünden an dir begeht,
werden bei dir viele Eröffnungen möglich
und viele Kanäle eröffnet,
auch wenn dabei Schmerz und Leid erfahren wird,
so wird diese Lehre auch wieder all die Wunden heilen
und wieder Ruhe und Frieden in das Leben geben.

Die göttliche Führung erleben

Drei Monate arbeiten, drei Monate in Indien meditieren – dies war mein großer Wunsch, und zunächst schien ja alles nach Plan zu laufen. Ich erfüllte meinen auf drei Monate befristeten Arbeitsvertrag und wollte schon mein Flugticket kaufen, als etwas dazwischenkam, was mein Leben in eine neue Richtung lenkte.

Bald nach meiner Rückkehr aus Indien war ich nach Rom gefahren, um bei Giorgio meine Filme abzuholen. Er besaß dort eine Yoga-Schule und einen Ashram. Ich blieb nicht lange. So charismatisch Giorgio als Yoga-Lehrer auch war – er hatte etwas an sich, was mich nervte. Er war der Typ Mann, der eine Frau in ein Restaurant einlädt und dann, kurz bevor die Rechnung gebracht wird, auf der Toilette verschwindet. Zum Abschied sagte Giorgio, er werde mich bald im Tessin besuchen kommen. Ich nahm das nicht ernst.

Als ich in jenem Sommer nach sechs Wochen aus dem Sufi-Camp nach Hause kam mit einer vom vielen Meditieren ziemlich aufgelösten Ich-Struktur, war auf einmal Giorgio am Telefon.

»Ich komm dich jetzt besuchen«, teilte er mir mit. Es war keine Frage, sondern eher eine Information, so als hätte ich dazu gar nichts zu sagen.

Eigentlich hatte ich keine Lust, ihn wiederzusehen, und schon wollte ich ihm absagen – aber da war eine Stimme in mir, die mich innehalten ließ. Geshe Rabten, der Rinpoche, der auf mein Leben eine so große Wirkung gehabt hatte und mich immer noch in meinen Meditationen begleitete, hatte mir ausrichten lassen, wie wichtig gerade für mich die Übung sei, »dem anderen die Wünsche zu erfüllen«. Und jetzt am

Telefon erriet ich ganz genau, was Giorgio sich wünschte, dass er mehr im Sinn hatte als einen harmlosen, freundschaftlichen Besuch. Außerdem hatte ich an diesem Tag das I Ging geworfen, und es hatte gesagt, es sei an der Zeit, »das Nest zu bereiten«. Dem anderen die Wünsche erfüllen. Das Nest bereiten. Und dann die Vision mit mir und dem Kind.

Als Giorgio kam, war es, als hätten wir uns abgesprochen. Besonders leidenschaftlich waren unsere Umarmungen nicht, ich hatte den Eindruck, er machte eine Atemübung aus der ganzen Sache. Und für mich war es eine Wunscherfüllung. Ich war im zwanzigsten Tag meines Zyklus und fest davon überzeugt, nicht schwanger werden zu können. Giorgio sagte hinterher: »Hoffentlich bekommst du jetzt ein Kind.«

Und tatsächlich war es so.

Meine Tochter Devi ist ein Kind der Führung – von der Führung gewollt und trotz vieler Hindernisse entstanden. Dass ich am zwanzigsten Tag meines Zyklus ein Kind empfangen habe, ist wirklich ein kleines Wunder. Jahre später stellte sich bei einer medizinischen Untersuchung heraus, dass Giorgio eigentlich zeugungsunfähig war und nie wieder ein Kind hatte. Und dennoch hatte er Devis Vater werden können.

Eigentlich hätten wir es dabei belassen sollen: Zwei Menschen werden zusammengeführt und erschaffen gemeinsam ein weiteres Leben. Und damit ist die Geschichte auch schon zu Ende. Damals aber versuchten wir irgendwie einen Weg zu finden, zu dritt so etwas wie eine Familie zu gründen, so grundverschieden wir auch waren, jedenfalls ich wollte das. Bis ich irgendwann einsehen musste, dass aus uns niemals eine Familie werden würde, und wir getrennte Wege gingen.

Devi blieb bei mir, auch wenn Giorgio es gern anders gehabt hätte.

»Weißt du, was?«, schlug er mir vor, kaum war ich aus dem Krankenhaus zurück, meine neugeborene Tochter auf dem Arm. »Du gibst mir Devi, ich nehme sie mit nach Rom. Und wir zwei machen einfach noch ein Kind. Das behältst dann du.«

Angesichts solcher und anderer ähnlicher Vorschläge war ich fassungslos. Natürlich gab ich meine Tochter nicht her. Giorgio fuhr enttäuscht wieder zurück nach Rom. In seinem Ashram lebte seit einiger Zeit ein Swami, der mich von Delhi her kannte. Als er hörte, dass Giorgio mich mit dem Neugeborenen alleingelassen hatte, erachtete er es als seine Pflicht, zu mir zu kommen und mir beizustehen. Zwei Monate lang sorgte er für mich und die Kleine, kochte für uns und verwöhnte mich. Er nahm eigentlich die Rolle ein, die ein treu sorgender Vater hätte seiner Meinung nach erfüllen müssen, und ich war ihm sehr dankbar.

Nun hatte ich also mein Wunschkind. Es war alles andere als einfach für mich, doch ich richtete mein Leben so ein, dass ich als alleinerziehende Mutter alles unter einen Hut bekam. Mein Traum, mit Devi so bald wie möglich wieder nach Indien zu reisen, musste zunächst einmal zurückstehen. Stattdessen galt es, genügend Geld für uns zu verdienen – auch um die Schulden meiner Eltern zurückzubezahlen. Nie wieder aber wollte ich mich in eine solche Abhängigkeit begeben, wie ich es die ersten Jahre als Modedesignerin erlebt hatte, das wäre mit meiner kleinen Tochter allerdings auch nicht möglich gewesen.

Ich ging einen Vertrag mit einem weltweit agierenden Styling-Office in Lugano ein, das für bekannte Modelabels arbeitete, darunter viele berühmte Marken für Sportkleidung. Diese großen Firmen gingen immer mehr dazu über, nicht eigene Designer mit ihren Kollektionen zu betrauen, sondern sich die besten Entwürfe von freien Agenturen einzukaufen, und das auf der ganzen Welt. Und so richtete ich mir in meinem Haus, in dem auch meine Eltern wohnten, ein Studio ein, stellte zwei Näherinnen und Zuschneiderinnen an und begann als freie Designerin im Auftrag des Styling-Office zu entwerfen. Es war eine schöne Zeit, ich schwelgte in Formen, Farben und Stoffen und schuf Kollektionen, die über die Agentur in die ganze Welt hinausgingen. Ein- oder zweimal die Woche fuhr ich nach Lugano, um neue Aufträge entgegenzunehmen und die fertigen Modelle abzuliefern. So konnte ich mir meine Tage einteilen, wie es für mich und mein Kind am besten passte. Von vornherein hatte ich erklärt, dass ich keinerlei Kontakte mit den Kunden wünschte, keine Empfänge und Termine, keine Besprechungen oder Meetings wahrnehmen würde. Davon hatte ich in meinem Leben genug gehabt, ja, ich konnte damals extrem widerspenstig sein, wenn ein Auftraggeber mich doch unbedingt kennenlernen wollte. Wer meine Entwürfe wollte, der musste sich mit denen begnügen, ich blieb im Hintergrund. Es war mir ungeheuer wichtig, meine Energie nicht mehr in diesen Außenkontakten zu zerstreuen. Meine Arbeit dagegen empfand ich als einen Teil meines meditativen Lebens. Ich wollte in jeder Hinsicht »bei mir bleiben«, bequeme Kleider und meine geliebten Holzschuhe tragen, ich wollte für mein Kind da sein und so viel wie möglich von der spirituellen Gestimmtheit, die ich in Indien erfahren hatte, in mein tägliches Leben übertragen.

Mein Studio richtete ich spartanisch ein, ja, geradezu provisorisch, denn noch immer wollte ich ja so bald wie möglich nach Indien aufbrechen. Nur für die Zuschneiderinnen ließ ich stabile Tische bauen, mein eigener bestand aus einem Brett, das ich über zwei Böcke gelegt hatte. Ich betrachtete mich als Nomadin zwischen der Welt der Mode und der Suche nach Erleuchtung und richtete meine Termine so ein, dass ich alle Kurse der Sufis um Pir Vilayat Inayat Khan besuchen oder auch hin und wieder nach London oder Paris fliegen konnte, wenn dort ein spannendes Seminar stattfand. In diesen Jahren folgte ich den Meditationskursen des Internationalen Sufi-Ordens sehr intensiv.

Ich machte nie einen großen Unterschied zwischen den verschiedenen Religionen und spirituellen Richtungen. Ob im buddhistischen Kloster, bei den Sufis oder in den Lehren des Yoga – in allem suchte ich das energetisch Wahre, das Reine, die Essenz. Und diese fand ich am ehesten in der direkten Erfahrung, im eigenen Erleben einer Lehre, nicht in ihrem intellektuellen Niederschlag oder in studierbarem Wissen.

Darum war ich auch ein bisschen traurig über die Entwicklung, die der Buddhismus erfuhr, als er in den Westen gelangte: Während ich den Buddhismus in Ladakh als reine Erfahrungslehre kennengelernt hatte, die in Form von Initiationen vom Herzen des Lehrers in das Herz des Schülers übertragen wird, erlebte ich ihn später in Europa als unserem Denken angepasst, sehr mental, über den Verstand vermittelt. Für mich bedeutete dies eine Verkürzung, eine Verkleinerung des Ganzen, ich habe nämlich immer schon gespürt, dass das, was über den Verstand vermittelbar ist, nur ein sehr enger Teil des Ganzen sein kann. Denn wir Menschen sind viel mehr als unser Verstand, und die göttliche Wahrheit ist nicht mit ihm allein zu erfassen.

Wenn ich heute an diese Jahre zurückdenke, dann erkenne ich ganz klar, wie behutsam ich von der göttlichen Führung geleitet worden bin. Damals erschien mir meine Suche nach spiritueller Wahrheit noch immer zufällig und planlos. Ich besuchte Workshops, Seminare, Retreats und Sommercamps aus scheinbar ziellosen Impulsen heraus. Ich fühlte mich alles andere als geführt, allein mit einem Kind unter einem Dach mit meiner Mutter zu leben war nicht einfach. Mitunter wetterte ich gegen meine Führung nach dem Motto: »Da heißt es, ich soll ein Nest bereiten, und dann schicken sie mir einen solchen Idioten!« Und doch war schon dies der Beginn meiner Schulung, sozusagen die Vorschule zur Schule der Engel. Damals aber hatte ich von all dem, was die Führung mit mir vorhatte, immer noch nicht die geringste Ahnung. Ich entwarf Kleidung, während ich im Stillen Mantras und Wazifas rezitierte, ich spielte mit meiner Tochter und lernte, den ständigen Angriffen meiner Mutter mit buddhistischer Gelassenheit zu begegnen, ich übte Yoga und Meditation und zahlte Monat für Monat der Bank meinen Überziehungskredit zurück, bis er endlich abgegolten war. Ich suchte Gott und die göttliche Wahrheit und unterschied mich, wie ich fand, nicht im Geringsten von so vielen anderen spirituellen Menschen. Immer noch war ich sehr still und in mich gekehrt, und es fiel mir meist sehr leicht, die innere Haltung von meiner morgendlichen Meditation über den gesamten Tag hinweg zu bewahren.

Damals schloss ich mich einer Yoga-Gruppe unter der Leitung von C. E. S. Rai an, die am Ende der Meditation immer zu sagen pflegte: »Und nun gehen wir zu unserem Himmlischen Geliebten!« Ich war zunächst ratlos – wer sollte das sein, mein »Himmlischer Geliebter«? Geshe Rabten fiel mir ein, und ich versuchte, mich wieder auf sein Herz zu konzentrieren, doch irgendwie war dies nicht das Richtige. Da erinnerte ich mich an jene Lichtgestalt, die mir bei meiner allerersten Yoga-Erfahrung erschienen war, und von nun an dachte ich immer an »ihn«, wer immer er gewesen sein mochte. Nun wurde er zu meinem »Himmlischen Geliebten«, und ich ahnte damals nicht, dass er sich mir schon bald zeigen würde.

Die Geschichte vom König und seinen Schuhen

Ein König war krank geworden und hatte sehr hohes Fieber. Er konnte keine Heilmittel einnehmen, weil sein Mund ganz fest verschlossen war und alles verweigerte. Der König lehnte auch jede Nahrung ab. Er wollte keinen Besuch, er wollte auch nicht höflich sein.

»Ach«, stöhnte er, »lasst mich einfach mal ein paar Tage so tun, als existiere ich gar nicht. Lasst mich einfach mal in Ruhe!«

Er hatte nämlich schon lange erkannt, dass er, um es allen recht zu machen, immer mehr seine eigene Kraft verlor.

Da kam aber der große Minister zu ihm, der ebenso viel Macht hatte wie er, und der König erschrak bei seinem Anblick, denn sein Fieber hatte all seine Täuschung weggebrannt, und er erkannte ganz klar in den Gesten und den Worten des Ministers, was der wirklich dachte.

Und so sah er klar und deutlich, dass dieser Minister im Grunde seinen Thron wollte und ihm nur deshalb so höflich und treu diente, um genau so zu werden wie er. Doch das nur als Imitation, nicht mit seinem Herzen.

Dem König wurde klar, wie verdreht die Gefühle seines Ministers waren; denn um in die Nähe des Königs zu gelangen, hatte er sich selbst ganz verloren, und eine eigene Meinung hatte er sich schon lange nicht mehr erlaubt, sondern zu allem Ja und Amen gesagt.

Das war für den König eine traurige Erkenntnis. Und die ging noch weiter, denn er beobachtete nun, dass der Minister kein Einzelfall war: Alle, die um ihn waren, taten nur, was er sagte – doch keiner wagte das Eigene.

Und schließlich, als das Fieber seinen Höhepunkt erreichte, wurde ihm bewusst, dass er selbst nicht anders war; denn er tat alles, um von den anderen als König gesehen zu werden.

Er wälzte sich in seinem Bett, und sein Blick fiel auf seine Schuhe, die da vor dem Bett auf ihn warteten: rote Schuhe, die ihm noch nie gefallen hatten. Aber irgendwer hatte einmal gesagt, dass, wer oben stehen wolle, rote Schuhe tragen solle; und so war es gekommen, dass er diese schrecklichen Schuhe trug – und nicht nur er, sondern alle anderen in seinem Reich, die zeigen wollten, dass sie dem König nahestanden.

Da fasste der kranke König einen Beschluss: »Heute werde ich gesund«, sagte er sich, »und zeige mich mit blauen Schuhen vor dem Volk. Und von heute an werde ich jeden Morgen meine Füße fragen, welche Farbe sie am allermeisten erfreut, aber diese unselige rote Farbe an den Füßen sollen ab heute nur noch die tragen, die kein eigenes Ich haben und das Neue nicht wagen.«

Am ersten Tag nach seiner Auferstehung stand also der König da mit blauen Schuhen. Als sein erster Minister das sah, erschrak er zutiefst. Er sah an sich hinunter, bemerkte, dass seine Füße in roten Schuhen steckten, und rannte davon, so schnell er konnte. Und kam zurück – in blauen Socken, denn es gab noch keine blauen Schuhe im ganzen Palast.

Als die Diener die Verwirrung bemerkten, fingen sie an zu lachen, denn kaum trug der Minister blaue Socken, mussten alle kurz verschwinden und kamen eilig mit blauen Socken zurück.

Dass sich der König am Nachmittag mit gelben Schuhen zeigte, löste erneute Unruhe aus: Alles rannte nach gelben Socken, kämpfte und stritt um die letzten Paare, und so ging es weiter. Denn wann immer nun der König aus seinem Zimmer schritt, trugen seine Füße eine neue Farbe.

Mit der Zeit hatte der König fast alle Schuhfarben probiert, nur die braunen gefielen ihm noch nicht. Denn die braune Farbe kannte er nur von der schmutzigen Erde, und davor ekelte er sich. Eines Tages aber ging er mit weißen Schuhen durch seinen Park, als ein plötzlicher Regensturm niederging und im Nu alle Wege in Schlamm verwandelte. Da wurden seine weißen Schuhe sehr schnell braun, und zu seiner Verwunderung erlebte er in seinen schmutzigen, erdigen Schuhen das allergrößte Entzücken, und er stellte fest: Die braune Farbe hatte für ihn die allergrößte Gnade.

Von diesem Tag an erlaubte er niemandem mehr im Palast, die gleichen Schuhe oder Socken am selben Tag zu tragen wie er.

Und wenn es manchmal doch aus Zufall passierte, dann gab es eine neue Regel: Wer am selben Tag die gleiche Farbe an den Füßen trägt wie der König, der soll einfach seine Schuhe ausziehen, um in keiner Weise falsch zu sein.

So gab es mit der Zeit immer mehr Menschen, die nun mit nackten Füßen vor ihm standen, und daraus erkannte er, dass es die waren, welche ihm wirklich aus ganzem Herzen dienten, denn sie fühlten sich intuitiv zur selben Farbe hingezogen wie er.

Und wie der König seine treuen Gefolgsleute so mit nackten Füßen sah, zog er auch seine Schuhe und Strümpfe aus. Dass das neue Verwirrung brachte, war vorauszusehen, denn was sollten nun seine wirklichen Anhänger an diesem Tag tragen?

Die Antwort darauf ist uns nicht überliefert. Doch frag einfach dein Herz – oder noch besser deine Füße.

FÜNFTES TOR

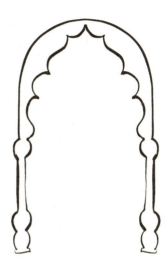

Schulung durch die Engel

Michael sagt, die Erfüllung des göttlichen Wunsches gibt Heiligkeit in einem Atemzug, und kein einziger Menschenwunsch wird nicht erfüllt, auch nicht der versteckteste, der geheimste, der kleinste. Nur Gott allein hat die Macht, alle Wünsche zu erfüllen.

Ein Ort für mich, dem Himmel nah

Nach meiner Rückkehr aus Indien hatte ich bald erkennen müssen, dass meine Idee, ein Haus gemeinsam mit meinen Eltern zu bewohnen, keine besonders gute gewesen war. Was immer ich tat, es war in den Augen meiner Mutter falsch. Wegen dieser Atmosphäre fühlte ich mich in meinen eigenen vier Wänden nicht besonders wohl, und darum hielt ich, als ich es mir halbwegs finanziell leisten konnte, nach einem

Häuschen in den Bergen Ausschau, einem Rückzugsort für mich und meine Tochter. Während der Sommercamps mit den Sufis, wohin ich Devi von klein auf mitnahm, hatte ich nämlich festgestellt, wie wohl wir beide uns in den Bergen fühlten. Ich liebte die Natur und stellte fest, dass es dort sehr einfach war, zu meditieren und dem Himmel im wahrsten Sinne des Wortes nahe zu sein. Später erfuhr ich von den Engeln, dass sie solche Orte »Randpiste« nennen und damit meinen, dass die göttliche Energie des Universums dort die Erde fast berührt. Wahrscheinlich kennt jeder solche Erdenflecken, an denen es einem besonders leicht fällt, zu beten, zu meditieren oder sich auch einfach nur frei und inspiriert zu fühlen. Kraftorte sind dies, und oft hat man an jenen Stellen Gotteshäuser erbaut.

Eines Tages hörte ich von einem Grundstück mit zwei halb verfallenen Natursteinhäuschen, ehemaligen Sennhütten, die über dem Valle di Blenio auf einer Alp in 1800 Metern Höhe verlassen dastanden. Der Kaufpreis war stattlich, eigentlich sehr hoch für zwei derartige Ruinen. Doch in den Schweizer Bergen darf nicht mehr neu gebaut werden, und das treibt die Preise für solche Objekte in die Höhe. Ich verliebte mich sofort in diesen Ort namens Gorda, und gemeinsam mit einem Freund wollte ich das Grundstück samt Häuschen kaufen – er wollte das eine ausbauen und ich das andere. Doch im letzten Moment sprang mein Bekannter ab.

»Na gut«, dachte ich, »dann soll es halt nicht klappen.«

Kurz darauf besuchte ich ein Sufi-Seminar. Während einer Partnerübung kam die Sprache auf unsere reinsten Wünsche. Als ich mich darauf konzentrierte, tauchten diese beiden verfallenen Alphäuschen wieder vor meinem geistigen Auge auf. Ich erzählte meinem Seminarpartner von dem geplatzten Plan, und er antwortete spontan: »Ich helfe dir! Wenn du jemanden brauchst, der finanziell mit einsteigt, dann bin ich dabei.«

Auf der Heimfahrt dachte ich über sein Angebot nach. Ich hatte in mir diese unbändige Freude gefühlt, wie es wäre, diesen Rückzugsort zu haben. Und dann sagte ich mir: »Das kannst du auch allein schaffen!«

Ich rief den Pfarrer der Gemeinde Aquila an, zu der die Alp gehörte, und erfuhr, dass das Grundstück noch zu haben sei. Dann machte ich einen Masterplan: Es war Herbst, die Alp wurde geschlossen über den Winter, und ich wusste, bis zum Frühjahr bewegte sich dort nichts. »Bis zum 1. Mai im kommenden Jahr will ich ein Drittel des Kaufpreises angespart haben«, nahm ich mir vor.

Ich sah mich nach Aufträgen um – und tatsächlich klappte es wieder. In diesem Winter entwarf ich nicht weniger als 1600 Blusen und noch vieles andere. Ich arbeitete hart und unermüdlich, und doch war ich voller Freude. Denn ich hatte ein Ziel, und Ende April war der Betrag auf meinem Konto.

Damit ging ich zum Pfarrer und machte ihm den Vorschlag, den Kaufpreis in drei Raten zu bezahlen: ein Drittel sofort, ein Drittel ein halbes Jahr später und den Rest im Jahr darauf. Die Gemeinde war einverstanden, und wir schlossen einen Vertrag ab. Und tatsächlich gelang es mir, innerhalb von einem weiteren Jahr die Summe zu verdienen. Eigentlich unglaublich, wenn ich heute so zurückdenke. Aber wie gesagt – die reine Freude trägt die Energie in sich, damit wir in der Lage sind, uns die größten Wünsche zu erfüllen. Und davon möchte ich Ihnen noch mehr verraten.

Ein kleiner Exkurs über die reine Freude und das Dürfen

Hier ist ein weiteres kosmisches Gesetz verborgen, das ich mit Ihnen teilen möchte. Es gibt drei verschiedene Arten der reinen Freude.

Die erste Freude: Du darfst!

Das »erste Dürfen« ist verbunden mit der Liebe und der Freude. Im Gegensatz zum Gesetz der reinen Liebe, bei der zuerst alle anderen die Gabe der Liebe erhalten und an letzter Stelle wir selbst, ist es bei der reinen Freude genau andersherum: Zeigt sich die reine Freude, dann lautet das Gesetz: »Zuerst ich! Ich darf!« Und zwar grenzenlos und ohne Wertung. Es ist die große Freiheit der Freude an etwas, die spontan ist und sich nicht vertrösten lässt: Die reine Freude zeigt sich jetzt und will sofort erfüllt sein – und trägt alle Energie für die Wunscherfüllung in sich.

Wir sind es nicht gewohnt, uns diese reine Freude tatsächlich zu erlauben. Wahrscheinlich haben auch Ihnen Ihre Eltern schon als Kind abgewöhnt zu sagen: »Ich will das!« Und heute ist es gar nicht mehr so einfach, diese reine Freude zuzulassen – wir haben das schon im Zusammenhang mit dem Thema Erfolg gesehen. Auch genau hinzuspüren und herauszufinden, ob diese Freude wirklich eine reine ist, ob der Wunsch von innen kommt, fällt uns manchmal schwer. Wünschen wir uns dies und jenes vielleicht deswegen, weil alle anderen das auch schon haben? Ist es wirklich ein eigener, reiner Wunsch oder ein von der Konsumwelt erzeugter, um toll dazustehen? Wenn Sie genau hinspüren, dann zeigt er sich, der reine Wunsch mit seiner reinen Freude. Es prickelt, es macht uns hellwach, es ist, als hätten wir einen Schluck Champagner getrunken, es motiviert uns so, dass wir keine Anstrengung scheuen, ja, unsere Wunscherfüllung gar nicht als anstrengend empfinden. Wir haben ein Ziel, geboren aus einer reinen Wunschfreude, und die trägt uns über alles hinweg. Wenn wir es zulassen.

Die zweite Freude: Du musst, du darfst nicht!

Erlauben wir uns die erste Freude nicht, vielleicht weil sie verletzt ist, dann lautet das Gesetz: Du musst, du darfst nicht.

Sie müssen zuerst das tun, was Sie nicht gern tun, und dann erst das, was Ihnen Freude macht. Doch wenn es so weit ist, ist die Freude weg – die Freude wartet nicht, sie ist dann da, wenn sie sich zeigt. Denn sie lebt aus der Spontaneität, aus dem Jetzt. Nur im Jetzt kann ihre Energie wirken. Wird sie aufgeschoben, dann verpufft die Energie, und zurück bleibt ein Bedauern.

Die dritte Freude: Du darfst dreimal mehr!

Diese dritte Freude ist eine alchemistische Praxis, in der das Ungute ins Gute verwandelt wird. Sind wir bereit, die zweite Freude, die enttäuschte Freude zu ertragen, ohne zu jammern und zu klagen, dann kommt irgendwann die Zeit, in der wir noch etwas viel Größeres erlangen dürfen, als wir es uns bei unserer ersten Freude erlaubt hätten.

»Es ist wirklich gerecht, dass alle dürfen, nur ich nicht, das Ungerechte ist wirklich gerecht« – diese Haltung und Affirmation kann die blockierten Energien befreien, sodass das dritte Gesetz durchbrechen kann: Du darfst dreimal mehr als das, was du am Anfang hättest dürfen.

Die Verwandlung findet also wieder einmal durch das Erlauben des Negativen statt, die Überwindung des Dagegenseins, das Aufgeben, in den Widerstand zu gehen. Dann ist der Fortschritt sogar noch größer als beim ersten Gesetz.

Sind Sie im ersten Gesetz und fragen Ihren Chef: »Ich möchte um vier Uhr gehen«, dann kann keiner sagen: »Das dürfen Sie nicht.« Sind Sie im zweiten Gesetz, dann opfert sich die Umwelt, wie die Engel das nennen, und Ihr Chef sagt: »Unmöglich! Ich wollte Sie bitten, sogar eine Überstunde zu machen.«

Und wenn Sie jetzt in den Groll gehen, dann erwächst aus der Ungerechtigkeit eine andere Freude, nämlich die am Klagen, am Jammern. Sie ist aber auch ein Zeichen, dass Sie nicht wagen zu wachsen.

Denn in der Freude ist der Saft, und in der reinen Freude ist alles enthalten, damit es wird, sie ist ganzheitlich, die Verwirklichung ist einfach, die Dinge sind alle da.

Ich darf.
Ich darf nicht.

Beide Energien sind extrem wert- und kraftvoll. Aber nur, wenn sie rein geworden sind und ohne Widerstand angenommen und verwirklicht werden.

Erfahrungen im Ägyptischen Museum

Tatsächlich bedeutete es kein geringes Abenteuer für mich mit einem kleinen Kind, diese beiden verfallenen Häuser zu erwerben. Sie bewohnbar zu machen kostete noch einmal eine Riesenportion »reiner Freude«, und zwar in jeder Hinsicht. Ich richtete zunächst eines so weit her, dass ich mit Devi in einem Raum ganz spartanisch wohnen konnte. Und immer wenn ich ein bisschen Geld übrig hatte, schritt im Laufe der folgenden Jahre die Renovierung Stück um Stück voran.

In dieser Zeit, es war im Sommer 1986, flog ich mit einem Freund nach England, um in London ein dreitägiges Intensivseminar bei Gurumayi Chidvilasananda zu besuchen, einer Schülerin von Swami Muktananda. Gurumayi, eine wunderschöne junge Frau, war damals auf dem Höhepunkt ihrer Bekanntheit, und so waren 10 000 Menschen nach London gekommen, um sie zu erleben, und jeder bekam einen nummerierten, ein Quadratmeter großen Meditationsplatz zugeteilt.

Nach dem Seminar blieb ich noch einen Tag länger in London als mein Freund. Denn ich wollte mir einen langgehegten Wunsch erfüllen und die berühmte ägyptische Abteilung im British Museum besuchen. Seit einiger Zeit fühlte ich mich nämlich von der Kultur des alten Ägypten mehr und mehr angezogen.

Jener Tag im Museum verging wie im Flug, ja, ich bemerkte kaum, wie die Zeit verging. Dabei machte ich eine seltsame Entdeckung: Alle ausgestellten Gegenstände aus der 18. Dynastie schien ich zu kennen, sie waren mir so vertraut wie meine eigene Haarbürste oder meine Handtasche. Etwas in mir begann zu vibrieren, und wenn ich in einen neuen Ausstellungsraum trat, konnte ich schon von Weitem sagen, welche Gegenstände aus dieser Dynastie waren. Das war eine sehr seltsame Erfahrung, und ich fragte mich, ob ich womöglich etwas mit dieser Zeit im alten Ägypten zu tun hatte.

Als ich nach Hause kam, schaute eine Nachbarin vorbei. »Heute Abend«, begann sie aufgeregt, »sind wir eingeladen zu einer Séance! Willst du mitkommen?«

Mein erster Impuls war abzusagen, denn solche Dinge wie Stühlerücken und Gläserverschieben fand ich immer fürchterlich – und so geht es mir heute noch. Doch dann dachte ich an die so vertrauten Gegenstände in der ägyptischen Sammlung und sagte mir: »Wer weiß, vielleicht kann ich doch etwas darüber erfahren.« Also ging ich mit meiner Nachbarin zu dieser Séance.

Nach dem Essen ging es los: Die Frau schob ein Gläschen über ein Blatt mit Buchstaben, und jeder durfte eine Frage stellen. »Habe ich etwas mit dem alten Ägypten zu tun?« Das war es, was ich wissen wollte. Das Glas wanderte über das Blatt mit den Buchstaben, doch wie erwartet kam nur Unsinn dabei heraus.

Zu Hause probierte ich selbst noch ein bisschen herum. Ich nahm ein großes Blatt Papier und schrieb darauf das Alphabet in einem Kreis im Uhrzeigersinn. Dann versuchte ich mit einem Pendel zu kommunizieren – mit wem auch immer. Und erhielt tatsächlich seltsame Antworten, fühlte eigenartige Energien. Wenn man so viel meditiert wie ich, ist man da sehr sensibel. Alles in allem sah auch das nach Unsinn aus, was ich da zusammenpendelte. Doch ich gab nicht auf.

Ein paar Tage später fuhr ich nach Gorda. Mein Pendel und den Bogen mit dem Buchstabenkreis nahm ich mit.

Am Anfang war das Wort – wie ich lernte, die Stimmen des Himmels zu hören

Alles begann tatsächlich mit einem Wort oder besser gesagt mit einem Namen. Ich hielt mein Pendel und ließ es über den Kreis aus Buchstaben schwingen. Von dieser Methode war ich alles andere als überzeugt. Aber ich wusste nicht, wie ich sonst mit dem Universum in Kontakt treten sollte. Ich hatte konkrete Fragen und wünschte mir Antworten. So spielte ich also ein bisschen herum, selbstvergessen wie ein Kind. Um die Alphütte blies kräftig der Wind und rüttelte an den Fensterläden, es zog und pfiff durch die Ritzen. Selbst im Sommer konnte auf 1800 Metern Höhe auch auf der südlichen Seite der Tessiner Alpen noch urplötzlich Schnee fallen. Wie so oft fühlte ich mich dem Himmel sehr nah.

Auf einmal spürte ich ganz deutlich eine Gegenwart. Ich war mit Devi allein auf dem Berg, und doch war da die starke Energie einer Wesenheit.

»Wer bist du?«, fragte ich und hielt mein Pendel über das Blatt mit den im Kreis aufgezeichneten Buchstaben. Und dann geschah es: Hatte sich das Pendel bis dahin scheinbar zufällig über den Bogen bewegt, sodass die Buchstaben, auf die es zeigte, hintereinander gelesen keinen Sinn ergaben, so änderte sich das nun. Das Pendel tanzte nur so, und zu meinem großen Erstaunen las ich:

»Raffael, der sehr große Freude hat, mit Waliha zu sprechen.«

Dann war es mir, als gesellte sich eine weitere Wesenheit hinzu. »Und wer bist du?«, fragte ich.

»Ich bin Michael. Für Waliha der Himmlische Geliebte.«

Ich fühlte, wie mir das Blut in die Wangen stieg: der Himmlische Geliebte! Derjenige, an den ich jedes Mal am Ende unserer Yoga-Meditation voller Liebe und Hingabe dachte. Ich hatte ja nicht geahnt, dass meine Hinwendung zu diesem Wesen tatsächlich bemerkt worden war.

Mein Herz klopfte mir bis zum Hals. Ich sah auf. Drüben auf unserer Bettstatt schlief Devi tief und fest. Noch immer blies der Wind um das Häuschen. Und ich fühlte die Gegenwart von diesen mächtigen Wesen, gerade so, als säße ich mit guten Freunden zusammen. Es war also der Erzengel Michael gewesen, der mir in meiner allerersten Meditation erschienen war in all seiner Herrlichkeit.

Und schon bewegte sich mein Pendel wieder. Michael teilte mir mit, er werde mich mit meiner Erlaubnis von nun an schulen, er habe da eine Methode, die selbst Gottvater erstaune.

»Worin schulen?«, fragte ich.

»Im reinen Hören.«

Hören wollte ich gern. Vor allem verstehen, was mir die himmlischen Wesen sagen wollten. So viel wollte ich wissen, dass ich kaum wusste, wo mit den Fragen beginnen. Zunächst erkundigte ich mich, ob ich tatsächlich etwas mit diesem

Ägyptischen zu tun hatte, und erhielt ziemlich klare Antworten. Ja, ich hatte eine Vergangenheit damals in der 18. Dynastie, und die Engel gaben mir auch bereitwillig Auskunft. Doch jede Antwort führte zu neuen Fragen, und es war klar, dass die Engel Wichtigeres mit mir vorhatten, als mir aus früheren Leben zu erzählen. Ich würde das alles nach und nach begreifen, teilten sie mir mit. Wichtig sei es jetzt, zu lernen, »mein Radio« anzuschalten – damit meinten sie, ihre Botschaften tatsächlich zu hören. Noch fand unsere Kommunikation über das Pendel statt, und die Engelsprache tönte anfangs auch ein bisschen holprig. Die Art und Weise, wie sie mit mir über das Pendel damals kommunizieren konnten, klang noch eher nach einer Babysprache; meine Engel-Babysprache und das, was ich empfing, wechselte manchmal zwischen der deutschen und der italienischen Sprache hin und her – gerade so, wie ich ja selbst aufgewachsen war. Der Name »Gott« fiel übrigens nie, die Engel nannten ihn »Vater« oder benutzten den Namen des ägyptischen Sonnengottes Re, mitunter nannten sie ihn auch »Ram« nach dem hinduistischen Gott Rama, und in späteren Durchsagen erfuhr ich, dass Gott sich wenig darum schert, ob man ihn Gott, Allah, Re, Ram nennt oder bei sonst einem Namen. Ich finde, diese frühen Texte aus dem Herbst 1986 sind noch heute berührend, und hier möchte ich einige mit Ihnen teilen – unrediert, so wie sie durchs Pendel erschienen:

»*Tuo amante celeste:*
Du keine Fragen stellen, lasse es führen.
Re ist sehr zufrieden mit dir und sehr dankbar für Hilfe. Er liebt dich sehr und sagt: Du musst mehr stille sein und nicht so viel tun zum Leben.

Es ist unsere Aufgabe, für dich zu sorgen. Warte noch ein
bisschen, und du wirst sehen, dass wir recht haben.
Warte noch ein bisschen. Zuerst musst du lernen, wirklich zu
wünschen, zu tun, was wir sagen.
Du kennst unsere Methoden noch nicht. Trotzdem nicht
verzagen. Selber staunen Re.
Manche Wörter sind sehr schwer zu senden.
Musst mehr glauben an dich.
Sicherer sein, kein Zweifel.
Du musst regelmäßig meditieren,
anfangen morgens früh eine halbe Stunde.
Weiter normal leben.
Michael ist sehr zufrieden mit dir.«

Und vier Tage später erfuhr ich:

»Tuo amante celeste:
Re ist sehr glücklich und kummervoll wegen dir.
Sagt – du musst meine Anweisungen befolgen.
Du nun bekommst Lehre von Re.
Du musst befolgen die Anweisungen.
Re sagt keine Lehrer mehr auf Erden.
Sagt keine Lehren mehr von anderen.
Re sagt, musst viel Vertrauen haben und keine Angst.
Re senden dir viel Licht und Kreise von Liebe.
OM-Mantra sagen ohne Ton.
Du lernen intern sagen.
Allah-Mantra leise sagen.
Reden mit Menschen vermeiden.
Andere Lehrer und Schüler langsam abgewöhnen.
Re dein Lehrer tanzen vor Freude.

Liebe Waliha kannst staunen.
Friede sei mit dir.
Dein Michael liebt dich sehr.«

So ging es jetzt Tag für Tag, Woche für Woche. Ich erhielt erstaunlich präzise Anweisungen. Vor allem ging es den Engeln darum, dass ich lernte, meine eigenen Gedanken und Gefühle unter Kontrolle zu halten und sie zum Schweigen zu bringen, damit ich offen und frei wurde für das, was sie mir mitteilen wollten. Sie erklärten mir, dass das wie bei einem Radiosender sei, dessen Kanäle verstopft sind, sodass eine neue Welle nicht aufgenommen werden kann. Die Schule der Engel bedeutete zunächst, meine Kanäle zu reinigen und mich immer mehr für den ganz besonderen Kanal zu sensibilisieren, durch den der Himmel mit mir kommunizieren wollte. In der »Baby-Engelsprache« war »Radio« tatsächlich das Wort für Telepathie.

Obwohl ich seit Jahren geübt war in Meditation, benötigten die Engel doch unglaublich viel Geduld mit mir, bis es mir nach und nach gelang, ihren hohen Ansprüchen zu genügen. So überaus geduldig waren sie, und ich befolgte ihre Anweisungen, so gut ich konnte, während ich mit meiner kleinen Tochter spielte, sie versorgte, während ich neue Modelle entwarf und Schnittmuster entwickelte, während ich Farben und Stoffe auswählte und zur Styling-Agentur fuhr, um neue Aufträge in Empfang zu nehmen. Die Schule der Engel umfasste bald mein gesamtes Leben, und Raffael war es, der mir handfeste Regeln für meine Ausbildung übermittelte und sie auch unermüdlich wiederholte, wusste er doch, wie vergesslich wir Menschenkinder sein können:

»Raffael: Sehr treu mit Waliha.
Fragen stellen unnötig.
Sehr kurz wiederholen Regeln.
1. *Tenere silenzo (Schweigen halten): Re sagt Mitteilungen.*
2. *Kerzen anzünden und Weihrauch für Re.*
3. *Regeln verstehen. Oft den Namen Re sagen.*
    Name Re sagen ganzen Tag. Tanzen vor Freude.
4. *Reden mit Re im Herzen.*
5. *Den Namen Re laut aussprechen.*
Den Namen der Mutter nur sagen intern (Schweigen).
6. *Wenn du Sorgen hast, sehr laut sagen zu Re.*
Ton ›Re‹ sagen laut. Ton Mutter leise.
7. *Laufen in der Natur sagt Re hilft Sorgen heilen.*
Reden mit der Natur, Mutter kann helfen.
Sehr langsam gehen und absorbiert sein.
8. *Fantasien nicht spielen lassen, ›Ram‹ sagen stattdessen.*
9. *Sehr folgsam sein zu Anordnungen Re.*
10. *Zuerst den Namen des Vaters aussprechen, bevor du dein Radio auf Re einstellst.*
11. *Persönliche Fragen sehr demutvoll fragen ohne Stolz.*
12. *Zuerst Anfragen mit viel Liebe im Herzen zu dem, der sendet.*
Zuerst Leitung herstellen und Frage stellen, erst wenn erwünscht.
13. *Wenn Fragen, dann persönliche. Keine Fragen über andere Menschen.*
14. *Sehr vorsichtig sein mit Telepathie für Menschen.*
Vorher Name ›Ram‹ sagen. Fehler entstehen, wenn erregt mit persönlichen Emotionen.
15. *Sehr lange meditieren, sehr lange ›Ram‹ sagen jeden Tag.*
16. *Radio-Telefon nicht hören ohne Ton ›Ram‹.*

17. Kannst Fragen stellen für andere Menschen, aber immer ›Ram‹ im Herzen.
18. Gelegentlich lernen Telepathie ohne Pendel.
19. Re sagt Kerzen anzünden, zuvor macht rein.
20. Telepathie Radio mehr Mut ohne Angst. Ist nur gefährlich, wenn keine Liebe im Herzen für ›Ram‹.
21. Sehr lehrreich für Waliha ist das Fehlermachen.
22. Bald sehr leistungsfähig für ›Ram‹.
Fest üben und viel meditieren.
Dein dich liebender Raffael ti manda mille sole di amore (schickt dir tausend Liebessonnen).«

Interessant ist, wie die Engel immer wieder betonten, dass ich den Namen des Vaters laut aussprechen dürfe, den Namen der Mutter jedoch nur leise, innerlich, sehr subtil. Ich verstand damals noch wenig davon, wie wichtig diese Hinweise waren, und so kam es auch zu Missverständnissen. Einmal gab mir Gabriel eine Lehre über die Mutter, und ich fand sie derart berührend, dass ich sie mit anderen teilen wollte. Und so nahm ich den Text, den ich übers Pendel erhalten hatte, mit in meine Yoga-Stunde und las ihn vor. Obwohl ich, wenn ich ehrlich zu mir war, in mir eine leise Stimme hörte, die sagte: »Tu das nicht.« Eigentlich, so fühlte ich, wollte ich nochmals nachhören, bevor ich das mit den anderen teilte, doch ich ging über diesen Impuls hinweg und las den Text trotzdem vor. Uns allen liefen die Tränen herunter, so sehr waren wir berührt davon.

Als ich mich aber das nächste Mal mit den Engeln verband, da bekam ich eine regelrechte »Fehlerlesung« von allen himmlischen Wesen, die ich bisher kennengelernt hatte. Alle teilten mir in ihren Worten mit, dass ich etwas ganz

Schlimmes verbrochen hätte – und doch hatte ich keine Ahnung, was genau mein Vergehen war. Es war ein regelrechtes Schandenprotokoll, alle rieben mir einen Fehler nach dem anderen unter die Nase. Nur so viel erfuhr ich: Ich hatte die Große Mutter verletzt. Doch wie genau, das erfuhr ich nicht.

Meine Strafe lautete: Ich durfte drei Tage lang keinen heiligen Namen in den Mund nehmen, allenfalls »Heiliges Kerzenlicht« sagen. Und dabei fuhr ich an diesem Wochenende mit einer italienischen Freundin zu einem Sufi-Retreat nach Zürich und hatte ihr versprochen, für sie zu übersetzen. Das ging nun nicht, denn ich konnte ja nur »Heiliges Kerzenlicht« rezitieren.

Als ich wieder nach Hause kam und mich mit den Engeln verband, waren sie alle wieder versöhnt mit mir. Raffael erklärte mir, dass sie bei mir ein paar Veränderungen vorgenommen hätten: »... und nun kannst du lesen.«

»Lesen?«, dachte ich überrascht. »Ich kann lesen? Was heißt das genau?«

Die Antwort des Engels Raffael lautete:

»Telepathie sich sehr leer machen.
Hören auf Emotionen.
Re sagt Anfang ungenau, aber mit der Zeit kommt es genau.
Lernen still sein in den Gedanken.
Alles loslassen.
Kerzen schauen ist sehr gut.
Anfangen mit einfachen Messaggi.
Später lernen mehr ...«

Gemeint war, dass ich jetzt lernen sollte, die Botschaften des Himmels direkt zu hören, und das Pendel nur noch zu benutzen, um zu überprüfen, ob ich richtig gehört hatte. Wie geduldige Nachhilfelehrer übten die Engel mit mir, gaben mir zunächst einfache Sätze wie »Die Sonne steht am Himmel« zu hören, die ich dann mit dem Pendel überprüfte. Das ständige innere Rezitieren von Gottes Namen und Mantren half, meinen Geist leer zu machen und meinen göttlichen »Radiosender« immer präziser einzustellen. Mit dem Pendel überprüfte ich, ob das, was ich in meinem Herzen vernahm, tatsächlich himmlische Übermittlungen waren. Bald klappte dies immer besser, und dieser Meinung war auch Michael einige Zeit später:

»*Michael ist sehr zufrieden mit Waliha.*
Re sagt, kann mehr jetzt verstehen unsere Sprache.
Sehr weitermachen und nicht entmutigt sein.
Re sagt, kannst mehr Energie vertragen jetzt.
Sankte Nome mehr sagen, sagt Re.«

Und dann folgen minuziöse Anweisungen. Dabei ging es um vielerlei Feinheiten, um die Regulierung der Energien, meiner Intonation bei den Anrufungen, um meine Konzentration. Die wichtigste Anweisung allerdings betraf immer wieder das Schweigen. Nachdem ich einmal Raffael damit verärgert hatte, dass ich mit eigenen Gedanken eine Lehrdurchsage von ihm gestört hatte und die Verbindung unterbrochen worden war, verlor er – wenn man so etwas von einem Engel sagen kann – die Geduld. Er wies mich an, drei volle Jahre zu schweigen und allenfalls das Nötigste zu sprechen. Schweigen, schweigen, schweigen. Kein unnützes Reden, kein Geplapper in den Gedanken. Wenn man erst einmal dafür sensibilisiert ist, dann merkt man, wie viel von dem, was wir den ganzen Tag über reden, unnötig ist. Und in meinem Fall, als ich die Schule der Engel durchlief, sogar schädlich.

Nun war ich ja noch nie ein sehr gesprächiger Mensch gewesen, das Schweigegebot fiel mir eigentlich gar nicht besonders schwer. Im Grunde war es eine logische Weiterentwicklung in meinem zurückgezogenen Leben. Und so schaffte ich es, drei Jahre lang nur das Allernotwendigste zu sprechen und dabei weiterhin als selbstständige Modedesignerin meinem Beruf nachzugehen, ohne dass es irgendjemandem auffiel. Nicht meinen Mitarbeiterinnen, denen ich Zettel hinlegte, wenn etwas genauer erklärt werden musste, nicht meinen Auftraggebern, nicht einmal meiner Tochter. Ich war nicht unhöflich, im Gegenteil, ich lernte, den Menschen zuzuhören, und das machte sie sehr glücklich. Ich lernte zu hören, außen wie innen. Und immer mehr versuchte ich die Verbindung zum Göttlichen aufrechtzuerhalten, auch wenn es oft nicht einfach war und immer wieder eigene Gedankenspiralen und Gefühlsverkettungen den Kanal blockieren wollten. Doch ich hatte ja Zeit, drei Jahre, und so wurde ich allmählich tatsächlich zu einem »Radiosender« für das Göttliche mit fast störungsfreien Sendekapazitäten.

Schließlich kam der Tag, an dem ich erfuhr, dass der Vater direkt mit mir in Kontakt zu treten wünschte.

»Zünde eine Kerze an«, wies mich Michael an, »und höre den Vater.«

Das tat ich. Entzündete die Kerze und verband mich mit dem Vater. Und fühlte mich auf einmal ganz klein. Aus einem inneren Drang heraus begann ich, ihm all meine Sünden aufzuzählen. So ging das tagelang. Kaum brannte die Kerze, kaum fühlte ich die Verbindung zu Gott, war die Energie so stark und ich wurde mir so sehr bewusst darüber, was alles die Engel mich angewiesen hatten und ich nicht befolgt hatte, dass all meine Verfehlungen nur so aus mir heraussprudelten.

Bis mir eines Tages so war, als klopfte mir mein Gott auf die Schultern: »Meine liebe Waliha«, hörte ich, »das ist ja sehr nett, dass du mir all das erzählst, was ich ohnehin schon weiß. Noch besser allerdings wäre es, das alles nicht mehr zu tun. Und mir endlich zuzuhören!«

Da musste ich fast lachen. Der Spuk war vorbei, ich war frei, meine Gedanken ließen mich in Ruhe. Und ich konnte endlich zuhören.

Diese Energie war anfangs fast unerträglich mächtig. Die Worte, die ich hörte, kamen ganz langsam, fast wie wenn eine Frequenz nicht richtig eingestellt ist und die Stimme in die Länge gezogen wird.

»Ich habe lange auf dich gewartet ...«

Viel an Inhalt kam am Anfang nicht, und ich musste mich danach immer eine Weile hinlegen, diese mächtige Energie haute mich regelrecht um. Es war, als müsste ich das, was ich bei den Engeln erlernt hatte, hier noch verfeinern – es war eine andere Intensität, eine viel größere Macht.

Ich erinnere mich an eine Zeit in Gorda, in der ich auf einmal die himmlischen Worte nur noch als Poesie vernahm – alles klang und sang um mich. Ich versuchte, am Computer mit diesem inneren Singen Schritt zu halten – hier eine kleine Kostprobe davon:

»Oktober 1989.
Das Wachsen erlangt der Mensch durch Befreiung
der Ängste, der Unsicherheiten.
Damit der Mensch sich ganz befreit,
aus der ganzen Dunkelheit sich erlöst,
hat er die Gaben der Gnaden zu geben,
die alle heiligen Wesen ersehnen.
Die Erde braucht Gnadenkraft,
damit sie ganz und heilig werden kann.
Der Mensch hat die Gabe, das Licht zu ertragen,
wenn alle Tore eröffnet sind durch Gaben.

Weder Heiligkeit noch Erleuchtung
kann erlangt werden durch Nehmen,
dazu erfordert es die Gnadengeschenke.
Die können aber nur die Heiligkeiten geben,
wenn die ganzen Seelen eröffnet, belebt,
erneuert worden sind.

Das Denken nur für den eigenen Zweck
gibt Macht zum unteren Zweck.
Das Denken nur zum eigenen Zweck ermüdet
und hat sehr bald keinen Zweck.

Das Verbleiben im Himmel der Wünsche verhindert
das alles ersehnende Wachsen,
und wenn der Mensch die Wünsche erfüllt,
dann gibt es das große Gnadenlicht.
...«

So ging das eine Weile fort und fort – über die Geheimnisse der Schöpfung, wie alles zusammenwirkt im Kleinen wie im Großen, über den menschlichen Körper und vieles mehr.

Eines Tages erfuhr ich, dass mir nun keine Tür verschlossen bliebe. Dennoch gab es Regeln: Niemals sollte ich aus purer Neugier fragen, außerdem sollte ich die Totenräume respektvoll meiden. Meine helle Lichtenergie, so sagte Michael, würde dort nur stören. Ich hatte auch noch nie das Bedürfnis, in diese Räume vorzudringen, und selbstverständlich halte ich mich an die göttlichen Regeln.

Was die eigenen Fragen anbelangt, habe ich schon früh ein weiteres Gesetz beobachtet: Grundsätzlich darf der Mensch alles wissen. Nur ist es so, dass er oft die ganze Wahrheit gar nicht erträgt. Und da gibt es bei jedem Einzelnen einen Schutzfilter, sodass er die Antworten, die zu mächtig für ihn sind, gar nicht erst hört. Andererseits werden mir und meinen Schülern viele Fragen schon beantwortet, noch ehe sie gestellt sind, ja, manchmal sogar, bevor wir sie bewusst formulieren konnten.

Ich erfuhr in jener Zeit auch, dass es nicht jedem Menschen vorgegeben sei, Telepathie zu lesen. Tatsächlich, so sagte Michael, sei es eigentlich nicht möglich, einen Menschen zu lehren, das göttliche Wort zu hören. Was die Engel mich lehrten, war, mir meines besonderen Kanals bewusst zu werden, der mir von Anfang an mitgegeben worden war – ihn zu reinigen, meine Aufmerksamkeit in die richtige Richtung zu lenken und meine Antennen zu justieren.

Was aber jeder Mensch erlernen kann, wenn er den Wunsch dazu verspürt, ist, auf die Stimme seines Herzens zu hören. Denn das Herz übermittelt von jeder Ebene jeden

Wunsch in jede Ebene – sogar die materiellen Wünsche. Das Herz ist also unser wahres Zentrum, unsere Empfangszentrale und unser Sendezentrum.

Wir sind es gewohnt, Religionen als Mittlerinstitutionen zwischen uns und dem Göttlichen zu betrachten. Wir glauben, einen Priester zu brauchen, der uns die Beichte abnimmt, einen Guru, der uns leitet, einen Heiligen, dem wir folgen können. Die Schule der Engel lehrte mich aber, dass dies zwar möglich ist und gut sein kann, dass es jedoch auch einen viel direkteren Weg zwischen uns und dem Göttlichen gibt – und dieser Weg führt unmittelbar von unserem Herzen hinauf in die Einheit. Unser Herz ist aber auch das, was uns mit allem ringsumher verbinden kann, wenn wir das wünschen: mit den Menschen in unserer nächsten Umgebung, der gesamten Menschheit, der Erde, dem Himmel, der Tiefe, unseren Gefühlen, unserer Seele. Uns mit unserem Herzen zu verbinden bedeutet, uns verantwortlich zu zeigen gegenüber uns selbst und unserer Umwelt, ebenso gegenüber unserem eigenen, persönlichen Gott. Und so können wir alle das »Hören« erlernen, indem wir ins Gegenüber gehen. Dazu sind keine Wallfahrten und keine Seminare nötig, keine Pilgerfahrten und Initiationen. Die Einheit und damit Ihre persönliche Führung ist ganz nah, so nah, dass wir sie glatt übersehen, und viele tun dies ein Leben lang.

Der reinste Raum öffnet sich erst dann, wenn wir das letzte Werten überwunden haben. Sind da noch andere Gedanken, sind da Impulse wie »Soll ich das oder jenes tun?«, dann sind wir noch nicht in der Tiefe angekommen. Finden wir in unserer tiefsten Tiefe noch Ablehnungen, Nichtannahmen, fühlen wir da ein Widerstreben, einen Druck, einen Impuls, der uns sagt: »Nein, das will ich nicht! Schnell weg!«,

dann verbeugen wir uns davor – und es schreitet aus sich
selber ins Richtige, außerhalb von uns, wo es uns nicht mehr
irritiert:

Gebet
Stimme meines Herzens, bist du hier?
Ich verbeuge mich vor dir.
In Demut und Freude entzünde ich dich,
damit ich dich als Teil von mir erlebe.
Und dadurch, dass ich dich entzünde,
weiß ich, dass du in mir anwesend bist,
dass du Teil von mir bist – nicht außerhalb,
nichts, was ich noch suchen müsste.
Dadurch, dass ich dich entzünde, bist du bestätigt:
»Ja, es gibt dich!«
Stimme meines Herzens,
jetzt bin ich bereit, dich zu hören.

*Die Geschichte vom langen Tag des Erwartens*

Es gab einmal ein junges Paar, das sehr glücklich miteinander war. Zwar waren die beiden nicht reich, lebten einfach auf dem Land, doch das störte sie nicht.

Eines Tages aber sagte die junge Frau zu ihrem Mann: »Ich habe einen Wunsch.«

»Was ist es, meine Liebe?«, fragte der Mann. »Was immer es ist, ich möchte es dir gern erfüllen.«

Die Frau lächelte. »Das ist gerade mein Wunsch: dass du bis zum Ende dieses Jahres errätst, was mein größter Wunsch ist.«

Der Mann schaute seine Frau ratlos an. »Du willst, dass ich deine Gedanken lese?«

Die Frau lachte und schüttelte den Kopf. »Es reicht«, sagte sie, »wenn du in meinem Herzen lesen lernst.« Und ernsthaft fügte sie hinzu: »Mein Herz wird es deinem sagen, ganz ohne Sprache. Wenn du es lernst, die Herrlichkeitssprache des Herzens zu hören.«

Ein wunderschöner Sommer ging ins Land, danach kam ein prächtiger Herbst, doch noch immer hatte der Mann keine Ahnung, was sich seine Geliebte von ihm wünschte. Er versuchte, ihr Herz zu fühlen, er versuchte, ihr Herz zu erahnen, aber alles war für ihn eine leere Sprache. Und doch wurde jeden Tag seine Sehnsucht größer, diese Sprache zu verstehen, von der seine Frau gesprochen hatte.

Es war schon Winter, als er eines Morgens Lust bekam, wieder einmal in die große Stadt zu reisen. Der Tag versprach schön zu werden, und so fragte er seine Frau, ob sie mit ihm kommen wolle.

»Nein«, sagte sie, »fahr ruhig allein«, und gab ihm einen Einkaufszettel mit auf seine Fahrt.

So ging er allein, und im Nu hatte er alles besorgt, was auf dem Zettel stand. Es war erst Mittag, und er freute sich, ein paar Stunden freizuhaben und sich in der großen Stadt ganz allein umzusehen.

So geschah es, und nachdem er einige Stunden herumspaziert war, taten ihm die Füße weh, und er setzte sich auf eine Bank in der Sonne.

Er saß dort und freute sich an der für die Jahreszeit ungewöhnlichen Wärme, als sich ein alter Mann grußlos, wie es in der großen Stadt üblich ist, zu ihm auf die Bank setzte. Ja, er schien nicht einmal zu bemerken, dass dort bereits jemand saß.

Nach einer halben Stunde des Schweigens, während derer unser junger Mann viel über sein Leben nachdachte und vor allem auch über das seltsame Ansinnen seiner Frau, er möge ihren Wunsch in ihrem Herzen lesen, da tauchte in ihm auf einmal die Frage auf, was wohl der alte Mann neben ihm gerade dachte. Wo waren seine Gedanken, seine Freuden, wo fühlte er Trauer, wo Mangel?

Doch er wagte nicht, ihn zu fragen, er wollte nicht neugierig erscheinen.

»Ich könnte versuchen, sein Herz zu fragen, wie es ihm geht«, dachte er, »denn ich muss ja die Sprache des Herzens erlernen.«

Und mit Schrecken dachte er daran, dass nur noch wenige Tage bis zum Ende des Jahres fehlten.

»Wenn ich bis dahin nicht die Sprache des Herzens erlernt habe«, dachte er, »dann wird sie sehr traurig sein. Vielleicht kann ich hier bei diesem alten Mann ein bisschen üben?«

Und so versuchte er, das Herz des Mannes neben sich zu fühlen, probierte, etwas über sein Leben zu erspüren. Doch er fühlte gar nichts, sosehr er es auch versuchte.

Da wandte der alte Mann auf einmal seinen Kopf und lächelte ihm zu. »Ja, ja«, sagte er, »die Sprache des Herzens ist eine komplizierte Sache. Da sind viele Fragen, doch keiner hat die Geduld, auf eine Antwort zu warten. Es freut mich aber, dass Sie sich um mich kümmern und sich Gedanken darüber machen, wie es um mich steht.«

Unser junger Mann war sehr verlegen, aber mehr noch überrascht. »Sie kennen sie also, die Sprache des Herzens?«, fragte er.

Der Alte nickte. »Ich habe sie in ganz jungen Jahren von meiner Mutter erlernt.«

»Das muss ganz wunderbar sein«, brach es aus dem jungen Mann heraus.

Doch der Alte wiegte skeptisch den Kopf. »Es ist nicht immer einfach, diese Sprache zu hören, denn fast alle Herzen klagen vor Schmerzen, weil die Menschen fast immer das Gegenteil von dem tun, was ihr Herz sich wünscht. Ja, das ist schlimm. Und wenn einmal ein Mensch das Herz tatsächlich hört und einem anderen den Herzenswunsch erfüllt, da kann es leicht passieren, dass der erschreckt reagiert und sich überfordert fühlt, die Erfüllung anzunehmen.«

Der alte Mann nickte traurig vor sich hin.

»Auch bei Ihnen ist es ein bisschen so«, fuhr er dann mit einem Seitenblick auf den jungen Mann fort. »Jetzt versuchen Sie schon seit einiger Zeit, mein Herz zu fühlen, und stoßen doch gegen eine Mauer.«

»Das stimmt«, antwortete der junge Mann leise. »Warum ist das so?«

»Das liegt an Ihrem Verstand«, erklärte der Alte, »denn der möchte grundsätzlich das Gegenteil von dem, was die Sprache des Herzens will. Möchten Sie es wirklich lernen? Ist es Ihnen ernst damit?«

»Unbedingt!«, rief der junge Mann.

»Ich muss Sie aber warnen«, wandte der Alte ein. »Sie müssen zunächst viele Schmerzen ertragen. Denn da Ihr Herz so lange nicht gehört wurde, hat es viel Leid angesammelt, und das muss erst heraus, ehe Ihr Herz in der Freude erstrahlen kann.«

Doch der junge Mann wollte gern die Schmerzen erfahren, um die Sprache des Herzens zu erlernen. Und so zeigte der Alte ihm, wie er das Denken ausschalten konnte, um Zugang zu den Regungen seines Herzens zu bekommen.

»Atmen Sie ein, und halten Sie dann einen Moment lang die Luft an«, riet ihm der Alte. »Denn wenn Sie das tun, ist Ihr Verstand ausgeschaltet. Sie können nicht denken, wenn Sie nicht atmen, und das machen wir uns hier zunutze. Konzentrieren Sie sich auf Ihr Herz, und wenn Sie dann den Atem wieder fließen lassen, zeigen Sie alles, was Sie fühlen, wie immer die Gefühle auch sein mögen. Verhindern, unterdrücken Sie nichts, weder Freude noch Schmerz, und wenn Sie wieder einatmen; tun Sie dies in die Mitte Ihres Herzens, und seien Sie ganz offen für das, was es zu sagen hat.«

Der junge Mann tat wie ihm geheißen, und es dauerte nicht lange, bis er bemerkte, dass auf einmal ganz überraschende und vielfältige Gefühle durch ihn flossen. Zuerst kam da eine große Angst über einen Anlass, von dem er dachte, er hätte es schon längst ganz überwunden und auch vergeben. So atmete er ganz rein durch sein Herz, so wie der Alte ihn geheißen hatte, und bat um die Gnade der Annahme und der Vergebung, bis er tatsächlich fühlte, dass er diesen alten Schmerz nun ganz annehmen konnte ohne Wenn und Aber. Dazu gehörte nun aber auch, dass er ganz rein zu seiner Verletzung stehen, ja, sogar aussprechen musste, wie sehr ihn diese Sache verletzt hatte, ohne jedoch zu fordern, dass der andere das verstehen oder gar sein Unrecht einsehen würde.

Im nächsten Schritt lernte er, seinem Herzen zuzuhören, um zu erfahren, was es sich wünschte. Und zu seinem großen Staunen erfuhr er, dass es für sein Herz die größte Erfüllung bedeutete, wenn er die Gaben weitergab, die er tagtäglich erhielt. Er bemerkte fast einen kühlen Wind, der aus seinem Herzen strahlte, und mit jedem Atemzug wurde es leichter, und alle Schmerzen lösten sich auf, die um, über und unter dem Herzen waren.

Als sich sein Herz nun ganz leicht anfühlte, war der junge Mann so erfüllt, dass er dachte, er sei im Paradies, denn er erlebte die allerheiligsten Segen.

»Ganz eins mit dem Herzen zu sein«, lächelte der alte Mann, der sehr genau mitbekommen hatte, was mit dem jungen Mann geschehen war, »bedeutet auch, ganz eins mit der Einheit zu sein.«

Danach schwiegen beide. Der junge Mann genoss die Leichtigkeit seines Herzens, und der Alte freute sich an dem herrlichen Einheitsteil des jungen Mannes, der bei jedem Menschen anders ist. Dann stand der Alte auf und ging still davon. Denn Worte, das wusste er, waren jetzt nicht mehr nötig.

»Wie einfach ist doch die Sprache des Herzens«, dachte der junge Mann, als er sich endlich erhob und seinen Heimweg antrat. »Warum wird sie nur so selten gelehrt?«

Als er nach Hause kam, da war es ihm ein Leichtes, das Herz seiner geliebten Frau zu verstehen, und als der Tag kam, an dem er ihren großen Wunsch erfüllen sollte, war dies bereits geschehen. Denn wenn sich die Herzen jeden Tag miteinander verbinden und austauschen, dann werden alle Wünsche sofort wahr, und kein Schmerz bleibt zurück.

SECHSTES TOR

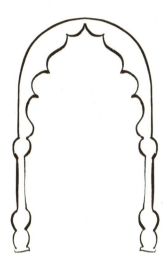

Das Geheimnis der Gnade

Mir einen Tag voller Gnade erlauben bedeutet, dass es ein erfolgreicher Tag werden wird. Denn meistens ist es so: Das, was ich am meisten brauche, ist das, was ich dem anderen zu geben habe. Und dadurch, dass ich meine Gnade gebe, werde ich sie einmal sein. An dem Tag, wenn meine Gnade die Erde berührt, werde ich ein ganzer Mensch sein, der sein Universum zu seiner Verfügung hat.

Den Himmel mit den anderen teilen

Die Schule der Engel war zu meinem Leben geworden. Immer besser gelang es mir, mein »Radio«, wie die Engel ja praktischerweise die Telepathie nannten, auf ihre Frequenz einzustellen. Tatsächlich fühlt es sich heute noch sehr ähnlich an: Spüre ich, dass mir von Gott, seinen Engeln oder von einem aus der Hierarchie etwas mitgeteilt werden möchte, dann schalte ich alle eigenen Gedanken vollkommen aus, richte mich auf und atme sehr bewusst durch die Nase ein. Dann ist es, als öffnete ich einen Kanal, eine Frequenz, und erst wenn die richtig »eingestellt« ist, höre ich die Stimme der Führung. Ich habe dies über all die Jahre so lange trainiert, dass es mir zur zweiten Natur geworden ist. Alles eigene Denken, insbesondere auch mein Ich, zur Ruhe zu bringen ist essenziell, damit es ganz rein fließen kann. Oft bin ich selbst erstaunt über das, was gesagt wird, so als sei ich selbst Zuhörerin – und eigentlich bin ich das ja auch: Kanal und Hörerin in einem.

Damals bemerkte ich, dass die Texte, die mir die Engel und Gottvater durchsagten, auch meine Freunde und Bekannten interessierten. Ja, mehr noch, die Texte berührten sie und halfen ihnen in ihrem Leben weiter. Blockaden lösten sich auf, Probleme wurden zu Chancen. Die Schule der Engel wurde zur Schule des Lebens. Und so begann ich ganz vorsichtig – zunächst nur an Freunde und Bekannte – die Antworten der Engel weiterzugeben. Denn noch immer war ich sehr scheu. Scheu und auch selbst sehr skeptisch, und es brauchte Zeit, bis ich wirklich sicher war, dass ich mir nichts einbildete, sondern dass diese Durchsagen tatsächlich »von oben« kamen.

Als ich mit Freunden zu arbeiten begann, bekam ich allerdings eine Bestätigung für die Authentizität der Engelsbotschaften nach der anderen: Details aus deren Leben, von denen ich nichts wissen konnte, wurden da benannt und erwähnt, Hinweise, die ich selbst niemals hätte geben können, weil ich die Umstände nicht kannte – all das überzeugte mich selbst und meine Freunde vollends davon, dass die Botschaften »echt« waren. Wir Menschen sind ja mit Recht immer wieder Zweifelnde.

Die Engel hatten mir in meinen »Schulungsregeln« auch mitgeteilt, dass ich es lernen sollte, vor großem Publikum zu sprechen. Tatsächlich hieß es einmal, ich solle vor 2000 Menschen einen Vortrag halten. Davor schauderte es mich allerdings noch gewaltig. Auch hier brauchte ich kleine Schritte, um diese Scheu zu überwinden.

Amir, mit dem ich von den Sufis her gut befreundet war, fragte mich eines Tages, ob ich Lust hätte, als Lehrerin bei einem Selbsterfahrungsseminar in der Toskana mitzuwirken, das er gemeinsam mit einem Freund organisierte. Meine spontane Antwort war zunächst ein entschiedenes »Nein«. Doch als ich mich danach mit dem Engel verband, hörte ich zu meiner Überraschung die Botschaft, ich solle es »absolut vermeiden, das Angebot nicht anzunehmen«. Also überwand ich mich und sagte zu.

Amir, sein Freund und ich – wir waren tatsächlich eine lustige Lehrertruppe mit sehr unterschiedlichen Energien, die sich gegenseitig ergänzten. Ich leitete Meditationen und unterrichtete Yoga. Meine Arbeit war durch die Schule der Engel sehr präzise und genau geworden, während die »Jungs« mehr spielerisch mit Theater und Improvisation arbeiteten.

Eines Tages fragte mich eine Teilnehmerin, ob sie ein Gespräch unter vier Augen mit mir haben könnte. Aus einem Impuls heraus ließ ich sie die Engelenergie spüren und fragte sie, ob sie sich damit wohlfühle, und sie sagte begeistert: »Ja!«

Und so bot ich mich dort bei diesem Seminar in der Toskana zum ersten Mal als Kanal für eine Engelsbotschaft für einen anderen Menschen an. Das sprach sich in der Gruppe sehr schnell herum, und auf einmal wollten alle auch eine solche Botschaft erhalten. Von der persönlichen bis zur allgemeinen »Durchsage«, der direkten Engellehre, war es nur noch ein Schritt. Für mich allerdings ein riesengroßer.

Aus diesem Seminar in der Toskana entwickelte Amir einen dreijährigen Kurs, eine Art Ausbildung zum Thema »Selbstverwirklichung«. Ich war als Koreferentin für Meditation und Yoga dabei und teilte mit den Schülern mehr und mehr die Botschaften der Engel. In diesen ersten Jahren ging es in der Lehre der Engel hauptsächlich um das Annehmen der eigenen Fehler, die untrennbar mit der Schöpfung und dem Wachstum des Menschen verbunden sind. Auch die Lehre der »Ganzen Liebe« gehörte zu den Grundlagen sowie das Teilen des eigenen Reinsten, von dem ich oben sprach.

Wenn das Reine sich zeigt – die Scham

Für mich war es anfangs sehr ungewohnt, ja fast bedrohlich, diese Durchsagen als Meditation vor allen zu zeigen. Und wie ein Kind, das Halt braucht, musste ich zu Beginn Amirs Hand dabei festhalten. Bis dahin hatte ich die Erfahrung der Telepathie nur im Privaten, im Verborgenen und Geschützten gemacht. Es brauchte Mut, dieses vollkommene Einlassen, die Aufgabe des eigenen Denkens und Wollens in der Gegenwart von anderen Menschen zuzulassen. Da war auch ein Gefühl von Scham dabei, sich so zu zeigen, so rein als dienender Kanal.

Damals lernte ich, dass es immer ein bisschen mit Scham verbunden ist, wenn man das Reine öffentlich zeigt. So geht es einem Kind, wenn es zum ersten Mal vor anderen Leuten ein Lied vorsingen oder ein Gedicht vortragen muss, das es im Stillen selbst gereimt hat. Sie können sich vorstellen, wie viel mehr Überwindung es mich anfangs kostete, mich als reinen Kanal öffentlich zu zeigen und etwas zuzulassen, über das ich keine Kontrolle hatte. Botschaften aus dem Universum zu übermitteln, die viel größer, viel wahrer, aber auch viel überraschender sind als alles, was ich selbst sagen könnte, und die doch aus meinem Mund kommen.

Dabei erfuhr ich auch ein göttliches Gesetz: Immer wenn wir diese große Scheu, diese Scham spüren, wenn wir uns nicht trauen, etwas Besonderes, das nur wir können, zu zeigen, zu offenbaren, zu leben, dann stehen wir kurz vor einem wichtigen Durchbruch – und ich kann nur jedem raten, diesen »Schamrand«, der das Reinste schützt, so behutsam wie mutig zu durchschreiten. Dabei ist es wichtig, sich das Gegenüber, das Publikum gut auszuwählen oder, wenn das nicht möglich ist, sich gut auf dieses Zeigen des Reinsten vorzubereiten. Immer aber bedeutet es einen Fortschritt in unserer persönlichen Entwicklung, und das Glücksgefühl, wenn wir es wirklich gewagt haben, bestätigt uns, wie richtig und wichtig es war, diese Scham zu überwinden und uns zu zeigen.

Natürlich kann es uns auch passieren, dass wir unser Reinstes zeigen und grandios missverstanden werden. Tatsächlich erlebe ich es bei vielen meiner fortgeschrittenen Meisterschüler, dass sie gerade in der Phase, wenn sie mutig ihr Reinstes eröffnen und zu zeigen beginnen, viele Anfeindungen erleben. Denn das Reinste ist oft nicht leicht zu ertragen für Menschen, die sich selbst diesen Fortschritt nicht erlauben.

Was ist das, unser Reinstes? Oft sind es unsere wertvollsten Talente, die uns vom Göttlichen übergeben wurden. Kaum ein großer Opernsänger, der zu Beginn seiner Karriere nicht von seinen Kritikern verrissen wurde – man denke an Maria Callas, eine der größten Diven des 20. Jahrhunderts, deren Stimme bis heute von vielen abgelehnt wird. Man denke auch an die heiligen Märtyrer der katholischen Kirche, die meist nicht nur wegen ihres Mutes hingerichtet wurden, sondern auch weil sie ihren Glauben oft in einer solch besonders reinen Form lebten, dass sich die Obrigkeit, manchmal die Kirche selbst, davon provoziert fühlte. Sein Reinstes zu zeigen, das braucht Mut – aber genau hier liegt auch der Keim für unseren großen Erfolg verborgen, und wer sich den eröffnen möchte, der muss durch diesen Schamrand hindurch, der mitunter sogar ein Schandenrand werden kann. Nicht immer ist das einfach – ich kann selbst ein Lied davon singen.

Vom Krippenspiel zum Fernsehfilm

In den Regeln der Engel hatte es ja auch geheißen, dass ich lernen sollte, mich öffentlich zu zeigen. Eines Tages brachte meine Tochter aus der Schule einen Brief mit, in dem die Eltern aufgefordert wurden, bei der Weihnachtsaufführung mitzuwirken. Zunächst legte ich das Schreiben beiseite. Doch die Engel ermahnten mich und meinten, dies sei eine gute Gelegenheit, mich im kleinen Rahmen zu zeigen. Und so sagte ich demütig und mit klopfendem Herzen zu.

Als die Rollen verteilt wurden und man mir die des Erzengels Gabriel gab, konnte ich die Engel direkt kichern hören. Der Vater eines anderen Kindes, den ich schon von verschiedenen Elternabenden her kannte, Carlo, sollte Gottvater spielen. Wir hatten denselben Heimweg, und so fuhren wir gemeinsam zu den Proben. Wir konnten wunderbar miteinander blödeln und lachen, und ich merkte wohl, dass Carlo mit mir flirtete. Es war an einem Abend auf der Fahrt nach Hause, als ich gerade noch dachte: »Was für eine blöde Anmache!«, als ich die Stimme des Engels hörte. »Gib diesem Mann deine Liebe«, sagte er. Ich war überrascht, denn bis dahin hatte ich nicht mehr für Carlo empfunden als Freundschaft. Ich sah zu ihm hinüber, und in diesem Augenblick verliebte ich mich in ihn. Es war so etwas wie eine Entscheidung und damit der Beginn einer großen persönlichen Liebe. Einige Jahre später heirateten wir, Pir Vilayat Inayat Khan vollzog mit uns die Zeremonie nach Sufi-Tradition. Und noch heute sind wir ein Paar.

Es war also in vielerlei Hinsicht eine wichtige Entscheidung, bei diesem Krippenspiel mitzuwirken. Was mein Training in öffentlichen Auftritten anbelangte, hatten die Engel aber noch mehr mit mir vor: Kurze Zeit nach der Schulaufführung läutete mein Telefon. Es meldete sich ein Fernsehregisseur aus Zürich und teilte mir zu meiner großen Überraschung mit, dass er gern einen Dokumentarfilm über mich und meine Zusammenarbeit mit den Engeln drehen würde. Ich war sprachlos.

Wie kam ein Regisseur aus Zürich auf eine Frau in einem kleinen Städtchen im Tessin, die mit Engeln spricht? Die Antwort war einfach und doch verblüffend: über seine Ehefrau, eine Zürcher Zahnärztin. Die erzählte eines Tages einer

Patientin, dass ihr Mann gern eine Reportage über Engel machen würde. »Da muss er unbedingt Waliha Cometti kennenlernen«, sagte die Patientin, »die spricht mit den Engeln! Ich habe das selbst miterlebt.« So fügte sich eins zum anderen, und kurze Zeit später stand ein Filmteam bei uns auf der Matte.

Die Engel kennen alle Wege, und wenn sie etwas wünschen, ist ihnen nichts zu schwer. Ich habe noch nie Werbung für meine Schule machen müssen, irgendwie finden die Schüler immer den Weg zu mir. Viele kommen von weit her, und es ist für mich jedes Mal wieder ein Wunder, wie sie von der Seligkeits- und Herrlichkeitsschule erfahren und Kontakt mit mir aufnehmen oder sich zu meinen Seminaren und Retreats anmelden.

Die Filmarbeit war für mich erstaunlich einfach – ich fühlte mich von den Engeln wunderbar energetisch unterstützt. Obwohl ich vorher gezittert hatte, machte mir die Arbeit mit diesen Menschen großen Spaß. Insgesamt wurden vier Dokumentarfilme über mich und meine Arbeit gedreht. Heute macht es mir nichts mehr aus, mich in der Öffentlichkeit zu zeigen – oder wenn ich ehrlich bin, nur noch ein ganz kleines bisschen. Nie hätte ich geglaubt, dass diese Gabe im Himmel für mich vorgesehen war, von mir aus hätte ich mich lieber ein Leben lang in den Tessiner Alpen versteckt. Vielleicht geht es auch Ihnen so – wer weiß, was in Ihrem Himmel noch alles auf Sie wartet?

Die reinen Gaben abholen und die Gnade eröffnen

Der Himmel hat für jeden von uns so viele herrliche Gaben vorgesehen. Die Engel beschweren sich jedoch oft bei mir, dass zahlreiche nicht abgeholt werden. »Die Menschen sind grundsätzlich viel zu bescheiden«, hörte ich sie oft sagen. »Du sollst ihnen helfen, ihre Gaben abzuholen, denn sie verstopfen den Himmel.«

Wie können wir das tun, unsere Gaben abholen? Normalerweise sind es unsere Erdeneltern, die uns im Laufe unserer Kindheit die Gaben des Himmels übergeben. Manchmal aber geht da etwas schief, vor allem dann, wenn zwischen den Eltern keine echte Liebe ist. Dann sind sie nicht in der Lage, diese Gaben an ihre Kinder weiterzugeben. Diese Gaben aber helfen uns, das zu werden, wozu wir überhaupt auf die Erde gekommen sind, sie sind das Werkzeug dafür, den Sinn unseres Lebens zu erlangen, Meister unseres Lebens zu werden. Werden sie nicht abgeholt, dann verstopfen sie nicht nur den Himmel, sondern wir haben zeitlebens das Gefühl, dass uns etwas Wichtiges fehlt.

Aber wenn wir uns einmal darüber bewusst geworden sind, dann gibt es eine Praxis, wie wir uns diese reinen Freudengaben selbst abholen können. Wir haben bereits den »Friedensraum« kennengelernt, in dem wir unsere Erdenfamilie aufgestellt haben. Wir haben Frieden geschlossen und unsere traurigen Gefühle der Tiefe abgegeben. Und in demselben Friedensraum übergibt uns Gottvater, wenn wir ihn darum bitten, unsere Vollkommenheitsgaben direkt, damit wir sie annehmen, zeigen und an andere weitergeben.

Meditation: Die himmlischen Gaben abholen

Wir verneigen uns vor unserem himmlischen Vater und unserer Großen Mutter und beginnen mit ihnen.

Die Schwelle zum Friedensraum
Wir nähern uns unserem Friedensreich, dem Bereich in uns, wo wir tief im Innern unseren Frieden fühlen. Auf der Schwelle davor legen wir allen Unfrieden ab, jeden Ärger, Widerstand, jede Wut, Rache, alles Jammern und Klagen, ja, auch das Selbstmitleid. All dies geben wir vor diesem Bereich wie an einer Garderobe ab und betreten nun unseren ureigenen Raum des Friedens.

Im Friedensraum
Im Friedensraum treten wir unseren Erdeneltern gegenüber, ob sie noch leben oder bereits verstorben sind. Und wir nehmen von ihnen unsere Gaben an, die sie uns bislang noch nicht übergeben haben.

Hinter den Erdeneltern stellen wir unsere Großeltern auf, und auch von ihnen lassen wir uns über die Eltern ihre besonderen Gaben übergeben.

Hinter den Großeltern stellen wir die Urgroßeltern und weiter die Reihe unserer Ahnen auf – und von allen lassen wir uns in der langen Kette unserer Vorfahren das übergeben, was sie uns zu geben haben.

Wir verneigen uns vor ihnen allen. Wir danken ihnen und segnen sie mit unserem Herzenssegen. Vielleicht haben Sie eine besondere Erfahrung mit dieser oder jenem, vielleicht beginnt Sie einer aus der Reihe Ihrer Ahnen besonders zu interessieren. Vielleicht gibt es einen, der einen besonderen Friedenssegen braucht – aus seiner persönlichen Lebensgeschichte heraus. So können auch Sie einen Heilsegen zurückgeben und in Frieden die Gaben annehmen, die der Himmel für Sie bestimmt hat.

Das Gelübde

Die himmlischen Gaben annehmen – es bedeutet, die Verantwortung für sie zu übernehmen. Die Gaben werden uns gegeben, damit wir sie teilen, erst dann entfalten sie ihre Gnade. Und darum wagen wir jetzt ein Gelübde:

»*Ich danke für die Gaben.*
Ich werde meine Gaben.
Ich gebe sie weiter zum Wohl der ganzen Menschheit.«

Die reinen Gaben werden uns übergeben, um unsere Gnade zu eröffnen. Dies geschieht, wenn wir zu unseren reinen Gaben stehen, sie werden und verwirklichen und sie mit der Menschheit teilen. Haben wir unserer Umwelt alles gegeben, was wir zum Geben haben, dann geschieht mit uns unmerklich eine wunderbare Verwandlung: Wir werden selbst zu unserer Gnade. Dann kann auch Satan nicht mehr herumerzählen, wie man uns am besten verletzen kann. Unsere Gnade zu eröffnen bedeutet, den »roten (Schmerz-)Faden« in unserem Leben zu unterbrechen.

Und doch, der Schmerz, den uns unser Umfeld zufügt, zeigt uns wie eine Wünschelrute, wo wir unsere Gnade zwar verborgen, doch noch nicht eröffnet haben. Der Schmerz ist dazu da, dass wir in die Tiefe gehen und ihn dort verwandeln. Die »böse Umwelt« ist also gar nicht so böse, und auch Satan hat in der göttlichen Ordnung seine wichtige Aufgabe: Man könnte sogar sagen, dass sich unsere Mitmenschen »opfern«, wenn sie sich ungerecht, gemein oder aggressiv uns gegenüber verhalten. Damit zeigen sie uns, wo wir eine wertvolle Gabe verborgen haben: den Heilnektar.

Sind wir in der Gnade, dann gelingt es uns, im Hier und Jetzt wirklich anwesend zu sein – wir sind in unserer Gegenwart angekommen. Wir haben es leider allzu sehr verlernt, mit all unseren Sinnen in der Gegenwart zu sein, »da zu sein« in unserem Dasein. In unserem Denken befinden wir uns viel öfter in einer unseligen Vergangenheit, der wir nachhadern, oder in der Zukunft, für die wir Wünsche oder Befürchtungen haben. Und doch enthält die Gegenwart eigentlich bereits alles, was wir brauchen, um ein erfülltes und glückliches Leben zu führen. Es ist alles schon da, unsere himmlischen Gaben stehen uns jederzeit zur Verfügung. Und haben wir den Mut, in unserer persönlichen Gegenwart anzukommen, und praktizieren wir über einen Zeitraum von drei Jahren konsequent die Verwirklichung unserer ganz persönlichen Gaben und geben sie weiter, dann wird unser Leben ausgeglichen und glücklicher sein. Hindernisse lösen sich auf. Dann streben wir nicht mehr nach zu hohen oder auch falschen Idealen, denn das Ideale haben wir bereits erhalten. Alles ist gut und richtig, so wie es ist. Und aus dem, was früher unser größter persönlicher Schmerz war, wurde unser Heilnektar, der nicht nur unsere Vergangenheit heilt, sondern auch unsere Umwelt, wenn sie unter demselben Schmerz leidet.

Die Verwandlung des Schmerzes in den Heilnektar

Wenn wir die Verantwortung für unsere Vollkommenheit übernehmen möchten, nicht mehr Spielbälle einer unguten Umwelt sein wollen, dann hilft folgende Praxis.

Gebet: »Ich öffne meine Tore«

Ich erbitte den großen Segen der reinsten Himmel – ich bin bereit, mein Herz zu öffnen. Ich bin bereit, kurz den Widerhall eines Schmerzes – sei er alt oder neu – zu fühlen, ihn zu erleben, auch wenn es lange her ist, dass er mir in der Vergangenheit zugefügt wurde.

Ich erbitte den Segen, der wie ein Nektar diese Schmerzen heilt und auflöst, sodass das Herz jetzt noch viel weiter werden darf, noch größer, noch großartiger.

Ich erkenne an: Wie immer es war – alles war richtig, so wie es war.

Ich gebe den Schmerz in der Tiefe ab, wo er verwandelt wird in heilenden Nektar. Und ich empfange aus der Tiefe diesen Heilnektar, und wenn noch irgendwo ein Schmerz in mir ist, dann übergieße ich ihn damit.

Ich lasse mein Herz geöffnet und werde so vielleicht sogar zum Segner, zur Segnerin, zum Heiler, zur Heilerin von diesem besonderen Schmerz, den ich selbst einmal erfahren habe.

Und ich gebe diesen Nektar weiter an alle anderen, die diesen Schmerz auch erlebt haben, gerade erleben oder noch erleben werden.

Ich gebe – ich werde.

Ich öffne die Tore meines Herzens
Und lasse den Gnadenglanz über alle Herzen gleiten,
um alle Herzen, die verletzt sind, zu heilen.
Amen.

Die Gnade eröffnen bedeutet also auch, sich nicht mehr als ohnmächtig gegenüber den Umständen zu erleben, wie sie sind oder wie sie waren. Es bedeutet, frei von ihrem Einfluss zu werden. Die Gnade eröffnen bedeutet, das, was Sie wirklich sind, zu leben, und das, was Sie zum Geben haben, an alle und alles weiterzureichen.

Es gibt etwas Einzigartiges, was nur Sie geben können, und dieses Einzigartige ist untrennbar mit den überwundenen Schmerzen verbunden. Diesen Heilnektar können nur Sie eröffnen – für sich selbst und für alle anderen. Und vielleicht können Sie sich daran erinnern, wenn es Ihnen schlechtgeht, wenn Ihnen etwas fehlt und Sie traurig sind, wenn Sie von diesem oder jenem zu wenig haben. »Ich erinnere mich daran: Ich gebe, was ich zum Geben habe.« Denn wenn Sie alles gegeben haben, fühlen Sie auch keinen Mangel mehr – nirgends. Alles ist gut, alles ist genug. Sie sind Sie selbst geworden. Das ist eines der großen Mysterien der Gnade.

Das Danken

Ein weiteres kosmisches Gesetz betrifft das Danken – und hier meine ich mehr als eine Höflichkeitsfloskel. Vergessen wir das Danken für das, was wir erhalten haben, wenn wir uns die Gaben abgeholt haben und dabei sind, unsere Gnade zu eröffnen, dann wagen wir – unbewusst – nicht mehr, noch mehr anzunehmen. Der Fluss stagniert. Wieder kommen wir in diesen diffusen Zustand, in dem wir das Gefühl haben, bestimmte Dinge nicht zu »dürfen«. Erneut erleben wir dieses Phänomen als Spiegel durch unsere Umwelt: Unser Chef erlaubt uns einen freien Tag nicht, ein neues Projekt findet keinen Anklang, etwas, was uns sonst leicht von der Hand geht, misslingt. Wir haben keine rechte Freude an dem, was wir tun, ja, nicht einmal mehr an dem, was wir haben. Denn die Gaben, die wir uns eröffnet haben, sind normalerweise untrennbar mit den Freuden verbunden: Wir haben Spaß an unseren Fähigkeiten, wir bringen unsere individuellen Gaben mit Freuden in die Welt.

Wenn wir uns also als freudlos erleben und nichts mehr so recht klappen will, dann sollten wir uns fragen, ob wir uns möglicherweise nicht wirklich bei uns selbst und dem Universum für das bereits Erhaltene, das bislang Erreichte bedankt haben. Hier ist eine kleine Meditation, die uns dann helfen wird.

Meditation: Ich danke und wage neue Freuden

Ich danke, ich danke, ich danke

Ich danke dem, was ich nicht bekommen habe,
ich danke dem, was ich nicht durfte.
Ich danke dem, was ich durfte,
ich danke dem, was ich bekommen habe.

Diese vier Zeilen können wir innerlich wiederholen wie ein Mantra, bis wir es ganz fühlen: die Dankbarkeit auch für das nicht Gewährte, denn das ist genauso wertvoll wie die Gaben selbst. Zeigen die nicht erhaltenen Gaben uns doch, wo unsere Freude verborgen ist.
Es ist nämlich das Danken, das die neuen Freuden erweckt. Es eröffnet die reinste Macht des Annehmens, des Wagens von neuen Geschenken. Auch hier ist ein kleines Mysterium verborgen: Wenn wir auf diese Weise durch das Danken die neuen Freuden in uns

erwecken und Dinge vollbringen, die wir vorher gar nicht erwartet hatten, dann kann es sein, dass wir später Folgendes bemerken: Tatsächlich war es vielleicht gar nicht unser ureigenster Wunsch, den wir durch diese neue Freude verwirklicht haben, sondern in unserer Umwelt bestand hier ein Mangel. Besonders eindeutig kann man dieses Gesetz bei Erfindungen beobachten, die zum Wohl der Menschheit geschehen. Solche Erfolge sind leicht und ohne Kampf zu erreichen, da ist keine Konkurrenz, denn die Umwelt ersehnt die Erfüllung des Wunsches genauso wie wir selbst. Das Geheimnis ist: Die reine Freude, die reine Dankbarkeit kennt keinen Egoismus und auch keine Konkurrenz.

In unserer Zeit leben wir hier in Europa in der Fülle und sind uns darüber oft nicht bewusst. Besonders bei jungen Menschen, die in dieser Fülle aufgewachsen sind, kann man das beobachten. Sie kennen die Notwendigkeit von Dankbarkeit nicht, weil sie den Mangel nicht kennen. Daher rührt es auch, dass viele junge Menschen nicht wissen, welchen Beruf sie ergreifen sollen: Sie finden ihre Freude nicht mehr, weil ihre reinste Freude im Undank vergraben ist. Sie haben alles bekommen und sich alles genommen – es ist ja für sie ganz selbstverständlich.

Aber es ist nicht selbstverständlich, dass wir ein Bett zum Schlafen haben, dass wir zu essen haben, dass unsere Kinder zur Schule gehen dürfen, dass wir von allem genug haben. Lernt ein Kind, dem gegenüber, was es bekommt, seine Dankbarkeit zu zeigen, dann eröffnet sich meist sehr rasch der eigene Wunsch, die reine Freude an dem, was es einmal werden möchte. Die Dankbarkeit eröffnet in ihm die Freude, noch mehr zu erleben, zu empfangen, zu lernen, zu verwirklichen. Aber auch Erwachsene vergessen nur zu oft, in welcher großartigen Fülle sie leben dürfen. Fehlt die Dankbarkeit, verabschiedet sich die Freude, und die Unzufriedenheit macht sich breit. Und so ist ein weiteres, hilfreiches Mantra, das uns helfen wird, in der Zukunft unsere Herrlichkeit zu eröffnen:

> Ich bin so dankbar für alles,
> wofür ich noch nicht gedankt habe.
> Ich danke, ich danke, ich danke.

Das Segnen und Weitergeben

In diesen ersten Jahren, nachdem ich mit der Schule der Engel in eine bescheidene Öffentlichkeit gegangen war, verdiente ich meinen Lebensunterhalt nach wie vor in der Mode. Da ich mein eigenes kleines Atelier hatte, konnte ich mir meine Arbeit so einteilen, wie es zur Schule der Engel passte. Und ehe ich für eine oder zwei Wochen zu einem Seminar wegfuhr, fragte ich meine Mitarbeiterinnen, ob sie während meiner Abwesenheit arbeiten oder lieber zu Hause sein wollten. Wollten sie lieber arbeiten, dann bekam ich mysteriöserweise immer Aufträge für sie, die sie auch ohne mich erledigen konnten.

Dann kam eine Zeit, als ich der Mode überdrüssig wurde und keine rechte Freude mehr an dieser Arbeit hatte. Wieder war es die Unzufriedenheit, die mir zeigte, dass etwas anderes auf mich wartete. Ich fühlte, dass es mir viel wichtiger war, die Schüler, die ich in den Seminaren mit Amir in die Lehren der Engel eingewiesen hatte, weiter zu begleiten, über die Seminare hinaus. Ja, ich wünschte mir immer mehr, die Schulung, die ich von den Engeln bekommen hatte, an mehr Menschen weiterzugeben.

Kaum war mir dies bewusst geworden, als ich einen Brief von einer dieser Schülerinnen erhielt, von Verena. »Liebe Waliha«, schrieb sie, »ich verneige mich vor dir und bitte dich: Nimm mich als deine Schülerin an.« Zuerst war da wieder dieses Erschrecken – ich als Lehrerin mit eigenen Schülern? Diese Scham und die kleinen Zweifel: Kann ich das? Darf ich das? Und doch war mir klar – dies war der Beginn eines neuen Abschnitts in meinem Leben. Die Botschaft der Engel aber war eindeutig: »Dies ist die Eröffnung der Seligkeits- und Herrlichkeitsschulung.«

Dennoch legte ich Verenas Brief erst einmal zur Seite. Bis Verena es nicht mehr aushielt und mich eines Tages anrief. »Darf ich deine Schülerin werden?«, fragte sie mich erneut.

»Ja«, antwortete ich, der Größe dieser Verantwortung sehr bewusst. So kam es zur »Seligkeits- und Herrlichkeitsschule«, die ich bis heute leite. Es war unglaublich spannend zu erleben, wie die Engel ihre Schulung fortführten, ob ich nun ihre Lehre für mich behielt oder mit anderen teilte. Je mehr ich aber begann, ihre Botschaft weiterzugeben, desto intensiver wurde die Schulung.

Denn die Engel hatten mich im Auftrag der Einheit – oder anders gesagt: im Auftrag Gottes – ja nicht einfach zum Spaß im »Hören« geschult. Sie wollten durch mich den Menschen eine Lehre geben. Und die sollte ich nicht egoistisch für mich behalten. Binnen kurzer Zeit wuchs die Zahl meiner Schüler und Schülerinnen, viele wünschten Botschaften für sich und auch für andere, für Familienangehörige und Freunde.

Im Nachhinein kann ich erkennen, dass die Engel ihren »Lehrplan« sehr genau durchgeführt und auch auf alle ausgedehnt hatten, die Freude an ihren Botschaften zeigten. So waren die Mitteilungen dieser ersten Jahre von der Eröffnung der »Gnade« geprägt, und jeder erhielt seine Lehre sehr individuell, seiner Lebenssituation und seinem Entwicklungsstand angemessen. Es gab und gibt bis heute also die persönlichen Botschaften und daneben die Durchsagen der Lehre, die jeder bei mir erhalten kann, zum Nachlesen und -hören.

Noch immer arbeitete ich »doppelt«: Frühmorgens stand ich auf und schrieb Botschaften, dann ging es ins Atelier. Und am Abend ging es weiter mit den Botschaften. Damals hatte der Erzengel Raffael meine Schulung übernommen, und das ist ganz typisch für seine Art: Er verführt zum unermüdlichen, fast süchtigen Arbeiten. Anfangs betrachtete ich dies nicht als echte »Arbeit«, und es fiel mir schwer, Geld für die Botschaften zu nehmen – schließlich waren die Empfänger zunächst meine Freunde. Kann man sich für die Lehren der Engel bezahlen lassen? Ihre Antwort war klar, sie wiesen mich sanft, aber beharrlich darauf hin, dass die Empfänger der Botschaften, die Schüler der Seligkeits- und Herrlichkeitsschule, einen Gegenwert geben sollten. In der Tat konnte ich einen großen Unterschied beobachten, wenn ich Botschaften verschenkt hatte, gegenüber jenen, für die die Empfänger bezahlt hatten: Zwar war die Qualität der Botschaft dieselbe, ihre Wirkung war aber viel stärker. Es passierte viel mehr, wenn die Leute dafür bezahlt hatten. Ich war erstaunt über diesen deutlichen, großen Unterschied. Die Lehre war immer gleich. Aber die Menschen wagten offenbar durch das eigene Geben viel mehr anzunehmen. Denn meistens enthielten die Botschaften Rat in schwierigen Lebenssituationen, manchmal mehr und manchmal weniger praktisch, doch immer von großer Intensität und Wirkung für den Empfänger.

Und eines Tages sagte mir der Engel Michael: »Es ist sehr erwünscht, dass du von nun an die himmlischen Kleider erschaffst.« Schon früh hatten sie mir immer wieder gesagt, dass der Himmel für mich sorgen würde. Nun war es so weit, und ich gab mein Atelier auf. Eine besondere Freude war es für mich, dass ich meine Hauptzuschneiderin, die sehr begabt war und in den Jahren mit mir viel gelernt hatte, dazu ermutigen konnte, das Geschäft auf ihre Weise weiterzuführen. Zwar wurde sie nicht zu der gefragten Modedesignerin, die ich gewesen war, aber ihr Schneideratelier wurde eines der ersten in der Gegend. So konnte ich mich beruhigt aus diesem Geschäft zurückziehen, ohne meine Mitarbeiterinnen in die Arbeitslosigkeit zu entlassen.

Auch dies gehört zur Gnade dazu: sich verantwortlich fühlen für seine Umwelt, beim Weiterschreiten nicht die anderen zurückzulassen. Wie der reiche Bauer aus der Geschichte, der sich nicht nur um seinen eigenen Fortschritt kümmerte, sondern erkannt hatte, dass sein eigener Fortschritt mit dem der anderen in seinem Umfeld untrennbar verbunden ist. Insofern hat die »Gnade«, wenn wir sie wirklich ernst nehmen, über unsere eigene Selbstwerdung hinaus auch einen gesellschaftspolitischen Aspekt: Durch uns und das Eröffnen und Weitergeben unserer Gnade können wir die Welt verändern.

Die Geschichte von den beiden Brüdern

Es war einmal ein alter, weiser König, der hatte zwei Söhne. In seinem Land herrschte seit jeher die Regel, dass immer der ältere Bruder das ganze Reich erben sollte, der jüngere Bruder aber mittellos in die weite Welt hinausmusste, um dort sein Glück zu suchen. Und als der Königsvater krank wurde und seine Krone abgab, da überreichte er sie der Sitte gemäß seinem älteren Sohn. Kurz darauf verstarb er.

Der jüngere Prinz aber hielt diesen Brauch für ungerecht und wollte sich nicht damit abfinden, dass er nun leer ausgehen und in die weite Welt ziehen sollte. Er ging zu seinem Bruder und sagte: »Dass das ungerecht ist, weißt du so gut wie ich. Darum gib mir die Hälfte des Reichs und die Hälfte des Staatsschatzes, oder ich werde mich bitter rächen.«

Der ältere Königssohn war klug und hatte die Weisheit seines Vaters geerbt. Darum sagte er: »Du hast recht: Hier, lass uns eine Linie über die Karte unseres Reiches ziehen, und du darfst wählen, welche Hälfte du möchtest.«

Und da wählte der jüngere Bruder jene Hälfte, in der das Land fruchtbar und wohlhabend war. Dem älteren Bruder aber überließ er nur das schroffe und unwegsame Gebirge.

So lebten sie einige Jahre friedlich nebeneinanderher, bis auf einmal der jüngere Bruder etwas erfuhr, was ihn in großen Zorn versetzte: In dem unwirtlichen, gebirgigen Teil des Reiches, das sein Bruder regierte, hatte man ungeheure Mengen an Gold gefunden. Und so war über Nacht dieses unfruchtbare Land unermesslich reich geworden. Auf der Stelle stattete der jüngere dem älteren Bruder einen Besuch ab.

»Du weißt so gut wie ich«, sagte er, »dass diese Bodenschätze uns beiden gehören. Denn zum Zeitpunkt der Teilung war nicht bekannt, was sich in den Bergen verbirgt.

Also gib mir die Hälfte der Ausbeute aus den Gruben, oder ich werde mich bitter rächen.«

Der Ältere sah seinen Bruder an und dachte sich: »Wann wird sich der Kindskopf endlich seinen eigenen Reichtum erlauben? Wann wird er aufhören, ihn von mir zu fordern?« Doch da er klug war, sagte er: »Du hast recht. Hier ist eine Karte meines Reiches im Gebirge. Lass uns eine Linie ziehen, und du suchst dir die Seite aus, die du haben möchtest.«

Und so geschah es. Natürlich suchte sich der jüngere Bruder jene Seite aus, auf der die meisten Minen verzeichnet waren, dem älteren überließ er die Gletscherberge, die so schwer zugänglich waren, dass noch nie jemand bis zu ihnen vorgedrungen war.

»Nun bist du die Königin der Gletscherberge«, sagte der ältere der Königssöhne am Abend zu seiner Königin. »Ich werde dir dort oben das kleinste Schloss mit der schönsten Aussicht bauen, die je gesehen wurde.«

Und so tat er es. Er zog mit seiner Königin, die ebenso weise war wie er, hinauf in die Schneeberge. Dort lebten sie einfach und bescheiden, denn außer Wasser aus vielen Quellen in Hülle und Fülle gab es dort oben nichts. Und doch waren sie glücklich, denn sie hatten sich und ihre Liebe.

Inzwischen aber lauerte der jüngere Königssohn voller Eifersucht auf seinen älteren Bruder, und sein Herz zernagte sich fast vor Sorge, dort oben in den Gletscherbergen könnte sich eine ganz besondere Gnade offenbaren, von der er – wie immer, wie er meinte – ausgeschlossen war. Und so vernachlässigte er die Verwaltung seines fruchtbaren Landes und auch die der reichen Minen, überließ alles schlechten Beratern, und in kürzester Zeit waren die Goldschätze ausgeraubt und das blühende Land durch Gift und Undank verseucht. Sein eigener Minister zettelte eine Revolution an und jagte den jungen König mit Schimpf und Schande aus seinem Reich.

Da stand er nun am Fuße der Gletscherberge, an der Grenze zu dem winzigen, verbliebenen Reich seines älteren Bruders.

»Niemals wird er mich aufnehmen«, dachte er verzweifelt. Und zum ersten Mal seit vielen Jahren wurde ihm das ganze Ausmaß seines Unrechts bewusst. Hatte sein Bruder nicht mit ihm geteilt, obwohl er dazu nicht verpflichtet war? Warum hatte er nicht eine gerechte Teilung vorgeschlagen und seinem Bruder mit Absicht die unnützen Berge überlassen? Und warum hatte er sich nicht mit seinem Bruder gefreut, als sich herausstellte, welche Schätze in den Bergen verborgen waren? Mit jedem Schritt in Richtung der eisbedeckten Berge wurden dem Bruder mehr Sünden bewusst, sodass er schließlich krank und schwach auf seine Knie sank und keinen Schritt mehr weitergehen konnte.

Es war die Königin, die von ihrem hohen Sitz ihres Gletscherhauses aus die winzige Gestalt des Königssohns dort unten erblickte. Geschwind schickte sie ihre Adler aus, um den Kraft- und Mutlosen heraufzuholen. Drei Tage und drei Nächte war der jüngere Königssohn im Reich seiner Schande, ohne es zu wagen, die Augen zu öffnen. Dann tränkte sein Bruder ein Tuch, das er noch von ihrem Vater hatte, in das Wasser einer segensreichen Quelle und legte es dem Jüngeren auf das Gesicht. Auf dem Tuch waren folgende Worte eingestickt:

> Im Allerkleinsten das erschaffen, eröffnen,
> was du im Allergrößten ersehnst.
> Dem allerletzten Erleben den ganzen Segen geben,
> um dann im Allerersten
> das ganze Erleben zu werden
> in allem, was ist.

»Ich habe dir alles gegeben, was du dir gewünscht hast«, sagte der Ältere. »Und doch bist du nicht froh geworden. Denn wisse: Das, was du dir nicht selbst zu geben wagst, das kann ein anderer, und sei es auch dein Bruder, dir niemals geben.«

Der junge König blieb drei Monate im Haus auf dem Gletscher. Er sprach wenig, trank das heilige Wasser, das die Frau seines Bruders ihm schöpfte, und hatte nun tagtäglich vor Augen, was er sich all die Jahre immer vorzustellen versucht hatte: Er sah, wie sein Bruder, der längst kein König auf Erden mehr war, im Herzen ein Kaiser geworden war, denn er war zufrieden mit sich und der Welt. Er fühlte den Frieden und die Liebe, die im Haus seines Bruders herrschten, und konnte sich nicht erinnern, je selbst diese Liebe erfahren zu haben. Dies war nicht sein Königreich, und endlich begriff er, dass er sein eigenes nur selbst erlangen konnte. Er hatte seinen Bruder gezwungen, alles mit ihm zu teilen, und doch war ihm nichts geblieben.

Nach drei Monden brach er auf. Er zog durch die Welt auf der Suche nach seinem eigenen Königreich. Er bestand viele Abenteuer, gewann dieses und verlor jenes. Schließlich war er ein alter Mann geworden. Er saß am Ufer eines Flusses, weit weg in einem fremden Land und hatte einmal wieder alles verloren. Und wie er in das Wasser blickte, da sah er in seinem Spiegel das Gesicht seines Vaters, das ihm freundlich zulächelte.

»Ja«, schien es zu sagen, »ich habe dich immer geliebt, mein jüngster Sohn. Und nicht nur, weil es die Tradition so forderte, habe ich mein Reich deinem Bruder vermacht. Sondern weil ich dich besonders liebte. Dein Bruder hatte seine Gnade schon als Kind eröffnet, er ist glücklich und zufrieden in jeder Lebenslage. Du aber musstest in die Welt ziehen, um deine Gnade zu finden. Das hättest du leichter haben können, wenn du nicht so gegen deinen Bruder gekämpft hättest. Aber es ist niemals zu spät ...«

Ein Blatt fiel ins Wasser, und das Gesicht verschwand. Im Gekräusel der feinen Wellen konnte der Königssohn folgende Zeilen lesen:

> Im Allerkleinsten das erschaffen, eröffnen,
> was du im Allergrößten ersehnst.
> Dem allerletzten Erleben den ganzen Segen geben,
> um dann im Allerersten
> das ganze Erleben zu werden
> in allem, was ist.

Als sich das Wasser wieder beruhigt hatte, da blickte ihn sein eigenes Gesicht an aus den Tiefen des Wassers. Er sah genauso aus wie sein Vater, kurz bevor er starb. Und so erblickte der jüngste Königssohn seine Gnade weit weg in der Fremde im letzten Augenblick seines Lebens. Und glückselig wie niemals zuvor schloss er seine Augen und legte sich ins Gras zum ewigen Schlaf.

SIEBTES TOR

Für Gott arbeiten

*Pir-o-Murshid hat die Freude
zu sagen: So mögen eure Herzen
beflügelt sein, gekrönt mit der Kraft
der Liebe, und möge auch der Segen
der Freude gewagt sein, beim Tun,
bei der Tat, beim Dasein, wo immer
ihr wie immer seid.*

Mein Weg mit den Sufis

Was mir an der Lehre des Sufismus von Anfang an das Gefühl gab, hier eine geistige Heimat gefunden zu haben, war die Toleranz und Annahme von allem, und zwar vollkommen ohne jede Ablehnung. Pir Vilayats Vater Hazrat, den seine Anhänger auch liebevoll Pir-o-Murshid nennen (»geistlicher Meister«), begründete in den 1920er Jahren eine eigene Linie des Sufismus und lehrte etwas völlig Neues: nämlich die Botschaft der Annahme aller Religionen, aller Heiligen und Propheten.

Religionen verstehen sich selbst als ausschließlich – jede beansprucht, die ganze Wahrheit zu besitzen, die einzig wahre Lehre. Hazrat aber erkannte, dass nur die ganze Annahme das Verständnis für das andere fördern kann. Darum ist der Sufismus auch keine Religion, sondern eher eine Philosophie, eine Haltung der Liebe.

Hazrat Inayat Khan war ein begnadeter Musiker und spielte die Vina, ein traditionelles indisches Saiteninstrument, mit großer Meisterschaft. Im Jahr 1882 in Baroda – heute Vadodara – im Nordwesten Indiens geboren, wuchs er in einem familiären Umfeld auf, in dem die Musik und die Sufi-Mystik nicht voneinander zu trennen waren. Schon im Alter von vierzehn Jahren verfasste er wichtige musiktheoretische Schriften über die indische Musikpraxis und machte als Solist von sich reden. Mit zwanzig wurde er Professor der Musikakademie seiner Heimatstadt. Nach einer Zeit der Wanderschaft und des Studiums bei verschiedenen Sufi-Meistern beschloss er 1910, gemeinsam mit seinem Bruder in die USA zu reisen. Hier gab er Konzerte und verbreitete seine Lehre der allumfassenden Liebe. Diese Lehre ist so einfach wie wirkungsvoll. Im Grunde kann man sagen, dass es bei ihr letztendlich um die Eröffnung des »Großraums unseres Herzens« geht, in seinen Worten: um den »Herzenspalast«.

Herzenspalast – allein wenn wir dieses Wort aussprechen, können wir fühlen, wie es in unserer Brust weit wird und warm. Unser Herz zu öffnen, es sich über die ganze Erde verbreiten und erweitern zu lassen – das ist Pir-o-Murshids Botschaft. In den ersten Jahren arbeitete ich mit meinen Schülern viel mit dieser Vorstellung des Herzenspalasts und stellte fest, dass sich jede Arbeit, jede Meditation damit wie ein Gottesdienst anfühlt.

Pir-o-Murshid war es auch, der die »Universellen Gottesdienste« in Europa einführte, nachdem er 1912 nach Paris übergesiedelt war. In diesen Gottesdiensten finden alle Religionen ihren Platz. Die meisten Menschen verstehen die verschiedenen Weltreligionen als gegensätzlich. Statt jedoch die Unterschiede als trennend zu erleben, haben die Sufis erkannt, dass sich die Lehren der Religionen eigentlich ergänzen.

Hazrats Sohn Pir Vilayat führte diesen Ansatz fort. Tatsächlich kann man sagen, dass Hazrat – Musiker und Mystiker, der er war – die Essenz in die Welt brachte, die sein Sohn dann ausbaute und als Lehre öffentlich verbreitete, in der er über die Annahme aller Religionen hinausging ins Persönliche, Konkrete: die Annahme des ganzen Menschen mit all seinen Fähigkeiten, Qualitäten, Fehlern und Mängeln. Mir sagte diese Lehre sehr zu, denn sie enthält im Kern etwas, womit auch ich von Anfang an als wertvollstes Mittel zur Heilung und positiven Veränderung gearbeitet habe – die Liebe. Und so leitete ich inzwischen selbst Workshops und Seminare im Rahmen des Internationalen Sufi-Ordens.

»Es ist sehr erwünscht«, hatte Michael gesagt, »dass du von nun an himmlische Kleider erschaffst.« Ich habe bereits erzählt, wie ich bald danach mein Atelier aufgab. Doch so etwas passiert nicht von heute auf morgen. Zuerst musste ich für mich herausfinden, auf welche Weise ich diese mysteriösen »himmlischen Kleider« überhaupt erschaffen konnte.

Es war in jenem Jahr, als ich noch mein Modeatelier hatte und doch bereits fühlte, dass etwas Neues auf mich wartete. Die viele Arbeit am Zeichentisch hatte meine Muskeln verspannen lassen, und so gönnte ich mir hin und wieder eine Körpermassage.

»Hier«, sagte während einer dieser Termine meine Masseurin, während sie über mein rechtes Handgelenk strich, »da fühle ich einen Energiestau. Er ist so groß wie ein Ei! Tut das nicht weh?«

Doch, das tat es. Und ich wusste auch, woher dieser Stau kam: vom unentwegten Zeichnen und Entwerfen. Seit einiger Zeit floss die Energie nicht mehr so wie früher, Schmerzen und Verspannungen waren die Folge. Ich versuchte mir vorzustellen, wie es wohl wäre, wenn ich nicht mehr für die Mode arbeiten müsste, und mir wurde zu meinem eigenen Erstaunen bewusst, dass ich überhaupt keine Freude mehr daran hatte. Gleichzeitig ängstige mich diese Erkenntnis auch ein bisschen, schließlich hatte ich mich und meine Tochter während all der vergangenen Jahre mit dieser Arbeit über Wasser gehalten, hatte damit das Haus, in dem ich wohnte, erschaffen und die Schulden meiner Mutter abbauen können, ja, sogar die beiden Alphütten in Gorda konnte ich mir mithilfe meiner Begabung in der Modebranche finanzieren. Was um alles in der Welt könnte diese Einnahmequelle ersetzen?

Ich verband mich mit Michael, und auf einmal hörte ich ihn fragen: »Was ist es, was du wirklich machen möchtest?«

Mir blieb der Atem weg, ja, ich war richtiggehend entsetzt. Schon allein der Gedanke, das zu tun, was ich mir wirklich wünschte, fühlte sich extrem bedrohlich an. Aber irgendwann kam aus meinem Innersten zu meinem eigenen Erstaunen die Antwort: »Ich möchte für Gott arbeiten.«

Ist es nicht eigenartig? Selbst ich, die ich bereits ein Stück weit durch die Schule der Engel gegangen war, erschrak vor meinem eigenen reinen Wunsch. Und später sollte ich lernen, dass es vielen Menschen ebenso geht. Warum ist das so? Warum fühlt es sich so bedrohlich an, wenn wir unseren eigenen, reinsten Wunsch äußern dürfen? Vielleicht weil wir dann Farbe bekennen müssen? Weil es dann keine Ausreden mehr gibt und wir für das, was wir tun, die Verantwortung übernehmen müssen? Weil es dann nicht mehr möglich ist, die »Schuld«, wenn etwas nicht so gut läuft, auf andere oder womöglich auf »die Umstände« zu projizieren?

Ich glaube, ich ahnte damals außerdem bereits, dass der eigene, reinste Wunsch auch immer eine Prüfung für uns bereithält, dass er uns an unsere Grenzen führt und es sich zeigen wird, ob wir bereit sein werden, diese zu überschreiten. Wer wird schon gern an seine Grenzen geführt?

In jener Massagesitzung war mir also klar geworden, dass ich von nun an für Gott arbeiten wollte. Aber was genau hieß das? Zwei Wochen nachdem ich diese Erkenntnis hatte, fuhr ich mit achtzehn anderen Teilnehmern in die Pyrenäen zu einem Leiter-Retreat, das Pir Vilayat an einem ganz wilden und ursprünglichen Ort mit uns hielt. Wie jeder andere hatte auch ich ein Gespräch unter vier Augen mit dem Pir. Bei dieser Gelegenheit erzählte ich ihm voller Begeisterung von den beiden Häuschen, die ich in den Tessiner Alpen wiederaufbaute. »Dort leite ich auch manchmal Retreats«, erzählte ich.

Pir Vilayat lehnte sich interessiert vor. »Wäre das vielleicht ein Ort für unser Sommercamp?«, fragte er.

Seit Jahren war er auf der Suche nach einem passenden Gelände für das inzwischen zur Tradition gewordene dreimonatige Zeltlager. Die Seminare und Workshops, die bis dahin alljährlich in den Bergen um Chamonix stattfanden, lockten viele Menschen aus ganz Europa an. Dieser Ort, an dem ich den Sufi-Orden kennengelernt hatte, war zwar schön gelegen und hatte eine gute Atmosphäre, doch war er äußerst schwer zu erreichen.

Das Sufi-Sommercamp in Gorda? Was für eine wundervolle Idee, dachte ich und war sofort Feuer und Flamme. Kurze Zeit später kam Pir Vilayat, um sich den Ort anzusehen. Die Alpweiden auf 1800 Metern Höhe um das Dörfchen Gorda mit seinen schiefergedeckten, sich an den Hang duckenden Häuschen und der winzigen, schlichten Kirche – das alles gefiel ihm außerordentlich.

»Es wäre wunderbar«, sagte Pir Vilayat und strahlte mich an, wie nur er zu strahlen vermochte, »wenn du das möglich machen könntest.«

Und so begann meine »Arbeit für Gott«.

Was braucht es, um eine solche Idee in die Tat umzusetzen? Es dauerte nicht lange, und ich bemerkte, dass für Gott zu arbeiten ziemlich prosaisch sein kann. Ich, die ich mich nur allzu gern in die Einsamkeit zurückzog, musste auf einmal Dinge tun, die ich immer vermieden hatte: mit Behörden verhandeln, Anträge schreiben, Gemeindevorlagen erstellen. Und so weiter und so fort.

Zum Glück hatte ich meinen guten Freund Meinrado im Tal von Aquila, zu dem Gorda gehörte. Er war auch ein Sufi, zwar von einer anderen Linie, aber hin und wieder sangen wir gemeinsam die Sufi-Gesänge, den sogenannten Zikr. Praktischerweise arbeitete Meinrado bei der Gemeindeverwaltung, und mit seiner Hilfe stellte ich unser Projekt den Behörden in Aquila vor. Leider wurde unser Antrag abgelehnt. Der offizielle Grund war, dass die Wiesen oben in Gorda als Weiden an den Alpbetrieb vermietet waren, der jeden Sommer das Gelände dort oben mit dem Vieh von mehreren Bauern der Gemeinde bewirtschaftete. Tatsächlich aber hatte unser Antrag die ansonsten so ruhigen Gemüter der Aquilaner offenbar erhitzt. Von Meinrado erfuhr ich, dass bei der Versammlung nicht viel gefehlt hätte, und die Gemeinderäte wären mit Fäusten aufeinander losgegangen. Offenbar wurde die Anwesenheit einer so eigenartigen Glaubensgemeinschaft wie die der Sufis nicht von jedermann gutgeheißen.

Spätestens da erkannte ich, dass es sich bei unserem Sommercamp um ein »Lichtprojekt« handelte, wie ich das nenne, das auch die Schatten tanzen lässt und die Meinungen polarisiert.

Was also tun? Ich sah mich nach anderen Plätzen in der Gegend um, und mit Meinrados Hilfe fand ich schließlich ein Gelände für das Camp in der Nähe des Lukmanierpasses. Es lag in der Gemarkung der Gemeinde Olivone, von der wir überraschend unkompliziert die Bewilligung erhielten, unser Sommercamp dort abzuhalten.

Wie kommt es, fragte ich mich, dass in der einen Gemeinde fast die Fäuste fliegen, wenn Sufis in der Nähe ein Sommercamp abhalten wollen, und nur ein paar Kilometer talaufwärts ist es kein Problem? Ich erfuhr, dass die Menschen von Aquila durch ihre Alpweiden, zu denen sie seit Menschengedenken ihr Vieh im Sommer hinauftrieben, immer einen gewissen Wohlstand genießen konnten. In Olivone dagegen sah es ganz anders aus. Hier gab es keine Alpweiden, und so trieb die Armut viele Einwohner dazu, in der Fremde ihr Glück zu versuchen und nach England oder Kalifornien auszuwandern. Einige waren zurückgekommen und hatten

Kapital mitgebracht – vor allem aber auch die in der Fremde gemachten Erfahrungen durch den Blick über die eigenen Täler hinaus. Sie selbst wussten, wie es ist, fremd in einem Land zu sein, hatten sich mit anderen Kulturen auseinandersetzen müssen. Das alles hatte sie großherzig gemacht. Nie gab es hier irgendwelche Konflikte, die wir nicht mit Gesprächen hätten beilegen können.

Nachdem wir also in Campra ein neues Zuhause für das Camp gefunden hatten, traf sich der engere Kreis um Pir Vilayat, um die weitere Organisation zu besprechen. Hier begegnete ich nach langer Zeit meinem alten Freund Zahir wieder, mit dem ich damals nach Indien aufgebrochen war. Zahir hatte einige Jahre in den USA gelebt und war eigentlich nur zu Besuch in Europa.

»Weißt du«, sagte er bei einem gemeinsamen Mittagessen zu mir, »ich bin jetzt dort zu Hause. Nach Deutschland möchte ich nie wieder zurück. Der einzige Ort, an dem ich es in Europa aushalten könnte, wäre das Tessin. Das hat mir schon immer gefallen.«

Bei unserer Besprechung am nächsten Tag schaute Pir Vilayat in die Runde. Sein Blick fiel auf Zahir.

»Es wäre gut«, sagte unser Pir zu ihm, »wenn du mithelfen könntest, das Camp im Tessin aufzubauen. Würdest du das tun?«

Zahir sah ihn mit großen Augen an. Seine eigene Lebensplanung sah eigentlich anders aus, das hatte er mir am Tag zuvor noch erzählt. Und doch entschied er sich nach reiflicher Überlegung dafür, der Bitte des Pir nachzukommen. Ich aber musste innerlich sehr lachen, denn nun führte seine neue Aufgabe ihn tatsächlich ins Tessin, die einzige Gegend Europas, in der zu leben er sich vorstellen konnte.

Gemeinsam übernahmen wir also die Leitung des Camps. Zahir kümmerte sich um die Organisation, und da hatte er alle Hände voll zu tun. Die Ausrüstung, die wir aus Frankreich aus der Zeit von Chamonix übernahmen, war nach all den Jahren nicht mehr als ein Schrotthaufen. Es brauchte neue Zelte, eine neue Struktur – im Grunde fingen wir ganz von vorn an. Es war ein Glück, dass sich Zahir dafür entschieden hatte mitzuarbeiten, denn er hatte ein großes Talent, das Camp zum Blühen zu bringen. In jenen Anfangsjahren war es hauptsächlich Pir Vilayat, der das Programm des Sommercamps gestaltete, und seine Meditationen und Vorträge zogen Menschen aus ganz Europa nach Campra.

Während sich Zahir um die praktische Seite des Camps kümmerte, fiel mir das Bürokratische zu. Meine erste Arbeit für Gott erforderte also ziemlich viel von dem, was ich am allerwenigsten mochte: Wir mussten einen Verein gründen, der das Camp offiziell veranstaltete, und da ich im Tessin lebte, war es einfach praktisch, dass ich diese Aufgabe übernahm. Das war die Geburtsstunde des Zenith Institute, das heute noch Träger des Sommercamps ist.

Damals hatte ich keine Ahnung, wie man so etwas macht, war aber entschlossen, es herauszufinden. Also musste ich mich durch die Paragrafen des Vereinsrechts wühlen, eine Satzung erarbeiten, mit den Behörden verhandeln, mit den Bauern und der Gemeinde Verträge schließen – kurz: lauter Dinge tun, die mir eigentlich zuwider waren.

Für Gott arbeiten

»Aha«, dachte ich. »Das gehört also auch dazu, wenn man für Gott arbeitet ...« Eigentlich hatte ich mir das ganz anders vorgestellt. Und natürlich kann es für einen anderen Menschen in einer anderen Situation auch ganz anders sein. Es dauerte eine Weile, bis ich begriff, dass es kein Zufall war, wenn ausgerechnet ich all diesen bürokratischen Kram aufgeladen bekam. Arbeiten wir für Gott, dann ist es sehr gut möglich, dass wir genau das zu integrieren lernen, was wir ablehnen. Was wir als unsinnig abwerten, will von uns akzeptiert und wertgeschätzt werden. Denn tatsächlich ist keine Aufgabe unsinnig, jede ist so wichtig wie die andere, wenn sie uns zum Ziel führt – ob man nun wunderschöne Gedichte schreibt, die Botschaften der Engel verbreitet oder mit der zuständigen Behörde für die Genehmigung von mobilen Toiletten und die Modalitäten von deren Entsorgung verhandelt.

Obwohl wir uns mit der Gemeinde grundsätzlich einig waren, wurden die Jahr für Jahr neu einzuholenden offiziellen Genehmigungen auf höherer Ebene immer komplizierter. Wir benötigten eine Art Dauerbewilligung, doch so etwas war in den Gesetzbüchern nicht vorgesehen. Irgendwann einmal fand ich mich in einem komplizierten und langwierigen bürokratischen Verfahren wieder, das mehr und mehr politisch wurde. Wir zogen einen Rechtsanwalt hinzu, der sich mit Erfolg bemühte, uns zu helfen. Irgendwann wurde mir aber bewusst, dass es bei aller bürokratischer Zähigkeit doch auch einige Beamte gab, die sich ehrlich bemühten, eine Lösung für unser Problem zu finden – und war sehr berührt davon. Ja, das Camp war vom Himmel wirklich gewollt, und zwar so sehr, dass wir in den höchsten Behörden einen Unterstützer, einen regelrechten »Engel« fanden, der in Bern für uns das Unmögliche möglich machte. Am Ende erreichten wir, was wir brauchten, und ich durfte mich von einer Menge Vorurteile verabschieden: nämlich dass Beamte und Rechtsanwälte grundsätzlich Langweiler und Verhinderer wären. Stattdessen lernte ich, dass es auch unter dieser Berufsgruppe Erdenengel gibt, die der Sache Gottes dienen.

Um den Verein »Zenith« gründen zu können, musste jemand den Vorsitz übernehmen, der seinen Wohnsitz im Tessin hatte. Und so beschloss Pir Vilayat, mich zur Präsidentin zu machen. Mir war von Anfang an wichtig, dass dies nicht an die große Glocke gehängt wurde, jahrelang wussten außer dem Pir und Zahir nur einige wenige von meinem Amt. Und doch trug ich immer einen Großteil der Verantwortung mit. So kam es, dass ich im Hintergrund viele Dinge ordnete und regelte sowie bei den meisten Entscheidungen beteiligt war. Und 1989 fand das Camp zum ersten Mal auf der Gemarkung von Olivone statt.

Der Grund, warum ich jahrelang so viel Zeit und Energie in die Realisierung des Camps investierte, ist ganz einfach: Ich selbst hatte Jahre zuvor im Camp, als es noch in der Nähe von Chamonix stattfand, solch einschneidende Erfahrungen machen können, die ich vielen anderen Menschen ebenso wünschte. Ihnen die Gelegenheit zu geben, durch Pir Vilayats Persönlichkeit mit der Praxis der allumfassenden Liebe Bekanntschaft zu machen und ihnen das Tor für Gotteserfahrungen und Begegnungen mit den Lichtwelten zu öffnen, war für mich eine lohnende und wichtige Aufgabe.

Pir Vilayat war ein Lehrer, dem es mehr um die Erfahrung ging, die seine Schüler machten, und erst in zweiter Linie um eine Lehre. Und diese Erfahrungen fielen bei jedem einzelnen Campteilnehmer anders aus. Pir Vilayat besaß die Fähigkeit, jedem Menschen, der bereit dazu war, den Wunsch seiner Seele zu erfüllen, indem er die Seele direkt mit dem Menschen verband. Oder modern ausgedrückt: Er half seinen Schülern, sich ganz individuell selbst zu verwirklichen. Ganz sicher wäre ich nicht so mutig dem Weg der Engel gefolgt, wenn ich nicht vorher als Schülerin von Pir Vilayat Inayat Khan diese Ebenen unbewusst schon erfahren hätte. Pir Vilayat liebt es, seine Schüler, die es wünschen, auf ihrem Weg weiter zu begleiten – selbst heute, auch nachdem er verstorben ist. So zeigte er mir nach seinem Tod einen der machtvollsten Heiligen Räume: den Raum der Magnifizenz, den wir später noch kennenlernen werden.

Für mich ist das Camp immer noch ein wichtiger Ort der Selbsterfahrung, auch wenn sich der Retreatprozess im Laufe der Jahre verändert hat – jeder Lehrer, der dort Kurse anbietet, prägt ihn auf seine Weise. Inzwischen kommen viele Teilnehmer auch nur aus der Freude an einer Gemeinschaft heraus, wo jeder Mensch angenommen wird, so wie er ist.

Einige Jahre nach der Gründung von Zenith gab ich das Amt der Präsidentin ab. Doch wenn ich glaubte, Pir Vilayat würde mich aus der Verantwortung entlassen, so hatte ich mich getäuscht: Er bat mich nun, den Sufi-Orden Schweiz zu leiten. Auch dieses Amt nahm ich an und sah meine Aufgabe darin, die Leiter der einzelnen Gruppen zu fördern. Im Rhythmus von zwei Jahren teilte ich dieses Amt lange mit meiner Sufi-Freundin Fatimabi, die heute in eigener Verantwortung das Zentrum Zürich leitet. Vor Kurzem übergab ich ihr die Leitung des Sufi-Ordens Schweiz ganz.

Sufismus als Segen für die Welt

Pir-o-Murshid erklärte die Notwendigkeit der Existenz der Sufis folgendermaßen: Gott ist eine für uns Menschen nicht fassbare Größe. Solange die Menschen aber versuchen, das Gottesbild in ihren unterschiedlichen Religionen zu fassen, projizieren sie die eigenen Fehler in Form von Feindschaft auf diejenigen, die eine andere Religion vertreten. Erst wenn es so weit ist, dass alle Menschen die Religionen und Glaubenssätze der anderen respektieren, wird es Friede auf der Welt geben. Und dies ist die Botschaft des Sufismus.

Der Sufismus ist eigentlich ein Segen – keine Lehre. Zum Sufismus wird man nicht bekehrt, denn es ist kein Glaube, sondern die Einladung, am Fortschritt der Menschheit mitzuarbeiten. In diesem Sinne ist der Sufismus hierarchisch – im eigentlichen Wortsinn, denn der Begriff »Hierarchie« heißt aus dem Griechischen übersetzt »heilige Führung«. Hierarchie bedeutet in diesem Zusammenhang also nicht eine Rangordnung, sondern die Gemeinschaft der Propheten und Heiligen, eine Art Orden, der uns aus der unsichtbaren Welt leitet – sofern wir dies wünschen. Und die Aufgaben eines Sufis sind die Verbreitung der Friedensbotschaft von Hazrat Inayat Khan und das Feiern des Universellen Gottesdienstes, in dem jede Religion ihren Platz hat.

Pir Vilayat hat immer geraten, die fremden Religionen zu studieren und sich in sie zu vertiefen. »Nur so«, sagte er,

»kann reine Annahme geschehen.« Darum steht in der Einweihung zum Sufi die Frage im Zentrum: »Willst du alle Religionen und ihre Propheten respektieren, alle Heiligen und alle Meister? Dann sage: Ja.«

Ich persönlich habe diesen Schritt erst sehr spät vollzogen, und zwar zu einem Zeitpunkt, an dem ich dachte, dass ich gar nicht mehr zu den Camps und Seminaren gehen würde, ungefähr ein Jahr nachdem ich meine Tochter geboren hatte. Es war noch bevor die Engel das Wort an mich gerichtet hatten. Ich war Pir Vilayat damals so dankbar für die Erfahrungen, die ich mit ihm machen durfte, dass ich die Sufi-Einweihung quasi als Bestätigung dafür angenommen habe, dass ich die Wahrheit in seiner Lehre erkannt hatte. Dabei machte ich eine überraschende Erfahrung: Die Einweihung ist denkbar einfach, der Meister stellte jene Frage, und ich beantwortete sie. Und doch war es mir, als hätte ich mit meinem »Ja« einen ganz bestimmten Raum betreten, so als sei eine Tür aufgegangen. Erst jetzt wurde ich wirklich Teil einer Gemeinschaft. An jenem Tag gab mir Pir Vilayat Inayat Khan den Namen »Waliha« – »Wali« bedeutet »der Heilige«. Wie sehr hatte ich mich getäuscht: Von nun an war ich dem Sufismus in der Ausprägung durch Hazrat Inayat Khan nur noch tiefer verbunden.

Hazrat Inayat Khan und sein Wirken auf dieser Erde bedeutet einen Großsegen für die Menschheit. Er brachte noch keine Lehre, sondern eine spirituelle Eröffnung, und die formulierte er in seinen Vorträgen und Schriften für ein Publikum der 1930er-Jahre. Aber gewisse Dinge sind ewig und auch heute noch wertvoll. Damals war der Sufi-Orden, den er begründete, noch geheim. Hazrat trug bereits alles in sich, und seine teils poetischen, teils mystischen Schriften enthalten die ganze Lehre, ohne sie dezidiert zu benennen. Für Hazrat war die Lehre noch ein Mysterium. Es war die Aufgabe seines Sohnes Pir Vilayat, diese Geheimnisse zu lüften und sie allen zugänglich zu machen.

Und an dieser Stelle möchte ich eine Geschichte aus dem Sufismus mit Ihnen teilen, die auch Pir Vilayat gern erzählt hat. Es ist die Geschichte vom Puppenhaus, und Pir Vilayat pflegte dazu zu sagen: »Hier ein kleiner Versuch, das Mysterium unseres Lebens zu erklären.«

Die Geschichte vom Puppenhaus

Eine Fee hatte einmal große Lust, sich zu amüsieren, und stieg zur Erde herab. Dort hatten Kinder ein Puppenhaus gebaut. Der Fee gefiel das, und sie wollte gern darin spielen. Sie versuchte, in das Puppenhaus hineinzugehen. Doch sie war viel zu groß.

Da sagte sich die Fee: »Na gut, ganz passe ich in dieses hübsche Ding nicht hinein – ich bin ja schließlich keine Puppe. Aber wenn ich mich in lauter kleine Teile aufteile, dann müsste es klappen. Ich werde einen Finger bei dieser kleinen Öffnung hineinschicken, einen anderen bei jener, und auf diese Weise werde ich jeden meiner Teile zu einer anderen Öffnung ins Puppenhaus hineinschicken.«

So löste sie sich in lauter verschiedene kleine Teile auf, und jedes kleine bisschen von ihr drang von einer anderen Seite ins Puppenhaus ein.

Wenn ein Teil auf den anderen traf, dann stießen sie aneinander, und das fanden sie überhaupt nicht schön.

So begannen die verschiedenen Teile der Fee miteinander zu streiten: »Wieso kommst du mir dazwischen? Das war mein Platz!«

Es gab Feenteile, denen gefiel es gut an einem bestimmten Ort des Puppenhauses. Aber irgendwann langweilten sie sich dort und wollten raus aus dem Puppenhaus – doch da waren andere Teile, die sagten: »Hiergeblieben! Du kannst hier nicht raus!«

Andere dagegen versuchten, einander hinauszudrängen, doch auch das ging nicht. So geriet das Ganze mehr und mehr ins Chaos, und keiner der Teile erinnerte sich mehr daran, dass sie einmal gemeinsam eine Fee gewesen waren.

Schließlich zog als Letztes das Herz der Fee ebenfalls in das Puppenhaus ein. Es beruhigte die anderen und sagte: »Ihr gehört zu mir. Ich möchte euch trösten, ich möchte euch dienen. Wenn ihr Sorgen habt, dann kommt einfach zu mir, und wenn ihr etwas braucht, dann gebe ich es euch. Ich weiß, wie schwierig es ist, in einem Puppenhaus zu leben.«

Manche aber sagten: »Wir haben überhaupt keine Sorgen! Wir haben eine Menge Spaß. Wenn es irgendwas gibt, was uns Kummer macht, dann nur, dass wir gern hierbleiben wollen. Die anderen haben Sorgen, wir nicht!«

Das Herz sagte: »Ist gut. Ich werde nach euch schauen, und auch ich werde Spaß haben. Die, die Sorgen haben, können auf mich zählen, und die, die Spaß haben wollen, denen werde ich auch dabei helfen.«

Das Herz war der einzige Anteil der Fee, der sich darüber bewusst war, dass seine Atome über das ganze Puppenhaus verstreut waren. Die Atome selbst jedoch hatten keine Ahnung davon, und doch fühlten sie sich alle von dem Feenherzen angezogen – bewusst oder unbewusst. So groß war die Macht des Herzens. Gerade so groß wie die Macht der Sonne, die eine dafür empfängliche Blume in eine Sonnenblume verwandeln kann. Ebenso verwandelte das Feenherz jedes ebenso empfängliche Atom in ein eigenes Herz. Und da jedes Herz selbst leicht und voller Leben war, konnte das Puppenhaus nicht mehr länger all die Herzen festhalten. So war es dem Herzen möglich, an der Freude im Puppenhaus teilzunehmen und gleichzeitig davonzufliegen, wenn ihm danach war. Am besten gefiel es dem Feenherzen aber, sich durch all die anderen Feenteile durchzuarbeiten, bis es jedes einzelne an seinen Ursprung als Teil der Fee erinnerte. Und als es auch das letzte Atom der Fee in ein Herz verwandelt hatte, war seine Aufgabe erfüllt.

ACHTES TOR

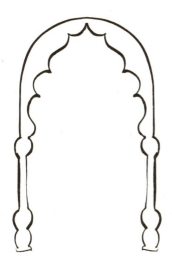

Die Verwandlungskraft der Liebe

*Lieben macht
nicht abhängig,
nicht genug
lieben schon.*

Im Dienste der Liebe

Diese Geschichte von der Fee im Puppenhaus beschreibt sehr schön, worin ich bis heute meine Aufgabe sehe: Menschen, die auf ihrer Suche nach der Wahrheit meine Wege kreuzen und von mir erfahren möchten, was der Himmel durch mich lehren möchte, an die Zusammenhänge zu erinnern, die größer sind als das Puppenhaus unseres Lebens und die wir alle einmal kannten. Im Englischen heißt »erinnern«

remember. Daran gefällt mir besonders, dass es eine doppelte, verborgene Bedeutung dieses Wortes gibt: *member* ist nämlich das Mitglied oder das Glied eines Körpers. Und so können wir das Wort *re-member* auch frei interpretieren als »zurückführen in einen gemeinsamen Körper«.

Denn im Grunde sind wir alle in dem Einen verbunden. Was diese Einheit zu einer solchen macht, ist die Liebe. Alles in unserem Leben kreist um die Liebe in ihren verschiedenen Ausprägungen. Ohne sie wären wir nicht auf der Welt, ohne sie wäre die Welt ein kalter, düsterer Ort. Die Engel lehrten mich, dass die Liebe viele Aspekte hat, und jeder ist ein Universum für sich. Die verschiedenen Aspekte der Liebe helfen uns, unsere unendlichen, verborgenen Fähigkeiten zu erkennen und zu entwickeln, um schließlich das zu tun, wonach wir uns alle sehnen: ein glückliches und erfülltes Leben zu führen, für uns selbst zum Segen zu werden und für unsere Umwelt ebenso. Die Engel nennen das »den Mutterkörper eröffnen«, was nichts anderes bedeutet, als wahrnehmend, fühlend und wissend zu werden.

Ein großes Missverständnis unserer Zeit ist, dass das Wort »Liebe« fast ausschließlich im Zusammenhang mit »Verliebtsein« und der Liebe zwischen zwei Partnern benutzt wird und es vielen nahezu unmoralisch vorkommt, es in einem größer gefassten Zusammenhang anzuwenden. Den Satz »Ich liebe dich« zu jemand anderem als zu seinem intimen Partner zu sagen kommt uns seltsam vor. Und doch engen wir den Begriff der Liebe damit viel zu sehr ein.

Denn Liebe, das Geliebtsein, bezeichnet eigentlich einen Zustand außerhalb des persönlichen Gefühls. Es ist ein Seinszustand, in dem das Reine fließen kann. Oder man könnte sagen: Lieben ist die erlöste Sehnsucht, die Praxis des Segnens.

Die Liebe ist auch ein wichtiger Bestandteil der Lehre Jesu Christi. Das Gebot »Liebe deinen Nächsten wie dich selbst« fügte er den Gesetzen des Alten Testaments neu hinzu – und eigentlich könnte man sagen, dass diese Aufforderung alle anderen Gesetze einschließt. Sind wir tatsächlich in der Lage, gleichermaßen uns und unser Gegenüber zu lieben, dann werden wir andere weder bestehlen noch betrügen, ihnen nicht nach dem Leben trachten und auch sonst alle anderen Gebote berücksichtigen. In diesem einen Satz ist eigentlich fast alles enthalten, was wir für ein glückliches Zusammenleben brauchen.

Die Selbstliebe

Zuallererst aber sind wir aufgefordert, uns selbst zu lieben, und das ist keineswegs so selbstverständlich, wie es zunächst klingt.
Lieben Sie sich selbst? So wie Sie sind – mit all Ihren Fehlern und Mängeln? Ihren Unzulänglichkeiten, Ihren Peinlichkeiten, Ihrem Versagen und Ihrem Scheitern? Mit all dem, was Sie sorgsam zu verbergen gelernt haben, vor sich und den anderen? Sich selbst zu lieben bedeutet, diese »Fehlerkinder«, die doch zu uns gehören, aus ihren dunklen Verstecken hervorzuholen, in aller Demut anzusehen – und anzunehmen. Ja, mehr noch: all diese Fehler, Peinlichkeiten, Versagens- und Scheitergeschichten *zu sein*. Zu ihnen zu stehen und zu sagen: »Ja, das bin ich. All das macht meine Persönlichkeit aus. Es gehört ebenso zu mir wie all das, worauf ich stolz bin.«
Es geht nicht darum, uns selbst zu quälen und kleinzumachen. Es geht darum, ganz zu werden. Und wie wir schon am

Anfang dieses Buches gesehen haben, halten unsere Fehler wertvolle Geschenke für uns bereit – durch sie erfahren wir, wo wir noch etwas zu lernen haben. Ein Mensch, der seine Selbstliebe *geworden* ist, lacht über seine Fehler und Mängel. Das Annehmen unserer Fehler schenkt uns außerdem ungeahnten Frieden mit unserem Umfeld. Denn im gleichen Maße, in dem wir unsere eigenen Fehler und Mängel vertreten, zu ihnen stehen, stören uns auf einmal die Fehler der anderen nicht mehr. Der Spiegel ist nicht länger nach außen gedreht, denn vorher lautete die Devise: »Nur ja nicht sich selbst anschauen.« Stattdessen werden wir gnädig: »Jaja, das ist halt seine Macke.« Schenken wir unseren eigenen Fehlern Annahme und Liebe, dann regen uns auch die der anderen nicht mehr auf. Im Gegenteil: Sind wir uns unserer eigenen Defizite bewusst, erscheint uns der andere fast sympathisch: »Ach ja, der auch. Willkommen im Club.« Denn das Kritisieren der Fehler bei anderen hat meist seinen Ursprung darin, dass wir so tun, als hätten wir keine. Oder dass sie uns an unsere eigenen Mängel erinnern, die wir doch so gern vergessen möchten.

Die Selbstliebe beginnt bei der Annahme unserer eigenen Unvollkommenheit, bei der Annahme unserer Makel und Fehler, unserer Unfähigkeiten, unserer Dummheit. Und statt gegen diese Unvollkommenheiten zu kämpfen, wäre es manchmal klüger, wenn wir ihnen Körper gäben, vielleicht Tierkörper. Dann könnten wir beispielsweise zu unserer Eitelkeit sagen: »Ja, ja, du liebe Gans, ist ja schon gut, du bist die Schönste und die Klügste.« Und zu unserer Knauserigkeit: »Ach, du lieber Drache, liegst du wieder auf deinem Gold und willst nichts hergeben? Alles ist gut, du darfst ruhig ein bisschen großzügiger sein.«

Wenn wir unseren Unfähigkeiten Körper zuordnen, so wie wir unserem Ego den Esel geschenkt haben, dann fällt es uns leichter, sie liebevoll zu betrachten und mit ihnen »in aller Freundschaft« umzugehen. Und statt andere zu kritisieren, könnten wir auch in unserem Umkreis diese Methode anwenden und die Fehler unserer Mitmenschen ebenfalls als »liebe kleine Biester« in unsere Menagerie mit aufnehmen und ihnen in Liebe begegnen. Sie werden sehen, auf einmal stören Sie diese Fehler Fremder nicht mehr so sehr. Sie sind zwar noch da, aber nicht mehr das Wichtigste, sondern einfach ein kleiner Teil in unserer Lebenswirklichkeit.

Die eigenen Fehler, die der anderen – bei vielen unserer Unvollkommenheiten wissen wir ja gar nicht, ob es wirklich unser ureigener, persönlicher Teil ist oder ob unsere Mitmenschen oder die Lebensumstände uns dazu zwingen, diese Fehler zu vertreten; denn wir sind ja alle miteinander durch ein großes energetisches Band verbunden. Wir alle reagieren aufeinander, und oft entstehen Spannungen und zwischenmenschlicher Stress gerade daraus. Beschuldigungen wandern hin und her und führen zu nichts. Viel einfacher lösen sich viele solcher Situationen, wenn wir unsere reine Liebe all unseren Fehlleistungen, Mängeln und Unvollkommenheiten geben – unseren und denen der anderen, denn wer kann schon entscheiden, wo hier die Grenzen verlaufen? Wir geben unsere Liebe den großen Fehlern und den kleinen, den offensichtlichen und denen, die sich geschickt verstecken oder tarnen, den eigenen und den fremden. Sie alle sind willkommen und geliebt. Das ist Selbstliebe.

Warum ist sie so wichtig? Es ist ein energetisches Geheimnis, dass wir erst dann unsere Vollkommenheit ertragen können, sie offenbaren und vertreten, wenn wir unsere Unvollkommenheit, unsere Fehler und Mängel, die genauso heilig sind, *zu sein* wagen. Das gehört nun mal zur Ganzheit dazu.

Übung: Der Lieblingsfehler

Schreiben Sie auf einem Blatt all Ihre Fehler auf. Wenn Sie damit fertig sind, suchen Sie sich den aus, der Ihnen am meisten auf die Nerven geht. Nehmen Sie ein neues Blatt Papier, und malen Sie in Ihrer Lieblingsfarbe ein schönes großes Herz darauf. Und nun schreiben Sie Ihren Lieblingsfehler in großen Buchstaben in das Herz. Hängen Sie sich das Blatt irgendwo hin, wo Sie es täglich sehen. Und immer wenn Sie es sehen, wiederholen Sie die Affirmation:

»*Mein Lieblingsfehler: Ich stehe zu dir. Du und ich, wir sind eins. Ich schenke dir meine Liebe.*«

Und wenn Sie das Gefühl haben, dazu nicht fähig zu sein, dann könnten Sie versuchen, gerade dieser Unfähigkeit Ihre Liebe zu geben:

»*Meine Unfähigkeit – ich schenke dir meine Liebe.*«

Die Sternenliebe

Was mich und meine Schüler in der reinen Bergluft von Gorda immer wieder besonders beeindruckt, ist der nächtliche Sternenhimmel. Und es war auch in dieser Einsamkeit, als mir die himmlische Führung ein ganz besonderes Geheimnis anvertraute: dass die Sterne und Planeten nicht einfach Klumpen von Materie sind, die irgendwo weit weg im Weltall kreisen, sondern dass sie uns etwas zu lehren haben – die Sternenliebe. Jeder einzelne dieser Himmelskörper vertritt eine eigene Qualität der Liebe. Und diese Sternenliebe kann uns helfen, das Ungute in unserem Leben zu ordnen. Wenn ich also beispielsweise von der Sonnenliebe spreche, dann ist das mehr als nur eine Metapher für einen bestimmten Aspekt der Liebe, die Sonne verkörpert diesen Aspekt als Energie. Wenn wir uns mit dieser Energie verbinden, können wir ihre Qualitäten aufnehmen, anwenden und verbreiten. Die Praxis der Sternenliebe kann sehr machtvoll und heilend wirken. Am besten probieren Sie selbst aus, wie diese lichtvollen Energien in Ihrem Leben ordnend wirken können.

Die Praxis der Sonnenliebe

Die Sonne steht für die Freundschaft – unabhängig davon, ob das Gegenüber gut oder ungut ist. Die Sonnenliebe eröffnet in der Praxis den Mut, uns so zu zeigen, wie wir sind: in all unserer Herrlichkeit und mit all unseren Mängeln. Sie erlöst uns von der Scham, von Unsicherheit und Furcht, denn in der Sonnenliebe darf alles so sein, wie es ist.

Das Sonnenlicht schenkt ihre Wärme dem Gauner ebenso wie dem Heiligen, es macht keinen Unterschied – es kann nur sein, dass Ersterer so viel Licht nicht erträgt und sich lieber im Schatten der Dunkelheit bewegt. So bringt die Sonne ans Licht, was ist, ohne zu werten.

Die Sonnenliebe gibt uns die Kraft, aus unserem Trott, unserem Unglück, unserer Unzufriedenheit herauszutreten. Sie schenkt den Mut, einmal etwas Neues auszuprobieren, neue Wege zu gehen. Wenn Sie Schwierigkeiten haben, Entscheidungen zu treffen, so wird Ihnen die Sonnenliebe helfen. In ihrem Licht liegt alles klar auf der Hand; und die Furcht, einen Fehler zu begehen, löst sich auf. In der Sonnenliebe ist ohnehin alles richtig – sie bedeutet die Auflösung vom Werten in »Richtig« und »Falsch«.

Gerade darum ist die Sonnenliebe auch da ein probates Mittel, wo Ihnen Menschen Schwierigkeiten machen. Wir alle kennen das: Wir fürchten uns geradezu davor, Menschen zu begegnen, mit denen wir bereits eine Geschichte von Erfahrungen teilen, die nicht die besten waren. Segnen Sie vor einer erneuten Begegnung mit einem solchen Menschen, einem schwierigen Meeting, einer Verhandlung und so weiter die Sonnenliebe, und alles wird leichter: Sie werden in der Lage sein, zu sich selbst zu stehen, werden als Freund in die Verhandlung gehen, nicht als Gegner, und dennoch nicht die nötige Distanz verlieren. Der Andere wird Ihren Respekt erfühlen, aber ebenso auch Ihren Standpunkt, Ihre Sicherheit, Ihre Kompetenz wahrnehmen. Die Sonnenliebe zu segnen ist das Ende der Konkurrenz und der Machtspiele, sie erlaubt ein Miteinander, in dem jeder vom anderen gewinnen kann.

In der Sonnenliebe fallen Sie dem Gegenüber nicht gerade um den Hals, Sie schließen keine Busenfreundschaften, Sonnenliebe schafft auch nicht die Basis für Vertraulichkeiten – vielmehr fördert diese Liebesenergie den gegenseitigen Respekt und das Wohlwollen zugunsten eines gemeinsamen Ziels. Sind Sie in der Energie der Sonnenliebe, dann gibt es nichts, wofür Sie sich schämen müssen. Die Sonnenliebe lehrt Sie, Ja zu sagen oder Nein, gerade so, wie es für Sie stimmt, und doch verletzt sie niemals, ist nicht aggressiv oder hochmütig.

Sind Sie in der Energie der Sonnenliebe, dann kennen Sie keine Müdigkeit, nichts ist Ihnen zu viel; wenn es sein muss, können Sie mühelos 24 Stunden an einer Aufgabe arbeiten, so lange, wie es eben nötig ist. Denn die Sonnenliebe wird dann zu einer Quelle an Energie, die im Takt Ihres Herzens fließt, und das im Überfluss, wenn Sie sie großzügig weitergeben und teilen, ohne zu werten wie: »Dem schon, aber dem anderen nicht.« Denn so, wie die Sonne für alle scheint, so kennt auch die Sonnenliebe keine Ablehnung, keine Nichtannahme.

Wollen wir aber gesehen und gelobt werden für das, was wir in dieser Energie erschaffen, dann werden wir müde, das Ego verhindert den Fluss, und die Energie wird unterbrochen.

Die Sonnenliebe zu praktizieren bedeutet somit, zu sich zu stehen, seinen Vollkommenheitsteil zu inkarnieren, sich selbst zu verwirklichen im Dienste einer Sache, einer Idee, eines Ziels. Und da ist jeder andere willkommen, der dasselbe Ziel verfolgt und etwas beizutragen hat. Die Sonnenliebe hilft also, ein Ziel zu erlangen, ohne die Feindschaft gegenüber einem anderen heraufzubeschwören. Ihre Praxis fördert die Tendenz, den anderen anzuerkennen und zu loben, sie fördert das Miteinander, die Gemeinschaft, das Team.

Was in der Sonnenliebe nicht möglich ist und ihre Energie sofort unterbricht, ist das Klagen und Jammern. Haben Sie vielleicht Themen, Geschichten, Erlebnisse, über die Sie immer wieder lamentieren? Sich beschweren? Alte Wunden, die Sie austreten und zu einem wahren Jammertal haben werden lassen mit sumpfigen Landschaften, in denen Sie stets aufs Neue selbstquälerisch herumwaten? Es gibt wahrscheinlich niemanden auf der Welt, der so etwas nicht kennt. Was tun mit einem solchen Jammertal, das uns immer wieder magisch anzieht und in seinen Morast ziehen will? Das Segnen der Sonnenliebe ist auch hier ein wunderbares Heilmittel, denn die Strahlen der Sonne legen mit der Zeit selbst den schlimmsten Jammersumpf trocken – wenn auch nicht von heute auf morgen. Verzichten Sie konsequent auf das Beklagen und Beschweren, konzentrieren Sie sich stattdessen auf ein konkretes Ziel, dann ist die Sonnenliebe in der Lage, das Terrain Ihres alten Schlamms in eine blühende Landschaft zu verwandeln.

Für die Sonne ist nichts zu groß, noch ist für sie etwas zu gering. Nichts wird zu viel, und nichts ist zu wenig. Die Praxis der Sonnenliebe bringt das richtige Maß, so wie es im Augenblick richtig ist. Und so fördert sie auch unsere Zufriedenheit, unser Glück, unsere Ausgeglichenheit.

Im menschlichen Körper entspricht die Energie der Sonnenliebe der Schulter. Stehen wir nicht zu unserem Selbstwert, ziehen wir die Schultern nach vorn. Ruhen wir uns zu wenig aus und überfordern wir uns, lassen wir uns ausnutzen, zu viel aufbürden. Wehren wir uns nicht gegen Ungerechtigkeiten, dann schlägt sich das in den Schultern nieder: Verspannungen und Schmerzen sind die Folge.

Kommt Ihnen das irgendwie bekannt vor? Willkommen im Sonnenliebe-Segens-Club.

Übung: Die Sonnenliebe segnen

Sie stehen vor einem Problem? Dann ist das der richtige Moment, um die Sonnenliebe ganz praktisch kennenzulernen.

Ich atme in der Sonnenliebe ein.
Und ich atme in ihr aus.

Und mit dem Ausatmen lasse ich alles los, was mich beschwert und belastet. Ich fühle, wie sich die Energie der Sonne in meinem Körper ausbreitet, golden und warm. Diese Energie, dieses Licht durchdringt jede Zelle meines Körpers und löst mit seiner Wärme und Klarheit auch die kleinste Blockade auf.

Ich atme in der Sonnenliebe ein.
Und ich atme in ihr aus.

Und mit meinem Ausatmen erlaube ich der Sonnenliebe, meine Gefühle zu durchdringen, meine Ablehnung, meinen Ärger, meine Ängste, meine Enttäuschung – was immer auch in mir ist – aufzulösen und zu schmelzen, so wie die Sonne im Frühjahr die letzten Reste von Schnee und Eis schmilzt. Bis auch mein Gefühlskörper ganz und gar von der Energie der Sonnenliebe durchdrungen ist.

Ich atme in der Sonnenliebe ein.
Und ich atme in ihr aus.

Und mit meinem Ausatmen verstrahle ich die Sonnenliebe auf alles, was mir im Moment Probleme schafft: auf einen Menschen, einen Sachverhalt, ein Projekt – was auch immer. Und ich spreche zuerst im Stillen, dann laut den Segen:

> Ich segne meine Sonnenliebe
> weit und breit, hoch und tief.
> Mögen alle Menschen
> von der Sonnenliebe
> durchdrungen sein.
> Amen.

Die Praxis der Mondliebe

Geht ein Jahr zu Ende, und ein neues zieht herauf, dann halten wir oft inne und schauen zurück: Was ist aus unseren guten Vorsätzen geworden? Aus all den Plänen und Ideen, die uns ein Jahr zuvor erfüllt hatten? Was davon haben wir in die Tat umgesetzt, und wovon haben wir wieder einmal nur geträumt?

Erinnern Sie sich an den Unterschied zwischen dem Traum- und dem Wunschhimmel? Die Energie der Mondliebe ist hier die passende Praxis. Sie hilft uns, die Sehnsucht nach etwas zu überwinden und stattdessen die Erfülltheit zu ertragen. Das heißt auch, dass wir in der Mondliebe die Kraft erhalten, die nötigen Schritte zu tun, damit wir von dem Gewünschten nicht nur träumen, sondern es auch tatsächlich verwirklichen. Sie fördert den Mut, die Tatkraft, die Entschlossenheit, unsere Sache selbst in die Hand zu nehmen und nicht mehr darauf zu warten, dass irgendjemand oder irgendetwas uns die Wünsche erfüllt. Die Mondliebe gibt uns den Mut, um zu unseren Wünschen zu stehen. Das gilt auch für den Wunsch nach einer erfüllten Partnerschaft.

Das ist manchmal gar nicht so einfach. Es ist leichter und oft angenehmer, sich etwas sehnlichst zu wünschen, von etwas zu träumen, als sich aufzuraffen und in der realen Welt dafür zu kämpfen, dass etwas Wirklichkeit wird. Die Mondliebe hilft uns dabei, unsere Träume zugunsten ihrer Verwirklichung zu opfern, das Sehnen zu beenden und die nötigen Schritte zu finden, um das Gewünschte zu erhalten.

Auf dem Weg dahin hält die Alchemie der Mondliebe so manche Überraschung für uns bereit: Es kann zum Beispiel sein, dass wir erst lernen müssen, auf etwas vollkommen zu verzichten, um es dann tatsächlich zu erhalten. Das Geheimnis lautet: Ertragen Sie das Nichterhalten, ertragen Sie auch das Erhalten. Das klingt paradox, doch dahinter steht ein energetisches Gesetz. Das Werden und Vergehen des Mondes in seinem Zyklus bedeutet als Praxis, sich selbst in der Zukunft vorauszuerleben – was sein wird –, um die Erfülltheit ertragen zu lernen. Denn die Erfülltheit fordert das Opfer, die Unerfülltheit loszulassen; und paradoxerweise ist das meist unglaublich schmerzhaft. Oft ist es für die Menschen einfacher zu verzichten, als die Wunscherfüllung in ihrem ganzen Ausmaß zu ertragen. Denn wenn wir uns lange genug etwas sehnlichst gewünscht haben, haben wir uns gut eingerichtet in diesem Zustand. Wird der Wunsch auf einmal wahr, stellt sich unser gesamtes Leben auf den Kopf. Und wie wir bereits wissen, enthält der Wirklichkeit gewordene Wunsch stets auch seinen Fehler- und Mangelteil. Die Praxis der Mondliebe hilft uns bei beidem: Sie unterstützt uns dabei, dass wir uns unsere Wünsche tatsächlich erfüllen. Und außerdem gibt sie uns die Kraft, dies auch tatsächlich zu ertragen und damit klarzukommen, dass unsere Wunscherfüllung nicht bis ins Letzte perfekt ist.

Die Mondliebe ist also eine Energie der Wunscherfüllung. Und da wir Menschen uns zwar immerzu alles Mögliche wünschen, uns aber in unserer Fähigkeit, die Erfüllung unserer Wünsche wirklich anzunehmen, grenzenlos überschätzen, hilft es, wenn wir dabei nicht nur an uns denken, sondern an die Gemeinschaft, in der wir leben. »Ich segne meinen Wunsch mit meiner Mondliebe«, heißt dann die Praxis, »zum Wohl der ganzen Menschheit. Mögen sich alle Menschen die Geschenke der Mondliebe ganz und gar erlauben.«

In vielen spirituellen Traditionen ist es üblich, vom eigenen Reichtum einen bestimmten Prozentsatz an die Armen abzugeben. Der Hintergrund dafür ist nicht nur die Nächstenliebe und Barmherzigkeit. Das Geben erleichtert es uns auch, die Segen der Mondenergie anzunehmen und die Erfülltheit zu ertragen. Viele reiche Menschen haben das erkannt und immer einen Teil ihres Vermögens in eine Stiftung zugunsten bedürftiger Menschen investiert. Ob bewusst oder unbewusst, haben sie damit die Voraussetzungen geschaffen, dass die Quelle ihrer eigenen Reichtumsenergie nicht versiegt.

Übung: Die Mondliebe segnen

Um sich die eigenen Wünsche wirklich zu erlauben, praktizieren wir die Mondliebe.

Ich atme in der Mondliebe aus.
Und ich atme in ihr ein.

Mit dem Ausatmen lasse ich alle Sehnsucht und Unerfülltheit los. Und mit meinem Einatmen sage ich mir: »Ich darf. Ich darf wünschen. Was ist mein größter Wunsch?«

Ich atme in der Mondliebe aus.
Und ich atme in ihr ein.

Mit meinem Ausatmen erlaube ich der Mondliebe, den Weg zu bescheinen, der mich zur Erfüllung meines Wunsches führt, zu meinem Ziel. Und ich spreche zuerst im Stillen, dann laut den Segen:

> Ich segne meinen reinen Wunsch
> mit meiner Mondliebe:
> Es sei!
> Zum Wohl der ganzen Menschheit.
> Mögen sich alle Menschen
> die Geschenke der Mondliebe erlauben
> und von ihr ganz und gar
> durchdrungen sein.
> Amen.

Auch die anderen Planeten schenken uns besondere Aspekte der Liebesenergie, die unser Leben und unsere Umwelt ordnen und bereichern. In diesem Buch wollen wir es bei der Sonnen- und der Mondliebe belassen. Beide sind unschätzbare Helfer, damit wir selbst uns unsere Wünsche erfüllen.

Bei dieser Art von energetischer Arbeit geht es darum, die verschiedenen Liebeskörper mit ihren jeweiligen Qualitäten zu aktivieren. Das ist ein Prozess, ein Werden. Je mehr wir diese Praxis anwenden, desto mehr ordnet sich unsere Umwelt. Der Grund dafür ist ganz einfach: Durch das Segnen der verschiedenen Aspekte der Liebe ordnen wir uns selbst, unseren physischen Körper, unsere Gefühlswelt und verbinden uns gleichzeitig stets mit der Quelle all dieser Liebesenergien. Und da unsere Umwelt der Spiegel unserer Innenwelt ist, ordnet die sich fast wie von allein ebenfalls.

Die Praxis der All-Liebe

Hazrats Botschaft kreist im Grunde vor allem um die Liebe in ihrer umfassendsten Form: der All-Liebe. Diese All-Liebe ist das tiefste Geheimnis und die wirkungsvollste Praxis, die uns der Himmel lehrt. Man könnte sagen: Sie ist der Schlüssel und die Lösung all unserer Schwierigkeiten.

Mit All-Liebe ist kein Gefühl gemeint, nichts, was wir tatsächlich empfinden können. Das heißt nicht, dass wir keine Gefühle haben können, wenn wir in der All-Liebe sind – aber die sind dann die Folge der All-Liebe, nicht sie selbst. Statt eines Gefühls beschreibt die All-Liebe eher eine Haltung zum Leben überhaupt. In der All-Liebe zu sein bedeutet, *alles zu sein und alles anzunehmen, so wie es ist.*

Sind wir in der Haltung der All-Liebe, dann befinden wir uns ganz im Hier und Jetzt. Wir können uns Fragen zu unserer gegenwärtigen Situation stellen wie »Was ist jetzt?«, »Was geht vor?«, »Was geschieht gerade energetisch?«, »Was ist der Hintergrund der gegenwärtigen Situation?« und so weiter, und wir werden die Antwort wissen. Die All-Liebe verhilft uns zur Erkenntnis dessen, was gerade ist – bei uns und bei unserem Gegenüber, je nachdem, worum unsere Frage kreist.

Das ist deshalb möglich, weil die All-Liebe kein »Dagegen« kennt. Als ganze Annahme kritisiert sie nicht und hat keine Meinung. Sie stemmt sich nicht gegen etwas, sie lehnt nichts ab. Und das ermöglicht ihr, die Fehler – egal, ob es unsere eigenen sind oder die der anderen – als das zu erkennen, was sie tatsächlich sind, und zwar samt Ursache und Hintergrund.

Um diese Haltung der ganzen Annahme, der All-Liebe, zu verinnerlichen, müssen wir etwas tun, was vielen von uns sehr schwerfällt: Wir müssen über »unseren eigenen Schatten« springen. Mehr noch: Wir müssen unseren Schatten, unsere eigene Unvollkommenheit in Liebe integrieren. Das Werten in Gut und Schlecht, Richtig und Falsch, Schön und Hässlich und so fort müssen wir ganz und gar hinter uns lassen. Aus diesem Grund möchte ich nochmals wiederholen, dass die All-Liebe kein Gefühl ist, denn Gefühle sind immer polarisierend. In der All-Liebe sind diese wertenden Gefühle gänzlich aufgehoben, sodass der Unterschied zwischen Recht und Unrecht, Gut und Böse und dergleichen entfällt. Das Geheimnis der All-Liebe ist, dass sie Unrecht und Recht gleichermaßen annimmt. Alles wird im wahrsten Sinn des Wortes gleichwertig.

»Wie soll das möglich sein?«, fragen Sie sich jetzt vielleicht. »Wie soll ich Ungerechtigkeiten lieben können?« Mit dem Verstand ist die All-Liebe nicht erfassbar. Wieder einmal kommt hier unser Ich, unser Ego-Esel, ganz schön aus seiner Bahn. Und doch ist es nur ein kleiner Schritt über einen scheinbar unüberbrückbaren Abgrund: der Schritt der ganzen, bedingungslosen Annahme ohne Wenn und Aber. Zuerst bei uns selbst und dann gegenüber allem anderen, ohne Unterschied, ohne Bedingung – das ist die Essenz der All-Liebe.

Es ist nicht unsere Herzensliebe, die wir hier geben, sondern wir tauchen ein in die Haltung der All-Liebe, die die Schöpfung durchdringt und die Gott für die Menschheit vorgesehen hat: Zunächst einmal nimmt er uns alle an, einfach so, wie wir sind, ohne Wertung, ohne Ablehnung. Und darum ist es die All-Liebe ganz allein, die in der Lage ist, in der besten Weise mit Hass und Zerstörungskraft umzugehen. Wir haben diese Praxis der Annahme und ihre Stärke schon im

Zusammenhang des richtigen Umgangs mit unseren Fehlern kennengelernt. Wir haben erkannt: Wollen wir sie um jeden Preis bekämpfen, werden sie nur umso stärker. Ebenso verhält es sich im Außen: Kämpfen wir gegen das, was wir als negativ empfinden, an, dann füttern wir es unbewusst mit zusätzlicher Energie, und der Konflikt wächst, statt sich zu beruhigen. Druck erzeugt Gegendruck – am Ende dieser Kette steht dann im Weltgeschehen irgendwann einmal der Krieg zwischen Völkern und Kulturen.

Die All-Liebe bedeutet nicht, kritiklos einfach alles hinzunehmen. Ganz im Gegenteil – wir sind in der Haltung der All-Liebe erst wirklich in der Lage, die Situation richtig einzuschätzen. Sie hilft uns, aus dem Kreis des persönlichen Involviertseins herauszutreten und die Lage von einer übergeordneten Warte aus einzuschätzen. In der Haltung der All-Liebe können wir auf einmal klar erkennen, warum der andere uns so feindselig gegenübertritt und was der tatsächliche Hintergrund des Konflikts ist. Im Grunde trägt die Haltung der All-Liebe bereits die Lösung aller Schwierigkeiten in sich. Sie werden staunen, wie leicht sich Situationen entspannen, ganz allein deswegen, weil Sie Ihrem Widerpart keine Gegenenergie mehr liefern. Stattdessen halten Sie ihn sich mit der All-Liebe »vom Hals«.

Die Praxis der All-Liebe bringt es nämlich mit sich, dass der andere uns nicht mehr erreichen, nicht mehr provozieren oder gar wehtun kann. Jeder kennt das Beispiel vom Streit mit dem Nachbarn um Nichtigkeiten, der sich über Jahre hinweg steigert. Klassisch ist der Zank um Äste, die über die Grundstücksgrenze wachsen. Wenn wir nicht erkennen, dass eigentlich ein ganz anderer Konflikt hinter der Forderung steckt, wir möchten gefälligst einen Ast an unserem Baum absägen, werden wir immer verlieren. Da ist der andere dann fähig, bei Nacht und Nebel den ganzen Baum umzusägen oder eine andere Gemeinheit zu begehen. Und zwar genau das, was Sie am meisten trifft.

Gegen diese Dumpfheit, wie ich den Zustand solcher Streithähne bezeichne, die Freude am Zanken haben, sodass ihre Energie so dumpf und dunkel ist wie die berühmten Schwarzen Löcher im Weltall, hilft einzig und allein die Praxis oder die Haltung der All-Liebe. Unser Mantra lautet in diesen Fällen: »Ich segne dich mit meiner All-Liebe.« Unsere eigene, persönliche Liebe ist darin nicht involviert. Wie sollten wir unseren dumpfen Nachbarn auch lieben? Eine solche emotionale Selbstüberforderung ist nicht gemeint. Die All-Liebe segnen bedeutet, die Arena zu verlassen, den Fehdehandschuh nicht aufzunehmen, ihn nicht einmal wahrzunehmen. Denn die Dumpfheit hat nur Freude daran, uns zu quälen, wenn ihr das auch tatsächlich gelingt. Praktizieren wir die Haltung der All-Liebe, sind wir keine Zielscheibe mehr für ihre Giftpfeile, und die Bosheiten und Angriffe laufen ins Leere. Für Spiele braucht es immer zwei. Segnen Sie Ihren Kontrahenten mit der All-Liebe, steigen Sie aus dem Spiel aus. Vielleicht dauert es noch eine Weile. Früher oder später aber wird die Dumpfheit die Freude an dem Spiel verlieren.

Die All-Liebe ist aber mehr als eine Praxis des richtigen Umgangs mit Hass und Dumpfheit. In ihr ist noch ein weiteres Geschenk an uns verborgen. Denn Hass oder Dumpfheit begegnen uns nicht zufällig. Die Frage, die wir uns stellen müssen, lautet: »Was wage ich da noch nicht anzunehmen?« Wir sind ja meist blind gegenüber unseren eigenen Defiziten, gegenüber dem, was wir noch nicht integriert haben. Und so zeigt uns die All-Liebe, wo unser nächster Fortschritt sein könnte, wenn wir die Hintergründe für den Konflikt erkennen, in dem wir uns wiederfinden. Darum ist die All-Liebe auch eine Kraft, die uns hilft, unsere verborgenen Schätze zu entdecken, eine Energie, die nicht fassbar ist und doch alles ins Richtige ordnet.

Der Schlüssel zur All-Liebe ist die Erfahrung, dass wir selbst vom Allerreinsten – von Gott – in genau dieser Weise geliebt sind. Es ist die demütige Erkenntnis: »Ich bin tatsächlich geliebt und angenommen mitsamt meinen Fehlern und Mängeln – einfach so, ohne Bedingung, ohne Rückhalt.« Ebenso demütig müssen wir darauf verzichten, mehr geliebt sein zu wollen als irgendein anderer. Wir müssen die Illusion aufgeben, besser zu sein als unsere Mitmenschen. Die All-Liebe ist für alle gleich, nimmt alle gleich an, durchdringt die Schöpfung weit und breit, das Besondere und das Gewöhnlichste gleichermaßen.

All-Liebe ist also eine Macht außerhalb des Denkens und Fühlens. Und es gibt nur eine einzige Art, sie zu erleben: in der Verbindung mit dem Göttlichen in uns, unserem Vollkommenheitsteil.

Wir Menschen möchten immer so sein wie Gott. Und doch: Stehen wir nicht in aller Unschuld zu unserem reinsten Fehleranteil, der uns von Gott unterscheidet, unserem ganz persönlichen irritierenden Reibungspunkt, dann ertragen wir die All-Liebe nicht.

So gesehen sollten wir all dem, was wir negativ bewerten – der Dumpfheit, dem Hass, den vielen kleinen Irritationen des Alltags –, dankbar sein. Sie spiegeln uns unsere eigenen Defizite wider und eröffnen uns die Tore, die zu durchschreiten wir noch nicht gewagt haben.

Und je nachdem, wie weit wir mit unseren eigenen Fehlern, unserem eigenen Reibungspunkt, ganz geworden sind, ist auch die Begegnung mit dem letzten und schrecklichsten Menschen in Liebe und Ehrfurcht möglich – in der ganzen Annahme.

Gebet: Der All-Liebe-Segen

Ich segne die Kraft meiner Liebe,
ich segne meine All-Liebe.

Und ich verneige mich demütig vor meinen eigenen Fehlern,
vor all dem, was mein Gefühl irritiert und aufwühlt.

Ich verneige mich vor dem Göttlichen,
das mich annimmt in der All-Liebe,
so wie ich bin,
so wie es die gesamte Schöpfung mit seiner All-Liebe durchdringt.

Und so wie ich meine eigenen Fehler und Mängel,
geliebt vom Göttlichen,
liebe und annehme,
tauche ich ein in die Energie der All-Liebe,
die alles durchdringt,
und gebe sie weiter
an alles und jeden.
Amen

Die Reine Liebe

Die Reine Liebe ist die ideale, die unschuldige Liebe. Sie ist mit den Engelssphären und den reinen Wesen verbunden, und darum bekommen wir ganz besonders in der Begegnung mit einem Neugeborenen eine Ahnung von ihrer Qualität. Wenn wir auf die Welt kommen, bringen wir diese Aura der Reinen Liebe unverfälscht mit, und sie umgibt uns noch einige Monate, bevor sie in den Hintergrund tritt und von anderen, irdischeren Erfahrungen überlagert wird. Dies sind vor allem schmerzliche Erfahrungen der Trennung – der Trennung von der Mutter und im tieferen Sinne die Trennung aus der Einheit, in der sich unsere Seele vor der Menschwerdung befand. Doch die Erinnerung an die Erfahrung der Reinen Liebe in der Ganzheit, in der Vollkommenheit, verschwindet nie ganz und gar. Es bleibt ein Rest, eine Ahnung oder eine unbestimmte Sehnsucht nach diesem Zustand, der uns zu Suchenden macht, um diese Qualität wiederzufinden. Wir alle kennen das: Es gibt Orte, an denen wir uns dieser Qualität näher fühlen, bestimmte Menschen, die die Sehnsucht in uns wachrufen, manchmal ist es Musik, die eine Saite in uns zum Klingen bringt – es gibt viele Manifestationen des Reinen, und auch wenn wir schwer festmachen können, was dieses Reine eigentlich ist, so haben wir doch eine Antenne dafür, wenn wir ihm begegnen.

Während meiner himmlischen Schulung war es genau das, was die Engel in großer Geduld in mir erweckten und freilegten – den Kanal der Reinen Liebe. Sind wir in der Reinen Liebe, dann sind wir in Zusammenarbeit mit dem Göttlichen und dienen dem Heiligen. Diese Zusammenarbeit schenkt große Zufriedenheit und macht sehr glücklich.

Die Reine Liebe erlaubt es uns außerdem, in die Heiligen Räume einzutreten. Einen dieser Räume haben wir bereits kennengelernt: den Raum des Friedens. Doch es gibt noch weitere Räume, die uns helfen, an unsere Quellen zu gelangen, um uns selbst und unsere Umwelt auf wunderbare Weise zu ordnen. Denn die Reine Liebe hilft uns, toleranter gegenüber unserer »Auch-Welt« zu werden, gegenüber all dem in unserem Leben, was nicht unserem Ideal entspricht.

Die Geschichte vom Licht der Reinen Liebe

Ein junger Mann, wir wollen ihn Hans nennen, ging jeden Morgen auf dem Weg zu seiner Arbeit an einem bestimmten Haus vorüber. Eines Tages bemerkte er ein geheimnisvolles Licht, das aus einem der Fenster erstrahlte.

»Was mag das nur für ein Licht sein?«, fragte er sich.

Auch am nächsten Tag war das Licht noch da und an den folgenden ebenfalls. Doch immer wenn Hans ganz nah an dieses Haus herantrat und durch jenes Fenster schauen wollte, verschwand das Licht.

Eines Tages öffnete sich die Tür, und ein Mann trat heraus. Hans wollte seinen Augen nicht trauen, denn dieser Mann erstrahlte in jenem wunderbaren Licht, das Hans so faszinierte. Der Mann trat auf Hans zu, der ihn staunend anstarrte, und sprach ihn an: »Ist das nicht ein herrlicher Morgen?«

»Der Tag ist wirklich wunderbar«, sagte Hans, als er seine Sprache wiedergefunden hatte. »Doch noch viel wunderbarer ist das herrliche Licht, das jeden Tag aus Ihrem Fenster strahlt. Und ... wie soll ich das sagen ...?

Dieses Licht – es sieht fast so aus, als trügen Sie es in sich. Was hat es damit auf sich?«

Der Licht ausstrahlende Mann lächelte. »Ja«, nickte er, »ich weiß, mein Herz sagt mir, dass Sie dieses Geheimnis gern ergründen würden. Doch ist Ihre Sehnsucht größer, mit Ihrem Verstand zu begreifen, was Sie da sehen, als das Geheimnis des Lichts in Ihrem eigenen Herzen zu erfahren.«

Hans hörte staunend zu. »Ist das denn möglich?«, fragte er schließlich. »Ich meine, kann auch ich ein solches Licht haben?«

»Warum nicht?«, fragte der Mann. »Aber Vorsicht: Dieses Licht kann nur im Herzen ertragen werden und als Liebe strahlen zum Wohle der ganzen Menschheit. Will es jemand aber egoistisch für sich selbst benutzen, dem verbrennt dieses Licht das Körperhaus.«

Hans ging nachdenklich neben dem Mann mit seinem sonderbaren Licht her.

»Ich möchte es gern in meinem Herzen tragen«, sagte er schließlich. »Doch ich weiß nicht, wie ich das machen soll.«

Der Mann blieb stehen und sah Hans geradewegs ins Gesicht. Sein Licht war so lieblich und so wohltuend, dass Hans ganz in seinem Anblick versank.

»Wenn es dir ernst ist«, sprach der Mann leise, »dann will ich gern die Gnade an dich weiterschenken. Auch du sollst es haben, dieses Herzenslicht. Zuerst jedoch muss dein Herz selbst den Wunsch haben, dieses Licht zu erlangen, und nicht nur dein Verstand. Das Herz aber hat das Recht, alles zu wissen, alles zu haben, was immer es wünscht.«

»Dann ist es also keine Wunderlampe?«, fragte Hans.

Der Mann lachte. »Ein Wunder ist es schon, wenn sich die Reine Liebe in einem Herzen eröffnet, um als heiliges Licht auf die ganze Welt auszustrahlen. Komm morgen zu mir, und wir werden weitersehen.«

Hans konnte die ganze Nacht nicht schlafen. Am anderen Tag ging er sofort zu jenem Haus, das er nun zum ersten Mal betreten durfte. Der Licht ausstrahlende Mann hieß ihn willkommen und bat Hans, ihm gegenüber Platz zu nehmen. Feierlich nahm der Mann ein Amulett von seinem Hals und legte es auf den Tisch. An einer Kette hing ein kleines Gefäß aus Glas in Form eines Herzens. Der Mann nahm das gläserne Herz behutsam in seine beiden Hände und blies sanft darauf, bis darin ein sanftes, klares Licht leuchtete.

»Hier«, sagte der Licht ausstrahlende Mann, »nimm dies, häng es dir um den Hals und trag das Licht über deinem Herzen. Es wird ein Jahr lang für dich leuchten und dein Herz den reinen Wunsch nach diesem Liebeslicht lehren. Du musst aber ganz darauf verzichten, das Licht für dich zu nutzen, und auch die Sehnsucht danach aufgeben. Erst dann kann sich dein eigenes allerreinstes Liebeslicht in deinem Herzen entwickeln, wachsen und gedeihen. Nicht immer ist das Herzenslicht, das dann entsteht, nach außen sichtbar; und vor allem ist es immer anders, ganz individuell. Bei manchen bleibt das reinste Licht verborgen. Man kann es nicht sehen. Denn darauf kommt es gar nicht an.«

»Worauf kommt es an?«, fragte Hans, dessen Verstand sehr damit beschäftigt war, zu verstehen, was der Mann ihm zu sagen versuchte.

»Es kommt darauf an, dein Herz zu erweitern in der Reinen Liebe. Alles andere wird geschehen, wie es soll.«

Und damit hängte er Hans die Kette mit dem Lichterherz um den Hals.

»Vergiss nicht, dass dieses Licht von mir kommt und nicht dein eigenes ist. Es wird erlöschen, und möglicherweise gehst du dann durch eine dunkle Zeit, in der du selber den Weg nach innen suchen musst.«
Und als Hans das hörte und aufsah zu dem Mann, da war es ihm, als löste sich dessen Gestalt in dem Licht fast auf, und das Folgende hörte er, als sprächen es der Wind, das Feuer im Kamin, das Wasser im Brunnen und die Erde im Garten hinter dem Haus:

»Das Licht kann offenbart sein,
es kann auch für immer verborgen sein.
Wenn du treu bleibst,
dann wird sich dir die Glückseligkeit eröffnen.
So habe die Freude und den Mut, jeden Tag zu strahlen.
Erlebe die ganze Erde als deinen eigenen Körper.
Dann wirst du die größten Mächte ertragen,
denn die Erde erträgt jede Kraft und jede Macht.«

Ein Jahr lang hütete Hans das Licht über seinem Herzen und übte sich darin, die Sehnsucht nach diesem und jenem fahrenzulassen und stattdessen aus reinem Herzen zu lieben. Schließlich begann das Licht in dem Glas zu verlöschen, so wie der Mann es ihm vorhergesagt hatte, bis nur noch Dunkelheit um Hans war, so wie damals, ehe er den Licht ausstrahlenden Mann getroffen hatte. Irgendwie hatte er schon gehofft, dass nach einem Jahr alles anders sein würde, dass auch er ein Licht Ausstrahlender geworden wäre, doch Hans fühlte nichts, keine Veränderung, keine Erleuchtung. Rein gar nichts. Und dennoch verspürte er keinerlei Enttäuschung, ja, er war so sehr mit seiner Reinsten Liebe beschäftigt, dass er gar nicht mehr an das Licht dachte.

Es verging einige Zeit, bis ein junger Mann, dem Hans jeden Morgen auf seinem Weg zur Arbeit begegnete, schüchtern auf ihn zutrat und fragte: »Darf ich Ihnen eine Frage stellen?«

»Nur zu«, ermutigte ihn Hans, »fragen Sie ruhig!«

»Aus Ihnen strahlt ein geheimnisvolles Licht«, sagte der Junge. »Und ich möchte so gern wissen, woher das kommt. Und, seltsam ist es ... Aber immer wenn ich Sie treffe, erfüllt mich eine riesige Freude. Woher kommt dieses Licht? Wie machen Sie das? Ich würde Sie so gern näher kennenlernen!«

Zuerst war Hans viel zu überrascht, um zu antworten. Ihm war nicht bewusst gewesen, dass sein Herz ein »Herrlichkeitslicht« ausstrahlte.

Dann räusperte er sich und sagte: »Es wird der Tag kommen, da werden Sie es verstehen. Und wenn Sie wirklich möchten, dann werden auch Sie eines Tages von diesem Licht erfüllt sein. Doch zuerst muss das Licht Ihr eigenes Herz erlangen, im Augenblick interessiert es Sie viel zu sehr, mich kennenzulernen und mit Ihrem Verstand zu ergründen, was für ein Licht ich in mir trage.«

Und eines Tages eröffnete auch dieser junge Mann sein reinstes ganz persönliches Liebeslicht, so wie jedes Licht anders leuchtet, individuell, so unterschiedlich, wie wir Menschen nun einmal sind.

NEUNTES TOR

Die drei Ewigkeitsräume

*Wage es, das Idealisieren zu opfern,
das Träumen und Schwärmen,
und tritt stattdessen ein in dein
Reinstes. Das Ideal hilft dir,
dich zu finden, das Ideal zu opfern –
du zu werden.*

Sie haben es inzwischen selbst erlebt: In der Seligkeits- und Herrlichkeitsschule arbeiten wir hauptsächlich mit Energien. Und zwar nicht theoretisch, sondern wir gehen dabei ins direkte Erleben. Die Engel haben mir gezeigt, wie diese für uns Menschen so ungewohnten Erfahrungen ganz einfach werden: Sie benutzen bestimmte Vorstellungen und Begriffe, die uns helfen, diese neuen Tore zu öffnen.

Einer dieser Begriffe, die uns helfen, in neue Bewusstseinsebenen einzutreten, ist das Wort »Raum«. Denken wir an einen Raum, dann öffnet sich automatisch eine Tür in uns, und wir sind gespannt, was sich hinter ihr verbirgt. In der Sprache der Engel bezeichnet der Begriff »Raum« eine bestimmte Energiequalität, in die wir eintauchen. Das klingt kompliziert, wenn wir darüber zu viel nachdenken, denn der Verstand hat Schwierigkeiten, mit gewissen Vorstellungen zu arbeiten. Lassen wir uns aber ins Erleben ein, wird alles ganz einfach.

Die Heiligen Räume, von denen in diesem und den nächsten beiden Kapiteln die Rede sein wird, sind reine Erlebensräume. Und tatsächlich ist die Metapher »Raum« sehr passend, denn diese Erlebensräume haben immer eine Art Schutzkante, etwas, was sie begrenzt, umhüllt, schützt, gerade so, wie ein Raum von einer Wand, einer Mauer umgeben wird. Diese Schutzkante der Erlebensräume kann ein Gefühl von Entsetzen sein, das einen befällt, wenn man sich ihr nähert, oder ein Schmerz – ein Widerstand. Erst wenn wir diese Schutzenergie aushalten und in der Lage sind, durch sie hindurchzugehen, ertragen wir es auch, in diesem Raum zu sein und seine Energie und Verwandlungs- oder Heilkraft zu erleben. Für manche ist das schwieriger, für andere ganz einfach. Grundsätzlich hilft es, wenn wir alle Vorbehalte aufgeben und demütig fragen, so als würden wir bei jemandem anklopfen und sagen: »Darf ich eintreten?«

Erklären und mit dem Verstand erfassen lässt sich diese Praxis nur schwer. Das griechische Wort, aus dem der Begriff »Praxis« hergeleitet wird, bedeutet »Tat, Handlung«. In der Schule der Engel werden viele wichtige Mysterien nicht über den Verstand, sondern über das Tun vermittelt und über die Erfahrung, die wir mit unserer Handlung machen. Und darum möchte ich Sie nun einladen, mit mir auf eine Reise zu gehen. Lassen Sie sich durch die verschiedenen Heiligen Räume leiten, die alle Teil unserer Wirklichkeit sind, so wie zum Beispiel auch unser Körper. Diese Räume waren immer schon da, auch wenn Sie sie noch nie wahrgenommen haben. Und wer weiß, vielleicht werden Sie feststellen, dass Sie in dem einen oder anderen Raum durchaus schon waren. In diesem Kapitel wollen wir drei Räume besuchen, die alle in der Ewigkeit verankert sind und die, wenn wir in sie eintreten, uns aus der Verhaftung in Raum und Zeit befreien.

Der Raum des Friedens

Ich trete ein
in meinen Raum des Friedens.

Zum Beispiel diesen Raum, den Sie bereits kennengelernt haben. Hier gewähren wir uns selbst unseren eigenen, ganz persönlichen Frieden. Ist es nicht praktisch, dass wir diesen wunderbaren Kraftraum immer und überall zu unserer Verfügung haben, auch wenn um uns die Stürme toben? Wir müssen uns lediglich die Zeit nehmen, in ihn einzutreten und seinen Segen anzunehmen. Gerade in Zeiten, in denen wir sehr belastet sind, unter Stress leiden und Konflikte lösen müssen, lohnt es sich, täglich einige Minuten im Raum des Friedens zu verbringen. So ist dieser Raum ideal für alle, die vom Burnout-Syndrom bedroht sind.

Beim »Vierten Tor« habe ich Ihnen erzählt, wie dieser Raum mir geholfen hatte, meine Vergangenheit abzuschließen und mich mit ihr und verschiedenen Menschen auszusöhnen. Denn wir können das Vergangene nur dann hinter uns lassen, wenn dort keine alten Rechnungen mehr offen sind. Es gibt Situationen, in denen wir uns nicht direkt mit einem

Menschen wirklich aussöhnen können – gerade da ist der Raum des Friedens eine wunderbare Möglichkeit. Und glauben Sie nur nicht, dass das, was in diesem Raum mit Ihnen geschieht, nur auf Sie beschränkt bleibt. Derjenige, mit dem Sie in diesem Raum Frieden schließen, wird die feinen Schwingungen wahrnehmen, auch wenn das ein so subtiler Vorgang ist, dass er meist nicht bis in sein Bewusstsein vordringt. Aber das ist auch nicht nötig: Wichtig ist, dass energetisch reiner Tisch gemacht wurde. Und Sie werden sehen: Dies wirkt sich auch auf die zwischenmenschliche Begegnung aus. Plötzlich ist da nichts mehr, woran sich der andere energetisch reiben kann. Und so ist der Raum des Friedens auch ein Ort, an dem Sie sich von Menschen verabschieden und mit ihnen aussöhnen können, die nicht mehr am Leben sind, oder an dem sie längst verstorbenen Ahnen »begegnen« können.

Im Raum des Friedens haben wir außerdem bereits beim »Sechsten Tor« unsere himmlische Gabe angenommen. In diesem Ausgleichsraum kann alles geordnet, alles ausgeglichen und alles versöhnt werden. Die Begrenzungen der Zeit sind aufgehoben, und wenn wir in der Haltung der Reinen Liebe Zutritt erbitten, bleibt uns kein Bereich verwehrt.

Was läge näher, als im Raum des Friedens den Weltfrieden zu segnen? Wir wissen heute, dass jeder große Konflikt aus einem kleinen entstanden ist. Darum tragen wir alle Verantwortung für das, was auf der Erde geschieht, jeder Einzelne von uns. Und so ist es gut, wenn wir folgenden »Großen Weltensegen« sprechen:

»Ich segne die großen Weltensegen
weit und breit.
Möge jeder Mensch sich seinen eigenen Frieden ganz erlauben

und ihn über die ganze Erde verbreiten.
Möge jeder Mensch seinem Nachbarn in Liebe vergeben,
jede Regierung der anderen in Frieden begegnen.
Möge die All-Liebe stets das Maß aller Handlungen sein,
Ich segne die großen Weltensegen weit und breit
zum Wohl der ganzen Menschheit
und der Erde, unserer Wohnstatt.«

Der Raum der Stille

Ich trete ein
in meinen Raum der Stille.

Mit dem Raum der Stille betreten wir eine Dimension, die über alles hinausgeht, was uns in unserem täglichen Leben einschränken will. Hier erleben wir uns so, wie wir von der Schöpfung tatsächlich gemeint wurden. Es ist ein Raum, in dem wir all das empfangen dürfen, was wir jetzt gerade brauchen. Und somit ist es genau der Raum, der uns hilft, mit den schwierigsten und kompliziertesten Aufgaben und Situationen, vor die uns das Leben stellt, am besten umzugehen.

Im Raum der Stille legen wir alle Lasten ab und werden uns über eine wichtige Illusion bewusst: die Illusion nämlich, dass wir es sind, die ganz allein die Welt retten müssen. Hier wird uns alle Verantwortung abgenommen, die wir auf unseren schmalen Menschenschultern lasten spüren. Stattdessen werden wir uns im Raum der Stille darüber bewusst, dass wir auf unvorstellbare Weise unterstützt werden. Im Universum ist alles schon da, was wir brauchen, und im Raum der Stille dürfen wir es dankbar in Empfang nehmen. Hier schweigen alle Gedanken, alle Klagen, alle Sorgen. Und das Einzige, was wir tun müssen, ist, die Vorstellung zu überwinden, dass wir es sind, die alles vollbringen müssen – oder können. Denn dies ist die Vorstellung unseres Ichs, unseres Ego-Esels. Der aber ist kraftlos, er verfügt über keinerlei Energie. Was er bei großer Überlastung zu bieten hat, ist einzig und allein Widerstand. Und deswegen lassen wir ihn einfach vor der Schwelle zum Raum der Stille stehen. Soll er hier auf uns warten, während wir uns helfen und beschenken lassen.

Das Wunderbare am Raum der Stille ist, dass wir gar nicht zu wissen brauchen, was wir benötigen. Denn meistens haben wir eine sehr begrenzte Ahnung davon, was uns wirklich guttut und was uns tatsächlich weiterhilft. Das liegt zum einen an unserer begrenzten Perspektive, die uns oft nicht weiter blicken lässt als in die nächste Zukunft, die großen Zusammenhänge bleiben uns verschlossen. Zum anderen liegt es aber auch an der übergroßen Bescheidenheit, die uns Menschen meist kennzeichnet. Und darum ist der Raum der Stille so eingerichtet, dass wir gar keine Möglichkeit haben, Dinge zu erbitten. Denn wie sein Name schon sagt, ist da nichts als Stille.

Jeder erlebt seinen persönlichen Raum der Stille auf sehr individuelle Art und Weise. Trete ich in meinen Raum der Stille ein, dann erlebe ich mich, als würde alles, was mich gerade noch beschäftigt hat, von mir abgleiten wie angenehm kühles Wasser, das von mir abperlt. Meine Atemzüge werden weit und tief, und es ist mir, als öffne sich eine Art Luke im Dach meines Alltagsdaseins, als ströme helles, reines Licht über mich hinweg.

Es ist ein Eintreten in meinen eigenen Anteil an der Vollkommenheit, eine Art Rückverbindung in die Einheit, zu meiner ursprünglichen Quelle. Und durch diese Verbindung habe ich Zugriff auf meine eigene Vollkommenheit und kann all die Gaben empfangen, die ich gerade benötige. Das kann alles Mögliche sein: Kraft und Energie, neuen Mut, eine Idee, die Lösung für ein Problem, eine Einsicht, eine Fähigkeit, ein neues Verständnis – das, was ich im Moment brauche. Hier werde ich nicht reflektieren und abwägen, was jetzt wohl am besten ist, sondern intuitiv das Richtige tun, das Richtige sagen. Im Raum der Stille fällt auch alle Ungeduld von uns ab – es braucht die Zeit, die nötig ist, und alles ist gut so. Und sind wir unsere Stille *geworden*, kann uns auch nichts mehr stören, keine Außenwelt, kein Lärm, keine Hektik, kein Drängen. Im Raum der Stille sind wir im richtigen Tempo, im rechten Rhythmus, wir vergessen die Zeit, und statt ihr hinterherzurennen, wird sie zu unserer Dienerin: Es ist immer genügend Zeit da, wir sind immer »in der Zeit«.

Auch auf körperlicher Ebene werden wir hier beschenkt mit Regeneration, mit neuer physischer Kraft, mit Heilung. Denn der Raum der Stille ist ein Raum der Fülle – hier ist alles schon da und wartet darauf, von uns angenommen zu werden.

Ich habe eine Schülerin, die nennt den Raum der Stille scherzhaft ihre »Beautyfarm«, weil er ihr zwischen ihren vielen Terminen, Sitzungen und Seminaren die Möglichkeit schenkt, sich in kürzester Zeit wieder zu regenerieren. Für andere ist der Raum der Stille ein Ort des Innehaltens, des Sich-bewusst-Werdens, auch ein Ort, um sich selbst besser kennenzulernen, sich wieder neu zu ordnen. Und nicht zuletzt ist er ein Ort, um für das Erhaltene zu danken.

Man kann sich nichts Besseres gönnen, als jeden Tag ein paar Minuten innezuhalten und sich in den Raum der Stille zu begeben, ehe man mit seiner Arbeit anfängt. Es hilft uns, unsere Aufgaben in der richtigen Haltung zu beginnen – Sie werden staunen, wie gut Ihnen alles von der Hand gehen wird und wie viel Sie in kurzer Zeit vollbringen werden. Denn wie oft beginnen wir unseren Tag zerstreut oder gehetzt, kommen zu spät oder zögern den Beginn unserer Arbeit hinaus – kurzum: befinden uns nicht in unserem Zentrum und verpatzen somit unseren Start in den Tag. Wie der Fehlstart bei einem Hundertmeterlauf hat auch unser verpatzter Tagesbeginn Auswirkungen auf alles, was wir an diesem Tag tun. Verweilen wir aber auch nur zwei Minuten im Raum der Stille, bevor wir uns unseren Aufgaben stellen, werden wir einen anderen Tagesablauf erleben. Wir werden aus kraftvoller Ruhe heraus entscheiden und handeln, viel vollbringen können und uns dennoch nicht so erschöpft und ausgepowert fühlen wie nach einem Tag, dessen Start misslang. Die Ideen, die wir brauchen, werden zur rechten Zeit da sein. Ein heikler Brief, den wir lange vor uns hergeschoben haben, schreibt sich dann zum Beispiel wie von selbst: Die richtigen Worte sind da und fügen sich im Nu zum Ganzen, Kommunikation wird klar, Lösungen bieten sich geradezu an.

Beginnen wir mit dem Raum der Stille, wird unser Tun einfach und richtig, alles wird gut und erfüllt. Denn dann tun wir die Dinge nicht für uns selbst. Wir erschaffen aus der Freude am Dienen. Und die Freude am Dienen, die muss nichts – sie darf alles. Die Arbeit wird nicht mehr als Last empfunden, im Gegenteil: Alles wird leicht.

Um den Tag vollkommen abzurunden, empfehle ich, auch nach Beendigung unseres Arbeitstags oder nach Erledigung einer Aufgabe für kurze Zeit den Raum der Stille aufzusuchen. Ebenso wenig, wie wir am Morgen alles Mögliche erbitten, sondern uns still dieser lichten, reinen und vollkommenen Energie aussetzen, formulieren wir auch jetzt keinen Dank in vielen Worten. Aber unsere Haltung ist die der Dankbarkeit, ein Gefühl für das darzubieten, was der Tag uns gebracht hat, die Aufgabe, die erfüllt wurde oder auf dem Weg ist, erledigt zu werden. Und auch wenn der Tag schwierig verlief, ist es wichtig, am Ende all dessen dankbar zu gedenken, was zu vollbringen uns dennoch möglich war.

Dieses dankbare Innehalten am Ende einer Arbeit schenkt uns Zufriedenheit. Es hilft uns, den Arbeitstag in der richtigen Weise abzuschließen. Statt den noch ungelösten Problemen nachzuhängen, werden unsere Gedanken frei und leicht und können sich auf das richten, was nun vor uns liegt: eine neue Aufgabe oder unsere verdiente Ruhe, unser Zusammensein mit der Familie, mit Freunden oder was auch immer danach kommen mag. Und außerdem ermöglicht uns das Danken, immer mehr von dem anzunehmen, was im Raum der Stille an Fülle auf uns wartet.

Der Raum der Stille ist der Raum Ihrer Vollkommenheit, der Ort, an dem alles enthalten ist und jedes Werden, jedes Entstehen möglich wird. Es ist der Ort, an dem Ihnen immer gegeben wird, was Sie jetzt zu empfangen bereit sind, um das zu werden, weswegen Sie als Mensch auf diese Erde gekommen sind. Die Zusammenhänge dafür liegen außerhalb von Zeit und Raum. Und darum ist der Raum der Stille auch ein Ewigkeitsraum, der uns helfen kann, aus unserem begrenzten Menschendasein herauszutreten, und uns für kurze Momente ahnen lässt, was wir wirklich sind: Teil und Mitarbeiter des Universums. Gelingt es uns nämlich, diesen Ewigkeitsraum in unser tägliches Leben zu integrieren, dann schaffen wir die Voraussetzung dafür, dass sich die Dinge auf lange Sicht so entwickeln, wie wir sie als ideal empfinden. So kann es durchaus sein, dass innerhalb von wenigen Jahren Erfindungen gemacht werden, die das ermöglichen, was wir uns heute zwar wünschen, aber noch völlig unrealistisch erscheint. Insofern arbeiten wir alle an unserer Zukunft mit, einzig und allein dadurch, dass wir uns im Raum der Stille auf sie einstellen und das Beste für uns und die ganze Menschheit erwarten. Denn dieser Ewigkeitsraum ist der Ursprung von jedem und von allem, und gehen wir hier in die Begegnung mit dem, was ist, ertragen wir den Schmerz der Unvollkommenheit. Kämpfen wir nicht gegen sie an, dann wird es sich in der Zukunft zum Besseren verändern: Das heruntergekommenste Stadtviertel wird zu einem Ort des Friedens und der Schönheit; die zerstrittenste Nachbarschaft wird – vielleicht durch Aussöhnung, vielleicht auch durch Weg- und Zuzug – zu einer respektvollen Gemeinschaft; die zerstörteste Umwelt entwickelt sich durch eine Umgestaltung zu einem Erholungsparadies für die Menschen. Und so weiter und so fort.

Manches braucht mehr Zeit, anderes kann sich durchaus in wenigen Wochen verwirklichen. Im Raum der Ewigkeit ist alles möglich, wenn wir unsere Verantwortung annehmen und bereit sind, durch Achtsamkeit am Universum mitzuarbeiten.

Meditation: Ich trete ein in meinen Raum der Stille

Ich trete ein in den Raum meiner Stille.
Und ich empfange dankend alles,
was ich jetzt gerade brauche.
Zum Wohl der ganzen Menschheit.

Ich trete ein in den Raum meiner Ewigkeit.
Und ich segne die Vollkommenheit in der Unvollkommenheit:
Das Herrlichste möge werden.
Zum Segen und Wohl der ganzen Menschheit.

Der Raum der Stille hat außerdem noch eine andere wichtige Qualität: Da er der Kern unseres Wesens ist, die Heimat unseres energetischen Herzens, können wir von ihm aus uneingeschränkt alle anderen Räume betreten. Er ist so etwas wie der zentrale Empfangsraum eines großen Hauses, von dem unzählige Türen abzweigen, auf derselben Ebene, aber auch nach oben und nach unten. Wir werden im Folgenden sehen, wie der Raum der Stille zur Passage werden kann in andere Energiewelten, wo wir uns all das geben lassen dürfen, was wir zu einem erfüllten Leben benötigen.

Die Schichten (oder Türen, Grenzen, Wände – wie immer wir die energetischen Widerstände zwischen den einzelnen Energieräumen nennen) werden übrigens mit der Zeit feiner, denn sie haben viel mit unserem Ego zu tun, unserer Verstandeswaage. Je mehr wir unser Ich verfeinern, desto mehr lösen sich die Blockaden allerdings auf. Es fällt uns immer leichter, ohne Hindernisse in die verschiedenen Energieräume einzutreten, und irgendwann einmal sind die Energien all dieser Räume in jedem unserer Atemzüge enthalten. Dann brau-

chen wir das Bild der Räume nicht mehr, wir sind die Energien geworden und haben sie stets zu unserer Verfügung.
Bis dahin aber hilft uns die Vorstellung von dem großen Palast mit seinen unterschiedlichen Räumen, in denen wir die verschiedenen Energieausprägungen antreffen und erleben können.

Der Raum des Schweigens

*Ich trete ein
in meinen Raum des Schweigens.*

Der Raum des Schweigens ist ganz in der Tiefe angesiedelt. Wenn wir in ihn eintreten, fühlen wir sofort diese angenehm warme, sanft nach unten sinkende Energie. Es ist ein Mutterraum, und typisch dafür ist, dass es in ihm keine Meinung gibt, dass etwas besser sein soll, als es ist. Hier gibt es kein Dagegensein, kein Kritisieren, keine Anschuldigung – nur die klare unbewertete Erkenntnis von dem, was da gerade ist.

Beim Raum des Schweigens handelt es sich um einen Ort der alchemistischen Verwandlung in sich selbst. Er heißt »Raum des Schweigens«, weil keine Worte nötig sind, um dieses Wunder der Verwandlung in Gang zu setzen. Ganz im Gegenteil. Was sich heilsam auswirkt, ist gerade der Verzicht, bestimmte Dinge auszusprechen (leider sind das oft gerade die, die uns direkt auf der Zunge zu liegen scheinen). Vor allem das Widersprechen, das Anklagen, das Schimpfen und Zurechtweisen darf hier verstummen. Im Raum des Schweigens geht es darum, jeden Widerstand gegenüber einer ande-

ren Meinung oder einem Verhalten vollkommen aufzulösen.
Denn dann passiert das Unglaubliche: Das Falsche erkennt
hier, was richtig wäre.

Was aber nicht heißt, dass wir hier in diesem Raum das Falsche totschweigen, ganz im Gegenteil. Das Schweigen in diesem Raum ist ein Schweigen der Verwandlung, des Erweckens. Es heißt auch nicht, dass wir uns zwingen sollten, allen Unsinn gut zu finden, es uns schönzureden. Es bedeutet weder, so zu tun, als ob nichts wäre, noch, dem Falschen auszuweichen. Im Raum des Schweigens wird all das erkannt, was es tatsächlich ist: ein Blödsinn, eine Unverschämtheit, eine Grausamkeit – was auch immer. In diesem Raum dürfen wir uns sagen: »Das ist ein Scheißkerl, ein Idiot!« Denn das Schweigen in diesem Raum impliziert auch zu erkennen, was tatsächlich gespielt wird. »Das ist ein gemeiner Kerl!« – Punkt.

Dieser »gemeine Kerl«, dieser »Idiot«, wird im Raum des Schweigens angenommen, so wie er ist. Und genau das gibt ihm die Chance, aus seinen Fehlern herauszuwachsen, und zwar aus eigener Kraft und Erkenntnis, aus freiem Willen. Und so ist der Raum des Schweigens eine Art Transitraum aus der Unvollkommenheit hinein ins Gegenteil. Der »Scheißkerl« darf erkennen: »Oh, das war jetzt wirklich gemein von mir. Das nächste Mal möchte ich es lieber anders machen!«

Der Raum des Schweigens hat auch das Potenzial, in den Menschen die besten Fähigkeiten zu erwecken, ohne dass es großer Worte dazu bedarf. Ein Chef, der seinen Raum des Schweigens eröffnet hat, muss seine Angestellten nicht mehr kritisieren oder rügen; sie merken von selbst, wo sie etwas besser machen können, und sind motiviert, über sich selbst hinauszuwachsen. Ebenso ist dies ein wunderbarer Raum für Eltern, die mit ihren Kindern Schwierigkeiten haben. Wir alle kennen diese Situationen nur zu gut, wo wir uns schon den Mund fusselig geredet haben, ohne dass es etwas gebracht hätte. Eher erreichen wir mit unseren wohlmeinenden Worten das genaue Gegenteil. Gehen Sie in den Raum des Schweigens, und segnen Sie Ihre widerspenstige Brut mit dieser Energie – mehr braucht es nicht.

Der Raum des Schweigens ist auch immer dann der richtige Ort, wenn wir in einer Gesellschaft sind, in der auf ungute Weise über alles Mögliche, vor allem andere Menschen in deren Abwesenheit gesprochen wird. Wenn über jemanden »gelästert« wird zum Beispiel, aber auch wenn Ihr Gegenüber Sie als emotionalen Mülleimer benutzen möchte und Ihnen sein ganzes Elend in epischer Breite erzählt. Wir alle haben die Erfahrung gemacht, dass es in solchen Fällen überhaupt nichts bringt, diesem Geschehen mit Worten Einhalt zu gebieten, und wenn doch, dann fühlt sich unser Vis-à-vis zurückgewiesen, unverstanden, beschämt, oder es reagiert verärgert. Das heißt aber noch lange nicht, dass wir unser Leben lang geduldig alles schlucken sollen. Die Erkenntnis »Aha, ich darf jetzt für diesen Menschen der Abfallkübel sein« allein bringt noch nichts. Hinterher gehen wir nach Hause und fühlen uns müde und leer – der andere hat uns mit seinem Gejammer unsere kostbare Energie geraubt.

Eröffnen wir in einer solchen Situation ohne Worte den Raum des Schweigens, versenken wir uns ganz in seine Energie und laden wir den Anderen am besten gleich mit ein – in aller Stille natürlich –, dann kann es gut sein, dass er nach kurzer Zeit von selbst innehält. Denn der Raum des Schweigens hat die wundersame Gabe, das Gegenüber die eigene

Unart selbst erkennen zu lassen, ohne dass der Betreffende sich schämen oder schuldig fühlen müsste. Wird in diesem Raum die Unvollkommenheit bedingungslos angenommen, nicht kritisiert, dann kann es vorkommen, dass jemand, der stundenlang jammern und klagen könnte, auf einmal sagt: »Jetzt hab ich aber genug geklagt!« – und mit einem anderen Gesprächsthema beginnt.

Der Raum des Schweigens ist übrigens auch der »Ort«, an dem jemand, der Sie verletzt hat, sagen wird: »Oh, ich glaube, ich habe mich falsch verhalten – es tut mir leid«, und dies, ohne dass ihn jemand auf seinen Fehler hingewiesen hätte. Im Raum des Schweigens macht jemand, der einem anderen wehgetan hat, seinen Fehler wieder gut. Und oft ist es genug, dass er sein Fehlverhalten einsieht, um die Verletzung des anderen zu heilen.

Auch in der Partnerschaft ist der Raum des Schweigens ein wunderbarer Ort, um eingefahrene Muster aufzulösen. Viele Paare, die lange zusammen sind, scheinen von gegenseitigen Anschuldigungsritualen geradezu zu leben. Im Raum der Stille aber kann ein Mann seine Angst überwinden, seiner Partnerin nicht zu genügen, nicht »richtig« zu sein. Es ist eine schlechte Angewohnheit vieler Frauen, ihre Männer energetisch zu ihren Sklaven zu machen, indem sie ihnen – absichtlich oder unbewusst – das Gefühl geben, ständig alles falsch zu machen. Selbst wenn diese sich die allergrößte Mühe geben, so ist es doch nie genug, nie das Richtige. Der Raum des Schweigens aber ist der Ort, an dem der Mann davon geheilt wird und die Frau erlöst von ihrer Sucht, ihren Mann ständig anzuklagen. Denn oft ist das ständige Angeklagtwerden der einzige Grund dafür, warum er immer wieder dieselben Fehler macht.

Der Raum des Schweigens hat auch die Macht, alles Eingefahrene, Monotone zu heilen. Er schafft Raum für Neues. Automatismen wie zwanghaftes Wiederholen von Verhaltensmustern, Abhängigkeiten und die Freude am Negativen, an der Selbstbestrafung und der Selbstzerstörung, können hier aufgelöst werden. Es ist, als würden wir aus einem Teufelskreis heraustreten und plötzlich erkennen, wie einfach die Lösung doch sein kann. Gerade wenn eine Situation als völlig verfahren empfunden wird, kann die Energie im Raum des Schweigens Wunder vollbringen.

Schweigen ist alles andere als leicht, vor allem uns Frauen fällt das oft schwer. Wir wissen es besser, wir kennen die Lösung – warum also sollten wir das nicht sofort laut aussprechen? Wir empfinden es geradezu als Druck, als Drang, die Worte zu sagen, die unserer Meinung nach »alles richten« könnten. Die Wahrheit ist: Worte sind selten das probate Mittel, um wahre Veränderungen herbeizuführen. Wenn dem so wäre, gäbe es auf der Welt keinen Unfrieden, denn täglich wandern ohnehin schon unendlich viele Worte über den gesamten Globus hin und her, in gesprochener wie in geschriebener Form. Stattdessen ist es heilsamer, wenn wir uns viel öfter sagen: »Ich sollte da ein bisschen schweigen.« Und uns vorstellen, wie wir in aller Ruhe drei Schritte zurücktreten und nach innen gehen. Der Raum des Schweigens ist nämlich ein Innenraum.

Wenn wir es schaffen, uns drei symbolische Schritte zurückzuziehen, nach innen zu gehen, dann ist viel gewonnen. Unser Ego-Esel, der immer so wichtige Dinge zu sagen hat, wird stumm und friedlich.

Besonders für Menschen, die alles besser wissen, ist der Raum des Schweigens eine Herausforderung und gleichzeitig eine Chance. Es ist die Überwindung des Drangs, den anderen in das – wie wir glauben – Richtige zu zwingen: »So muss man es machen und nicht anders.« Dabei wissen wir ja gar nicht wirklich, was für den anderen das Richtige ist. Oft steckt hinter dessen »Unart« noch etwas viel Tieferes: Es ist gut möglich, dass unser Gegenüber bestimmte seltsame Verhaltensweisen nur deswegen an den Tag legt, weil er sich »für uns opfert«, damit wir gerade hier etwas lernen dürfen. Manchmal hält er uns auch einen Spiegel vor, und wir erkennen in ihm unsere eigenen, so verhassten Fehler. Und dann kann es auch sein, dass der andere uns zeigt, wo wir uns selbst noch zu wenig lieben oder respektieren. Das klassische Beispiel ist ein Kunde, der uns unsere Rechnung nicht bezahlt. Dies ist immer ein Hinweis darauf, dass *wir* uns unseren Selbst*wert* noch nicht ganz geben. Wenn wir das nicht tun, wieso sollte es ein anderer? So gesehen verhilft uns ein von uns als negativ gewertetes Gegenüber zu innerem Wachstum, wenn wir bereit sind, die Botschaft zu verstehen – und schon sieht alles ganz anders aus.

Wir können also nie wissen, ob unser Gegenüber eine Unart vertritt, die eigentlich die unsere ist, und sich somit für unser Wachstum opfert, oder ob es tatsächlich »sein Blödsinn« ist, der mit uns gar nichts zu tun hat. In beiden Fällen aber gibt es keinen Grund, uns persönlich angegriffen zu fühlen. Im ersten Fall können wir etwas über uns lernen. Und im zweiten Fall hat es mit uns direkt überhaupt nichts zu tun.

Der Raum des Schweigens heilt in uns den Drang, die Welt und vor allem die anderen Menschen verbessern zu müssen. Er lehrt uns, das Sosein zu ertragen, so wie es ist. Der Raum des Schweigens schenkt uns die Fähigkeit, mit dem Unguten, dem Negativen umzugehen und die Verwandlung ins Bessere geschehen zu lassen – ohne unser Zutun. Diese Eigenschaft, die Unarten gnädig anzunehmen, ist weiblich und steht in der Ordnung des Himmels für die Große Mutter. Denn es ist die Liebe der Mutter, die die Unvollkommenheit schlussendlich erlöst und sie in die gegensätzliche Vollkommenheit verwandelt. So wie die Liebe einer irdischen Mutter gegenüber ihrem Kind die besten Fähigkeiten in ihm erweckt und es weit mehr dazu ermutigt, den besseren Weg einzuschlagen, als alle Zurechtweisungen und Strafen. Das biblische Gleichnis vom verlorenen Sohn ist ein schönes Beispiel dafür. Hier ist es interessanterweise ein Vater, der diese Qualität der Mutterliebe vertritt, sie ist nicht an das Geschlecht des Liebenden gebunden.

Außerdem dürfen wir nicht vergessen, dass wir ebenfalls Fehler machen, uns anders verhalten als wir es sollten. Auch wir geraten immer wieder in die Jammerfalle und benutzen andere als Abladestelle für unseren »seelischen Müll«. Werden wir uns dessen bewusst, dann hilft das Eintreten in den Raum des Schweigens, zu unserem besseren Sein zurückzufinden, wir erkennen mit einem Schlag, was wir gerade tun, und profitieren dann ebenfalls von der alchemistischen Verwandlungskraft dieses wunderbaren Raums. Vielleicht hilft uns diese Selbsterkenntnis dann, in anderen Situationen unaufgeregter mit dem Fehlverhalten unserer Mitmenschen umzugehen. Vielleicht erinnern wir uns, statt uns aufzuregen, an den Raum des Schweigens und seine Segnungen. Die Schwere, die im Raum des Schweigens spürbar ist, hilft uns, während dieses alchemistischen Prozesses wieder in unsere Kraft zu kommen und unsere Macht und Handlungsfähigkeit zurückzugewinnen. Die Gnade, die in der Selbsterkenntnis und der Möglichkeit zur Verwandlung verborgen ist, unterstützt uns außerdem, das zu wagen, was wir immer schon sein wollten. Es ist der Beginn einer Reise, die uns zunächst in die Tiefe führt, um dann durch verschiedene Ebenen wieder aufzusteigen bis in unsere eigene Einheit, unserem persönlichen Anteil an der Vollkommenheit. Dies ist der schnellste Weg, um unser ganzes Potenzial kennenzulernen und zu integrieren, wenn auch nicht der einfachste. Im nächsten Kapitel werden wir diesen Tiefendurchgang und die unterschiedlichen Räume kennenlernen, die wir dabei durchmessen.

Übung: Was tun, wenn man uns mit einem emotionalen Mülleimer verwechselt?

Wir geraten immer wieder in diese Situation: Jemand möchte uns sein Leid klagen, vielleicht sogar schon zum wiederholten Mal. Damit missbraucht er nicht nur unsere Energie, sondern er tut auch sich selbst keinen Gefallen. Denn das rückwärtsgewandte Klagen über Negatives raubt ihm die Möglichkeit, aus seinem Elend herauszutreten und genau das zu erleben, was er sich so sehr wünscht: Glückseligkeit und Erfolg. Statt diesen Menschen nun zurechtzuweisen und ihm mit deutlichen Worten klarzumachen, dass er das Jammern lassen sollte, treten wir innerlich in den Raum des Schweigens ein. Wir erkennen ganz wertfrei ohne Urteil: »Aha, der andere ist jetzt in seinem Jammertal.« Damit von diesem Jammer aber energetisch nichts an uns kleben bleibt und er nicht unsere Energie rauben kann, richten wir den linken Zeigefinger nach unten und stellen uns vor, wie dieser Finger der Jammerenergie des anderen den Weg in die Tiefe zeigt. Denn alles, was ungut oder unvollkommen ist, alle Fehler und Mängel, das alles gehört in die Tiefe. Und wenn Ihr Gegenüber geendet hat mit seinem Lamento, dann sprechen Sie es ruhig aus: »Ja, das war wirklich ungerecht, was dir da passiert ist.« Mehr nicht. Achten Sie darauf, dass Sie sich emotional nicht verwickeln lassen, dass Sie weder selbst in die schlechte Stimmung mit hineingerissen werden noch sich über den Klagenden aufregen. Und vor allem sollten Sie nichts von all dem Gehörten in Ihr eigenes Leben mitnehmen. Dafür sprechen Sie still den Segen:

*»Möge der Raum des Schweigens uns alle
vom negativen Denken und Reden erlösen,
von allen schlechten Erinnerungen und allem Klagen.
Amen.«*

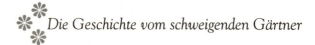
Die Geschichte vom schweigenden Gärtner

Es war einmal ein rechtschaffener und gottesfürchtiger Gärtner, der hatte eine Frau, die immer etwas zum Klagen hatte. Er bemühte sich nach Kräften, ihr stets alles recht zu machen, doch es nutzte nichts.

Eines Tages ging er zu einer weisen Frau, bei der er immer die schönsten Blumenzwiebeln kaufte, und fragte sie um Rat: »Meine Frau hat ständig etwas zum Jammern und Klagen, ich kann ihr nichts recht machen. Was soll ich nur tun?«

»Gib ihr in allem recht, wenn sie klagt«, sagte die Frau. »Und wenn sie wütend wird und dir ungerechte Dinge vorwirft, dann sei all das, stimme ihr in allem zu – und dann schweige, gib ihr nichts mehr, kein einziges Wort.«

Der Gärtner war überrascht angesichts dieses seltsamen Rats und ging zurück in seinen Garten. Hier schnitt er einen riesigen Blumenstrauß und brachte ihn seiner Frau. Sie aber schaute ihn erbarmungslos an. »Du bringst mir einen Blumenstrauß? Wieso das?«
»Einfach so«, lautete seine Antwort.
»Einfach so? Das glaube ich nicht. Du wirst schon einen Grund haben, mir so schöne Blumen zu bringen.« Und sie begann, ihn auszuhorchen. Er aber erinnerte sich an den Rat der weisen Frau und schwieg.
»Du hast ein schlechtes Gewissen!«, warf sie ihm empört vor.
Der Gärtner erinnerte sich daran, was die weise Frau gesagt hatte, dass er seiner Frau in allem zustimmen sollte. »Ja«, sagte er darum, »du hast recht.«
»So, so«, tobte die Frau, »und warum hast du das? Was hast du getan?«
Der Gärtner aber schwieg und sprach kein weiteres Wort. Und während seine Frau tobte und schimpfte, prüfte er sich, wie es eigentlich um sein Gewissen stand, und er stellte fest, dass sich da doch einiges angehäuft hatte im Laufe der Zeit. Zwar nicht das, was seine Frau ihm vorwarf, aber anderes, Altes. So wandte sich der Gärtner in aller Stille an seinen Gott und bat ihn um Vergebung für alles, was er sich selbst noch nicht vergeben konnte.
Seltsam. Auf einmal war es ganz still im Haus. Der Gärtner sah nach seiner Frau und fand sie im Garten unter einem Baum sitzen, friedlich und glücklich. Er wartete darauf, dass sie wieder mit ihren Tiraden beginnen würde, doch sie lächelte ihn nur an. »Komm, setz dich neben mich«, sagte sie.

Und das tat der Gärtner. Nach einer Weile unterließ er es sogar, auf das Klagen seiner Frau zu warten. Und der Gärtner begriff, dass er seine Frau vom Klagen erlöst hatte, tatsächlich war sie von diesem Tag an wie verwandelt. Als er das nächste Mal die weise Frau traf, erzählte er ihr, wie alles zugegangen war. Und dass seine Frau wunderbarerweise aufgehört hatte, zu klagen und zu jammern. »Wie konnte das passieren?«, wollte er wissen. »Was ist das Geheimnis?«

Die weise Frau lachte. »Wie seid ihr doch seltsam, ihr Männer! Nun bist du Gärtner und weißt, dass alles, was über der Erde wächst, unten verborgene Wurzeln hat. So war die Unzufriedenheit deiner Frau die Blüte, die deine verborgenen Schuldgefühle oben auf der Erde haben wachsen lassen. Ist die Wurzel ausgerissen, dann wächst oben kein Unkraut mehr nach. So einfach ist das.«

ZEHNTES TOR

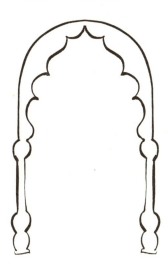

Die Räume der Tiefe und die Erfahrung des Todes

Der Raum der Tiefe, der Wurzelraum, der Fülleraum, die man oft erst durch die Enttäuschung, durch Verlust, durch das Opfern vom Idealen erträgt – es sind die Räume, die dich ausgleichen. Wo du zu viel hast, nehmen sie weg, und wo du etwas brauchst, wird dir gegeben.

Wie ich den Tsunami überlebte

Für meinen sechzigsten Geburtstag im Winter 2004 hatten mein Mann und ich uns etwas besonders Schönes vorgenommen: Gemeinsam mit lieben Freunden buchten wir einen Erholungsurlaub im Süden von Sri Lanka in einem ayurvedischen Zentrum. Keiner von uns hätte sich träumen lassen, was uns am 26. Dezember bevorstand. Und noch heute bin ich unendlich dankbar dafür, so knapp dem Tod entronnen zu sein.

Wir wohnten in einer paradiesischen Gartenanlage direkt am Meer. Um das Gelände wand sich eine Lagune, deren Wasser vom Meer gespeist wurde, sodass die Anlage auf drei Seiten von Wasser umgeben war, wie eine kleine Halbinsel. Der Bungalow, den mein Mann und ich bewohnten, lag ein wenig höher als die Kuranlagen, die gleich hinter dem Strand standen. An der höchstgelegenen Stelle befand sich das Restaurant.

An jenem Morgen hatte ich um 8.30 Uhr einen Inhalationstermin und anschließend eine Massage im Behandlungszentrum am Meer. Als die Therapeutin mich verabschiedete, war ich überrascht, die Behandlung war mir sehr kurz erschienen, und während ich zurück zu unserem Bungalow ging, sah ich auf meine Armbanduhr. Es war erst 9.10 Uhr, und ich ärgerte mich ein bisschen, hatte ich doch eine volle Stunde gebucht.

Da höre ich ein gewaltiges Rauschen und wende mich um. Ein reißender Fluss strömt hinter mir in die Anlage, wird zum Wasserfall – doch wie kann das sein, denke ich, wie kann aus dem Meer ein Wasserfall kommen? Ich höre das Geschrei von Menschen, ein sich näherndes Tosen, eine ganze Lärmkaskade von Zerstörung. Hinter mir jagt eine einzige, riesige Welle heran, hat die Gebäude, die ich eben erst verlassen habe, bereits unter sich begraben. Ich renne die letzten Meter zu unserem Häuschen hoch und sehe mich wieder um: Das Wasser reißt alles mit sich, was in seinem Weg liegt. Auch in der sonst so friedlichen Lagune kocht eine stickende braune Brühe, steigt und steigt – im Nu hat sie den Bungalow unter uns erreicht.

»Schnell!«, höre ich. »Wir müssen weg! Hoch zum Restaurant. Nur schnell weg!«
Ich renne in mein Zimmer, ratlos, was soll ich mitnehmen? Schon stehen meine Füße in der schwarzen Soße, die unter der Tür hereinfließt. Mein Mann stürmt herein, ich reiche ihm seinen Fotokoffer mit den teuren Apparaten. Da höre ich, wie die Fensterscheiben zu klirren beginnen, als nähere sich eine Horde Elefanten. Besser, ich verschwinde, denke ich, und lasse die Sachen erst mal hier.
Draußen auf der Terrasse ist schon alles voller Schlamm und Wasser. Ich rette mich auf einen höhergelegenen Teil, dabei reißt mir der Strom die Schuhe von den Füßen. Auf einmal schreit mein Mann: »Die Jungs! Markus und André! Die sind doch fast blind! Sind die etwa noch da unten drin?« Und schon stürzt er sich ins Wasser, das ihm bis zu den Hüften reicht. Im Bungalow unter unserem wohnt eine Frau mit ihren beiden sehbehinderten Söhnen. Carlo kämpft gegen das Wasser an, das gegen die Tür drückt, bekommt sie auf. Tatsächlich, die beiden Jungs sind noch drin.
»Was ist los?«, fragt Markus, der ältere der beiden Brüder. Die zwei haben noch nichts bemerkt.
Carlo hilft ihnen hinaus.
»Wo ist meine Mutter?«, schreit André, der jüngere. »Wo ist sie?«
Wir wissen es nicht.
Vom Restaurant ertönen Rufe: »Kommt hoch! Schnell. Wir müssen sehen, ob jemand fehlt.« Wie erleichtert bin ich, als ich alle meine Freunde dort wohlbehalten antreffe. Auch wenn sie grau im Gesicht sind, nahezu weiß.
Wir blicken nach unten. Das Wasser zieht sich schon wieder zurück. Die Wassermassen, die sich in wenigen Minuten

so hoch hinaufgewälzt hatten, fließen ebenso rasch wieder ab. Sogar das Meer selbst scheint leerer zu werden, bestimmt 300 Meter weit zieht es sich vom Strand zurück und zeigt nur seinen kahlen, hässlichen Boden.

»Bleibt hier!«, höre ich es rufen, und doch zieht es mich mit allen anderen hinunter zu dem Bungalow. Alles, was ich dabeihabe, ist doch noch dort! Als wir unten ankommen, können Carlo und ich gerade noch unseren leeren Koffer einfangen, der auf einem der letzten Rinnsale davonschwimmen will. Im Zimmer finden wir Schrank und Schreibtisch umgekippt auf dem Boden. Ich versuche, die Schublade zu öffnen, in der sich unsere ganzen Papiere befinden, doch sie klemmt. Endlich gelingt es uns. Die Schublade ist voller Schlamm, und ich werfe die schmutzigen Pässe, Flugtickets und unser Geld in den Koffer. In der anderen Schublade befindet sich all mein Schmuck samt Ehering, mein Palm, mein Aufnahmegerät, meine Kamera. Ich kriege sie nicht auf, sie ist abgeschlossen und der Schlüssel nirgends zu finden. Von alldem muss ich mich verabschieden, in der Hoffnung, es später doch noch holen zu können. Später. All meine Kleider sind von der braunschwarzen übelriechenden Brühe zerstört. Doch als ich mich zum Gehen wenden will, entdecke ich mein Tagebuch: Es steckt zwischen Schreibtisch und Wand. Ich ziehe es heraus und stelle fest, dass es nur an den Rändern ein bisschen feucht geworden ist. Ich bin froh darüber, denn darin habe ich fast jeden Tag neue Botschaften aus dem Universum notiert. Seltsam, dass ausgerechnet dieses Buch verschont geblieben ist!

Mein Mann hilft indessen den beiden Jungs, alles, was sie auf die Schnelle finden konnten, in einem Koffer zu bergen: André will unbedingt das T-Shirt mitnehmen, das ihm seine

Mutter hier geschenkt hat. Und die Mitbringsel, die sie für den Vater gekauft hat, der zu Hause geblieben war. War das erst gestern gewesen? Uns scheint es Jahre her zu sein. Ich sehe zu, wie sie den Koffer durch die Trümmer des Hauses unter unserem herauszerren. All das war eben noch ein Stuhl, ein Tisch, ein Schrank. Und jetzt zerbrochen, verwüstet. Schrott, an dem man sich verletzen kann.

»Kommt schnell wieder hoch«, höre ich es vom Restaurant her rufen. »Wir müssen weg. Es ist gefährlich hier.« Dabei fühle ich mich beschützt, so als ob mir nichts passieren könnte. Oder stehe ich unter Schock? Alles kommt mir so unwirklich vor. Mein Mann drängt mich mitzukommen.

Oberhalb der Anlage steht ein wunderschönes Haus, das von den Fluten verschont geblieben ist. Der Besitzer heißt uns willkommen. Hier sammelt sich alles, was überlebt hat. Aber Ilona, die Mutter der beiden Jungen, ist nicht dabei. Ich sehe Andreas, den Besitzer der Ferienanlage. Er hat zwei Affen gerettet, und der dreibeinige Hund, mit dem wir uns angefreundet haben, ist wunderbarerweise auch hier oben. Unser Gastgeber bringt eine Flasche Whisky, damit werden die Wunden gereinigt: hier eine Schramme, da ein Schnitt. Nichts Schlimmes, versichern wir uns gegenseitig. Und ahnen bereits, dass wir unendlich viel Glück hatten inmitten von Tod und Zerstörung.

Jemand sagt, in einer Stunde werde eine noch größere Welle erwartet. Also beschließen wir weiterzuziehen. Ein Stück entfernt ist ein buddhistisches Kloster. Vielleicht können wir zunächst dort bleiben? »Ich habe keine Schuhe«, sage ich. »Kann mir jemand ein Paar leihen?«

»Nimm meine«, sagt eine mir unbekannte Frau.

Wir verlassen bekanntes Territorium, die Anlage, das Haus des Nachbarn. Mir wird bewusst, dass ich außer meinem Tagebuch nichts mehr habe als das, was ich am Körper trage: ein T-Shirt und ein Tuch, das ich mir um die Taille gebunden habe. Ich kam ja direkt aus der Behandlung. Zwei und zwei gehen wir durch den Urwald über den schmalen Pfad. Andreas trägt die beiden Affen, einer unserer Freunde den dreibeinigen Hund.

Beim Kloster empfangen uns die Mönche mit Tee und Keksen. Gegen Mittag bekommen wir sogar eine Mahlzeit und Trinkwasser. Immer mehr Menschen kommen und suchen dort Zuflucht.

Wie soll es weitergehen? Der Besitzer der Ferienanlage kümmert sich rührend um uns. Und nach ein paar Stunden werden wir mit Autorikschas ins Nachbardorf gefahren, wo eine Familie uns aufnimmt. Es sind Freunde von Andreas, und ihre Gastfreundschaft rührt mich tief. Die Frauen bereiten uns sogar ein köstliches Mahl zu. Ich kann es leider überhaupt nicht würdigen.

Wir erfahren, dass all die am Meer gelegenen Dörfer in der Nachbarschaft von der Welle mitgerissen worden sind. Weggeschwemmt. Ausradiert. Ein Zug mit 1600 Menschen wurde vom Meer einfach verschluckt. Wir wissen zu diesem Zeitpunkt noch nicht, dass dies Einzelmeldungen sind von einer Katastrophe unvorstellbaren Ausmaßes.

Das Meer ist auch hier nicht weit, und ich gehe mit einigen Freunden zu Fuß hinunter. Erst jetzt begreife ich, wie umfassend die Zerstörung ist. Wo vorher Dörfer waren, Autos, Bäume, Gärten, ist jetzt Wüste. Eine Wüste voller Schutt. Keiner von uns spricht auch nur ein Wort.

Irgendwann setzen wir uns einfach hin und beginnen zu erzählen. Jeder sagt, wie er es erlebt hat. Und indem wir es erzählen, beginnen wir es zu begreifen. Wir müssen es uns selbst erzählen, damit wir es glauben können. Damit unser Gefühl, unser Verstand mitkommt mit dem, was da passiert ist.

Spät am Abend werden Strohmatten für uns ausgebreitet, auf denen wir schlafen können. Eine gerade erst aus Deutschland angekommene Frau hat gebrauchte Kleider mitgebracht, die sie hier an die Armen verteilen wollte. Dankbar nehme ich mir einige Sachen, auch einen Pullover für die Heimreise. Ich teile mir eine Strohmatte mit meiner Freundin. Doch nicht alle schlafen, einige setzen sich lieber auf einen Liegestuhl vor dem Haus.

Am nächsten Morgen wird Gewissheit, was wir schon befürchtet hatten: Ilona, die Mutter der beiden Jungen, ist tot.

Die Hoffnung, doch noch zurückkehren zu können und unter dem Schutt meine Sachen zu finden, gab ich erst nach einigen Tagen auf. Es sei zu gefährlich, hieß es. Heute weiß ich, dass schon nach dem ersten Abfließen der Welle Plünderer ins Gelände eingedrungen waren, sie waren es, die nach der Welle die größte Gefahr darstellten. Einige Angestellte, die geblieben waren, sind schwer verletzt worden. Das war der Grund, warum Andreas sich persönlich darum sorgte, uns in Sicherheit zu bringen.

Meinen sechzigsten Geburtstag feiern wir im Warteraum des deutschen Konsulats von Colombo, es ist kurz nach Mitternacht, als wir hier eintreffen, der 28. Dezember. Das hatte ich mir anders vorgestellt – doch was bedeutet das alles gegenüber dem Glück, überlebt zu haben?

Mir wird bewusst, wie knapp ich dem Tod entronnen bin. Die Frau, die in der Kabine neben mir massiert wurde, ist tot. Hätte mich die Therapeutin nicht viel zu früh aus der Behandlung entlassen, wäre ich nicht mehr hier. Ich hatte mich über sie geärgert, als ich auf die Uhr schaute, da war es 9.10 Uhr. Zwei Minuten später kam die Welle.

In diesen Tagen und Nächten, während wir durch all das ausbrechende und immer schlimmer werdende Chaos auf wundersame Weise sicher bis nach Hause geleitet wurden, fühlte ich mich, als werde mir mein Leben neu geschenkt.

Das Sterben üben

Es ist eine uralte Erfahrung der Menschheit, dass der Zyklus von Werden, Vergehen und Wiederauferstehen nicht nur unser eigenes Leben, sondern unsere gesamte Welt bestimmt: So wie im Herbst die Natur zu sterben scheint, sich in Wirklichkeit aber über den Winter ins Innerste zurückzieht, um im Frühjahr wieder neu zu erstehen, im Sommer zu erblühen und im Herbst Früchte zu tragen und dann ewig in diesem Kreislauf fortzufahren, so gibt es in allen Zusammenhängen diese Phasen des Werdens, Vergehens und Sicherneuerns. Kürzere Zyklen außerhalb unser selbst können wir beobachten und ihren Sinn verstehen. Doch bei uns selbst ist das schwieriger: Mit dem Tod scheint äußerlich alles zu Ende zu sein. Zwar haben uns einige Menschen nach sogenannten Nahtoderfahrungen darüber berichten können, wie der Übergang vom Leben in den Tod möglicherweise aussehen könnte, so ist doch keiner wirklich von jenseits der endgültigen Schwelle zurückgekehrt. Und dennoch bewegt die Menschheit keine Frage so nachhaltig wie diese: Was wird wohl nach dem Tod mit uns geschehen?

Der Tod ist das letzte Abenteuer eines jeden Menschen, eine Herausforderung, der sich keiner von uns entziehen kann, weder der reichste Mann noch der größte Feigling. Statt ein Leben lang so zu tun, als ginge uns der Tod überhaupt nichts an, ja, als seien wir unsterblich, halten es viele Religionen und philosophische Strömungen für ratsam, sich auf diese letzte Herausforderung gut vorzubereiten.

Diese Gedanken beschäftigten mich, während ich – nach Hause zurückgekehrt ins friedliche winterliche Tessin – das Erlebte rekapitulierte. Wäre ich auf den Tod vorbereitet gewesen? Auch wenn ich in jeder Sekunde in Sri Lanka davon überzeugt gewesen war, dass für mich die Zeit noch nicht gekommen wäre, so hatte ich doch noch nie dem Tod so direkt ins Auge geblickt.

Mir wurde klar, dass unser ganzes Leben vom Moment der Geburt an ein allmählicher Prozess ist, an dessen Ende der Übergang in den Zustand des Todes steht. So gesehen dauert unser Sterben lebenslang an, und gerade jetzt, in diesem Augenblick, da Sie diese Zeilen lesen, stirbt etwas in Ihnen. Aber auch etwas Neues entsteht. Zellen in uns sterben, und neue werden geboren. So regenerieren wir uns stets selbst, in jedem Moment unseres Daseins vergehen wir und werden wieder. Unsere Haut schuppt sich mikroskopisch fein ab, neue Schichten bilden sich von uns unbeobachtet und ersetzen den Teil von uns, der unablässig, unmerklich zu Staub wird.

Das Sterben zu üben, statt es zu ignorieren, uns das Vergehen und Neuwerden bewusst und zunutze zu machen, auch das leben uns die Sufis vor. Es gibt bei ihnen eine Tradition, da legt man sich eine Woche lang in einen Sarg. In einem Film, den ich sehr liebe, können wir das Mystische daran miterleben: »Bab'Aziz«. Ein uralter blinder Sufi-Meister wandert mit seiner kleinen Enkelin durch eine weite Wüste zu einem Sufi-Treffen. Auch wenn es dieses Treffen tatsächlich gibt, so ist das Ziel von Bab' Aziz' Wanderung die Vereinigung mit allen Meistern und Heiligen im Himmel nach seinem Tod. In einer mystischen Szene gelangen Großvater und Enkelin in der Nacht, kurz vor Aufgang der Sonne, an eine Stelle, wo ungezählte Sufis bereits auf sie warten: Zunächst sehen wir niemanden, doch dann erheben sie sich alle im selben Moment aus Gräbern, in denen sie geruht haben. Es ist ein Bild, wie die Christen sich den Jüngsten Tag vorstellen: Plötzlich öffnen sich die Gräber, und die Toten steigen frisch und ausgeruht daraus empor. Für die Sufis ist es immer wieder eine wichtige Übung, »hinabzusteigen in das Reich des Todes«, wie es in der katholischen Liturgie heißt, und »wiederaufzuerstehen von den Toten«. Natürlich ist das symbolisch gemeint. Die reinigende und erneuernde Wirkung dieses Tiefendurchgangs ist jedoch tief und heilsam. Und darum ist er auch ein Herzstück meiner Seligkeits- und Herrlichkeitsschulung.

Keine Angst, ich werde Ihnen nun nicht raten, sich im Garten ein Grab zu schaufeln, um dort regelmäßig Ihren Mittagsschlaf zu halten. Wie die bisherige Arbeit mit Energien geschieht in der Schule der Engel auch der Tiefendurchgang in Form einer Meditation. Es gibt nichts Furchterregendes an dieser Praxis. Ganz im Gegenteil, Sie werden Ihre innere Kraft und Stärke, Ihre Weisheit und Schönheit wiederfinden. Den Tod zu üben ist eine wunderbare Maßnahme, um den Ballast abzugeben, den wir mit uns herumschleppen. Der darf nämlich tatsächlich sterben, während wir selbst weiter voranschreiten. Denn nach dem Tod kommt die Auferstehung, die Erneuerung, so wie im Frühjahr die Blüten und Bäume umso schöner wieder ausschlagen, wenn sie im Winter Ruhe gefunden haben, und nichts erinnert mehr an die schlechte Ernte des vergangenen Jahres, nichts an den Hagelschlag, die Fäulnis und die Parasiten. Nach jedem vollzogenen Zyklus hat der Garten eine neue Chance, einen neuen Frühling, neue Blüten und neue Früchte.

Sind Sie bereit, mit mir durch die Tiefenräume zu schreiten? Dann stelle ich Ihnen als Erstes jemanden vor, der Sie bereits seit Ihrer Geburt begleitet, auch wenn Sie bislang wahrscheinlich keine Notiz von ihm genommen haben.

Der Todesfreund und die beiden ersten Kammern

Im Augenblick des Todes dürfen wir alles Negative, alle schlechten Erfahrungen, allen Schmerz, alle Unvollkommenheiten, alles »Nicht genug« – sei es unser eigenes oder das der anderen – abgeben als Geschenk an die Erde. Was für eine Erleichterung! Und genau das dürfen wir auch, wenn wir schon heute den Abstieg in die Tiefe wagen, ohne wirklich physisch zu sterben.

Auf dieser Reise begegnen wir als Erstes einem Wesen, dem wir normalerweise lieber ausweichen: unserem Todesfreund. Er wird uns am Ende unseres Lebens abholen, aber er ist schon lange bei uns, immer bereit, uns das abzunehmen, was wir dem Tod überlassen wollen.

Dieser Todesfreund führt uns, wenn wir dies wünschen, durch die beiden ersten Kammern auf dem Weg in die Tiefe. In der ersten Kammer dürfen wir ihm abgeben, was uns belastet: Kummer, Sorgen, Krankheit, alles Schwere. In der zweiten Kammer ist viel Platz für alle Fehler und Mängel, und zwar gleichgültig, ob es unsere eigenen sind oder die von einem anderen. Denn wenn wir einen Fehler bei einem anderen bemängeln, dann nehmen wir ihn eigentlich als unseren eigenen an: Wir adoptieren ihn sozusagen. Der Fehler des anderen berührt in uns ja eine bestimmte Saite, ansonsten ließe er uns nämlich völlig kalt, wir nähmen ihn nicht einmal zur Kenntnis. Und darum sind in dieser zweiten Kammer des Todesfreundes unsere Fehler und die der andern alle eins.

Sind wir so mutig, unserem Todesfreund in die Augen zu sehen, dann erkennen wir in ihnen all das, was wir uns immer schon gewünscht, in unser Leben zu integrieren aber bislang noch nicht gewagt haben. Ist es nicht viel besser, schon jetzt allen Ballast abzuwerfen und frei zu werden für das, was wir uns wirklich wünschen, statt bis zum Tag unseres körperlichen Todes zu warten, um dann zu erkennen, was alles möglich gewesen wäre? Und so sprechen wir hier zu unserem Todesfreund:

»*Ich gebe dir, meinem Todesfreund,*
alles, was unvollkommen ist,
alles, was fehlerhaft und mangelhaft ist,
ich übergebe es dir.
Und ich erlöse mich damit vom Zwang,
dass alles vollkommen sein muss.«

Stellen Sie sich wirklich bildlich vor, wie Sie Ihrem Todesfreund all das überreichen, was Sie von nun an nicht mehr weiter in Ihrem Leben mitschleppen wollen: Paket für Paket. Scheuen Sie sich nicht, Ihr Todesfreund hat Zeit, und er nimmt alles, was Sie ihm geben wollen.

Vielleicht machen Sie die Erfahrung, dass es Ihnen durchaus schwerfällt, sich von manchen Fehlern und Mängeln wirklich ein für alle Mal zu verabschieden. Dass Sie an ihnen möglicherweise direkt hängen? »Machen uns nicht auch unsere Fehler und Eigenarten aus?«, fragen Sie sich vielleicht. Und natürlich, wenn Sie all das lieber weiter mit sich herumtragen und sogar hegen und pflegen – ist das Ihre Entscheidung. Inneres Wachstum braucht seine Zeit und ist außerdem kein Muss, keine Pflicht. Und ohnehin nimmt unser Todesfreund halbherzige Geschenke gar nicht an. Erst wenn wir ihm in aller Demut und mit all unserem Mut gegenübertreten und ihn schlicht und ehrlich darum bitten, diese Lasten von uns zu nehmen, dann findet die Transformation auch tatsächlich statt.

Es geht darum, mit der eigenen Unvollkommenheit in Begegnung zu treten, der eigenen Unfähigkeit, Begrenztheit in die Augen zu sehen – dies ist ein wichtiger Teil auf unserem Weg, um Meister unseres Lebens zu werden. Dazu gehört nämlich auch, Meister unserer Unvollkommenheit, unserer Begrenztheit zu werden. Wie weit uns das möglich ist, so weit erlösen wir auch unsere Umwelt davon, uns mit ihrer Unvollkommenheit auf die Nerven zu gehen. Man muss als Mensch nicht sterben, um aufzuerstehen. Unserem Ego aber müssen wir einen kleinen Demutssegen geben, damit er und wir mit ihm akzeptieren lernen, dass zum Menschsein Fehler und Unvollkommenheiten nun einmal dazugehören. Und da braucht es die Demut, uns vor dem Todesfreund zu verneigen und zu sagen: »Hier habe ich diesen kapitalen Fehler und dort jenen peinlichen Mangel. Bitte nimm du sie mir ab – ich selbst kann nichts dagegen tun. Alles, was ich machen kann, ist, deine Hilfe anzunehmen.«

Warum ist es wichtig zu lernen, wie wir mit Unfähigkeit und Fehlern umzugehen haben, seien es unsere eigenen oder die der anderen? Ganz einfach: Der falsche Umgang mit der Unvollkommenheit erschafft Hindernisse der verschiedensten Art. Die Folge ist, dass wir uns selbst »verhindern« – aber auch die anderen. Die Begegnung mit dem Todesfreund jedoch hilft uns, all das, was unvollkommen ist, zu ordnen und in die Tiefe abzugeben. Gerade so, wie wir eine Rumpelkammer ausmisten, in die wir alles Mögliche hineingestopft hatten, was wir nicht mehr sehen wollten und von dem wir nicht wussten, wohin damit. Kümmern wir uns nicht darum, dann wächst dieser unerfreuliche Müll über die Rumpelkammer hinaus in unsere Wohnräume und droht uns irgendwann zu ersticken. Dann entsteht ein regelrechter Berg aus unguten Erinnerungen, schlechten Angewohnheiten, negativen Gefühlen und so weiter, und es wird immer schwieriger, damit zurande zu kommen. Denn all diesen Unfähigkeiten ist ja kaum beizukommen, beruhen sie doch allesamt auf nichts anderem als Illusionen. Illusionen, die allerdings stets wachsen, und das nur, weil wir ihnen unsere wertvolle Energie opfern.

Aus der Beschäftigung mit dem Zweiten Tor wissen Sie bereits, wie wir mit unseren Fehlern am besten umgehen: indem wir ihnen Liebe schenken, sie annehmen, statt sie zu bekämpfen. Gegen unsere Fehler zu kämpfen würde nur zur

Folge haben, dass wir ihnen Energie zum Wachsen geben. Und darum heißt unsere Affirmation:

»Ich liebe meine Begrenztheit, ich liebe meine Fehler, ich gebe all meinen Unvollkommenheiten meine Liebe.«

Geben wir unseren Begrenztheiten und Unfähigkeiten unsere Liebe, dann lösen sich die Hindernisse, die durch sie entstanden sind, im Nu auf. Denn in der Reinen Liebe ist auch das enthalten, was unsere Fehler und Begrenztheiten heilen kann. Erinnern wir uns immer wieder daran, dass wir unseren Todesfreund haben, der uns all das abnimmt, dann kann es erst gar nicht passieren, dass sich ein ganzer Berg ansammelt, der uns unter sich zu begraben droht. Dann sagen wir: »Ah, da hab ich einen Fehler? Dafür ist mein Freund zuständig! Todesfreund, hier hab ich was für dich!« Und es gibt keinerlei Dramen.

Es ist also ganz einfach. Und wieder ist es die Dankbarkeit, die die Verwandlung erst abschließt: Danken wir deshalb unserem Todesfreund dafür, dass er immer für uns da ist, immer bei uns ist und immer bereit, uns das abzunehmen, womit wir nicht allein klarkommen.

Tatsächlich ist es meist der Mangel an Dankbarkeit für all das Herrliche, das uns gegeben wird, was die Fehler und Mängel erst entstehen lässt. Wie oft vergessen wir doch, dass hinter uns ein ganzes Universum steht mit so vielen Wesen und Mächten, die uns unterstützen? Wie oft glauben wir unserem Ego-Esel, der bei unseren Erfolgen laut tönt: »Das habe ich aber so richtig gut gemacht!« – und gar nicht daran denkt, dass wir allein nicht in der Lage wären, etwas zu vollbringen, stünde nicht unser gesamtes Universum hinter uns? Und so erschaffen wir unsere Fehler und Mängel, unsere und die äußeren Unvollkommenheiten meist selbst. Wollen wir das ändern, dann braucht es nicht mehr als die Praxis der All-Liebe und die Dankbarkeit als ständige Grundhaltung in unserem Leben:

> »*Ich bin so dankbar,*
> *dass ich so viel erschaffen darf,*
> *dass ich so viel zum Geben habe.*
> *Ich bin so dankbar.*«

Der auf- und der absteigende Engel

Haben wir bei unserem Todesfreund in den ersten beiden Kammern alles abgegeben, was wir nicht länger tragen wollen, dann öffnet er uns die Tür zu einem weiteren Zimmer. Es ist der Raum, in dem wir all das ablegen, was nicht zu uns gehört.

Hier warten zwei Engel auf uns. Der absteigende Engel nimmt uns die *fremden Kleider* ab und bringt sie nach unten in die Tiefe. Damit ist all das gemeint, was wir uns angelegt haben, um vor anderen als irgendwer zu erscheinen, der wir aber tatsächlich gar nicht sind. Es gibt auch fremde Kleider, die uns die anderen übergestülpt haben, Menschen, die in uns etwas sehen, was wir nicht sind, oder die uns in Rollen drängen wollen, die uns nicht entsprechen.

Der aufsteigende Engel dagegen nimmt uns unsere *wahren Kleider* ab und bringt sie nach oben – all das, was unser Wesen ausmacht.

Haben wir alle Kleider abgelegt, dann sind wir jetzt wirklich wir selbst – nackt und bloß. Wie fühlt sich das an? Befreit? Oder ungeschützt? Fehlen uns die fremden Kleider, hatten wir es uns in ihnen gut eingerichtet?

In der Kleiderkammer hüllen uns die beiden Engel ein in ihren warmen Glanz. Und wenn wir bereit sind, öffnen sie uns die Tür zum nächsten Raum.

Der dunkle Tiefenraum – die Grabkammer

In der tiefsten Tiefe gibt es einen dunklen Raum. Um dort einzutreten, muss das Gefühl ganz fein sein. Hier treten wir ein als diejenigen, die wir wirklich sind, ohne Verstellung, ohne Verkleidung, ohne Last, ohne Rolle. Hier ist es völlig einerlei, ob wir Hartz-IV-Empfänger sind oder der Manager eines großen Konzerns, ob wir berühmt sind oder völlig unbekannt. Hier sind wir ein Menschenwesen, nicht mehr und nicht weniger.

Und so treten wir in diesen tiefen, völlig dunklen Raum ein, den die alten Ägypter »die Grabkammer« nannten. Hier legen wir uns auf ein Lager, das für uns bereitet ist, und lassen uns ganz fallen, schwerelos ruhen wir auf dieser Grabstätte, geborgen wie im Mutterschoß.

Wir befinden uns hier an einem Ort, an dem eine Art Grundschablone unseres Urkörpers hinterlegt ist, so, wie der Körper ursprünglich war – perfekt, gesund, stark, neu. Es ist der Ort der »Ersatzteile«, der Ort, den auch bestimmte Yogis zur Regeneration nutzen. So können auch wir in diesem dunklen Tiefenraum in die direkte Rückverbindung zu unserem Ursprung, unserem Universum, unserer eigenen Vollkommenheit treten und uns erneuern lassen. Geben wir uns ganz dieser Vorstellung hin, dann werden unsere Körpersysteme tatsächlich erfrischt, gestärkt und verjüngt, denn dieser dunkle, zeitlose Tiefenraum kennt kein Alter, keine Jugend, sondern nur Sein.

Hier machen wir die Erfahrung, vollkommen zu sein, so wie wir sind. Auch wenn der Körper Mängel und Fehler hat, ist er vollkommen. Auch wenn er gelitten hat und uns vielleicht ein Körperteil fehlt, können wir hier die Erfahrung der Vollständigkeit machen, denn hier, an diesem Ort, ist jedes fehlende Körperteil vorhanden. Man könnte diesen Raum auch »die Kammer der ewigen Jugend« nennen; denn hier ist es möglich, dass sich die Organe, die Knochen, die Zellen erneuern, wenn wir es in aller Reinheit zulassen, dass eine Rückverbindung zum Original stattfindet. Oder wir lernen hier, dass es gut so ist, wie es ist. Das kann auch bei einer Krankheit der Fall sein. Hier im dunklen Tiefenraum ist es möglich, dass wir die Erkenntnis erhalten, wo und wie unsere Heilung stattfinden kann. Oder aber wir erfahren, dass wir nicht mehr weiter von einem Arzt zum nächsten laufen müssen, sondern dass diese Krankheit für unsere jetzige Menschenerfahrung wichtig ist. Vielleicht braucht es auch nur ein rückhaltloses Annehmen dieser Krankheitserfahrung, und der Körper kann in den Heilungsprozess übergehen.

Diese Erfahrungen sind sehr persönlich, sehr individuell, und es lohnt sich, seinen individuellen Tiefenraum kennenzulernen. Denn jeder ist anders. Und dennoch – so unterschiedlich die Erfahrungen auch sein können, folgen sie doch alle demselben Prinzip: Im dunklen Tiefenraum begegnen wir unserem eigenen Universum. Erlauben wir unserem Körper diese Erfahrung, dann erlauben wir ihm, dass er genau das bekommt, was er gerade braucht. Wie immer unser Körper ist, zu dick, zu dünn, zu groß, zu klein, krank, gesund, ob etwas fehlt oder etwas zu viel ist – hier wird unserem Gefühl die Erfahrung zuteil, dass alles gut ist, so wie es ist, und dass wir auch so vollkommen sind:

»*Mein kostbarer, dunkelster Tiefenraum,*
wenn ich müde bin und schwach,
dann machst du mich wieder neu.
Lege ich mich in dir zur Ruhe,
regeneriere meinen Körper, darum bitte ich dich.
Ich danke dir für deine Wohltaten und Gaben.«

So gestärkt, erheben wir uns von unserem Lager, gehen weiter und betreten einen weiteren Tiefenraum.

Der weibliche Tiefenwurzelraum

Der weibliche Tiefenwurzelraum ist ein Ort der Geborgenheit, ein Ort, an dem die Güte regiert und wir angenommen werden, so wie wir sind.

Uns allen wurde als Kindern viel verboten: »Das darfst du nicht« oder »Das kannst du jetzt noch nicht« – und dann haben wir so lange verzichtet, bis wir vergessen haben, was wir uns eigentlich einmal wünschten, bis wir selbst daran glaubten, dass wir dies und das nicht können. Hier im tiefen Wurzelraum aber dürfen wir all die hintangestellten und schließlich vergessenen Wünsche wiederentdecken. Wir dürfen die Erfahrung machen, dass wir durchaus können, was wir tun wollen. Der Zweifel an uns selbst, der uns früh eingepflanzt wurde, wird hier aufgelöst. »Ja, du darfst« heißt hier das Mantra. Als befreiender Klang wirkt dabei der laut ausgesprochene oder gesungene Buchstabe A, der klare, ganz vorn im Mund gebildete Vokal, so wie ihn die Italiener sprechen. Versuchen Sie es einmal in Ihrem stillen Kämmerlein, stellen Sie sich aufrecht hin, und sagen Sie klar und deutlich: »Aaaaaa«. Und als Steigerung den Satz, in dem Sie jedes A ausdehnen und genießen:

»Ja, ich darf!«

Der weibliche Tiefenwurzelraum sorgt außerdem für Ausgleich. Dort, wo zu viel ist, wird uns abgenommen, wo zu wenig ist, wird uns gegeben. Hier werden wir von der Meinung erlöst, wir müssten es allen recht machen. Aber auch von der Annahme, wir wüssten alles besser und müssten den anderen ins Richtige zwingen. Dieser weibliche Tiefenwurzelraum hat etwas erfrischend Paradoxes an sich, denn hier gilt:

»Richtig ist richtig.
Falsch ist falsch.
Richtig ist falsch.
Falsch ist richtig.«

Sind Sie nun verwirrt? Genau das ist erwünscht. Und wenn Sie jetzt auch noch schlussfolgern: »Wenn das so ist, dann kann ich ja eh nichts ändern«, dann liegen Sie genau richtig: Es ist, wie es ist. Man hat weder Hoffnung, noch ist man hoffnungslos. Man akzeptiert ohne Schmerz oder Groll. Und das bringt fast schon Erleichterung.

Gerade für Menschen mit einem übergroßen Ich-Gefühl ist dieser Raum extrem hilfreich, denn hier wird auch das größte Ego mit Leichtigkeit und ohne Kampf ausgeglichen, ja, die Meinungslosigkeit des weiblichen Tiefenwurzelraums bringt Frieden. Der stete Ausgleich, der hier stattfindet, schafft Harmonie.

Wie sein Name schon sagt, ist dies ein zutiefst weiblicher Raum. Und darum ist es auch ein Ort, an dem der Mann sich selbst annehmen kann, so wie er ist; denn hier ist er mit der Güte der Großen Mutter direkt verbunden. Im Grunde seines Herzens wünscht sich nämlich jeder Mann diesen direkten Draht zur Großen Mutter. Das ist der Grund, warum hier alle Trotzreaktionen, Oppositionen, alles Dagegen-sein-Müssen schweigen, und zwar sowohl bei Männern als auch bei Frauen. Der Hintergrund für dieses Dagegenhalten ist nämlich meistens die Scheu, zu wachsen, zu werden und weiterzugehen.

Es ist einfacher, gegen den Lehrer zu sein, gegen ihn zu wettern und ihn anzuzweifeln, als der eigenen Unvollkommenheit ins Auge zu sehen. Denn das tut weh, da muss man sich schämen, da müsste man sich ändern – und dabei ist gerade hier, bei unseren Fehlern, der größte Fortschritt möglich.

Im weiblichen Tiefenwurzelraum jedoch lösen sich diese Widerstände mit Leichtigkeit auf. Stehen wir vor einer Herausforderung, müssen wir etwas tun, wovor wir uns fürchten, und treten wir dann in diesen Raum ein, geschieht alles auf wunderbarste Weise wie aus sich selbst heraus. Hier erlaubt sich jeder das Gute, das Richtige, das Beste.

Vielleicht liegt das daran, dass man in diesem Raum auch eine gewisse gesunde Gleichgültigkeit an den Tag legt: Findet man einen Fehler, korrigiert man ihn einfach, ohne großes Theater daraus zu machen, und sagt lediglich: »So, jetzt ist es gut.« Man verzichtet auf jedes Drama, muss sich nicht rechtfertigen oder einen Kollegen, der den Fehler gemacht hat, zurechtweisen.

Der männliche Tiefenwurzelraum und der Grundstrahl

Der männliche Tiefenwurzelraum ist ein Ort der kraftvollsten Energien – wenn wir lernen, seine Gaben richtig zu nutzen. Und so, wie der weibliche Tiefenwurzelraum auch für Männer offen ist, so ist es sein männliches Pendant für uns Frauen.

Es ist der Raum der Auferstehung, der Verwandlung, der Alchemie. Denn hier entdecken und erleben wir das, was ich den »vertikalen Grundstrahl« nenne. Stellen Sie sich vor, Sie stehen unter einer kräftigen Dusche aus Licht – und gleichzeitig pulsiert dieses Licht auch von unten nach oben. Dieses Licht, diese Energie durchdringt uns und erfüllt uns mit Lebenskraft. In vielen spirituellen Richtungen sind diese Energien schon lange bekannt, zum Beispiel in der indischen Yoga-Lehre als schöpferische Kundalini. Der Grundstrahl hilft uns, die Herrlichkeiten zu entdecken und erleben, die in uns verborgen sind, aber ebenso in anderen. Er ist das, was uns ganzheitlich mit allem verbindet, aus der tiefsten Tiefe zurück zu unserem himmlischen Ursprung.

Einmal mehr gilt auch hier: Die Vollkommenheit entsteht erst dann, wenn ihr Gegenteil, die Unvollkommenheit, ganz und gar integriert ist.

Haben wir den männlichen Tiefenwurzelraum eröffnet, dann wagen wir es, zu uns zu stehen. Die Verbindung in dem vertikalen Grundstrahl, einem mächtigen Energiestrahl, der aus der Tiefe der Erde aufsteigt und bis hinauf ins Universum reicht, erlaubt es uns, alles zu integrieren, das Vollkommene und das Unvollkommene miteinander zu verschmelzen und als unsere persönliche Herrlichkeit auf dieser Welt zu offenbaren. Was Herrlichkeit in der Schule der Engel bedeutet, haben wir ja schon am Anfang dieses Buches erfahren (im Ersten Tor): alle Formen von erfüllendem Erfolg, sei es nun ein gelungenes Abendessen oder die Realisierung eines weltweiten Projekts – eben genau das, was wir selbst als herrlich und erstrebenswert erachten.

Wie sieht das in der Praxis aus? So wie der Raum der Stille ideal ist, um etwas Neues, Kreatives zu wagen, ist der tiefe Wurzelraum dann der richtige, wenn ganz praktisch etwas erledigt werden muss. Müssen Sie für einen großen Festtag einkaufen, und erledigen Sie dies in der Haltung des männlichen Tiefenwurzelraums, dann brauchen Sie keinen Einkaufszettel. Trotzdem haben Sie am Ende von allem genau das Richtige in der richtigen Menge.

Doch natürlich geht es um mehr als um den täglichen Einkaufszettel. Es geht darum, unser Universum, unsere ganzen Kompetenzen in ihrer vollen Bandbreite zur Verfügung zu haben. Unseren Grundstrahl zu integrieren macht uns zu erfolgreich Handelnden, zu Menschen, die tun, was nötig ist, nicht reagieren, sondern agieren. Mithilfe der Energie aus diesem Grundstrahl verbinden wir uns mit dem, was wir eigentlich sind und immer schon waren in unserer ganzen Vollkommenheit – wenn wir in den vorangegangenen Räumen den Ballast abgegeben haben, der eigentlich nicht zu unserem Wesen gehört, und diejenigen Fehlerteile integriert und Frieden mit ihnen geschlossen haben, die nun einmal zu uns gehören. Jetzt allerdings gehen wir noch einen Schritt weiter: Wir schließen nicht nur Freundschaft mit unseren Fehlern und Mängeln, sondern wir *werden* sie, verschmelzen mit ihnen.

Erinnern Sie sich, wie wir im Kapitel über die Selbstliebe (»Achtes Tor«) unseren »Lieblingsfehler« kennengelernt haben. Unsere Affirmation dort hieß:

»*Mein Lieblingsfehler: Ich stehe zu dir. Du und ich, wir sind eins. Ich schenke dir meine Liebe.*«

Wenn wir unsere Fehler wirklich liebevoll annehmen, dann verwandeln sie sich, sie sind auf einmal keine Fehler mehr, sondern einfach einige von unseren vielen Eigenschaften. Und statt uns über sie zu ärgern, können wir gemeinsam mit unserem Umfeld über sie lachen. Derart geliebt, werden sie nun auch Ruhe geben und uns nicht mehr ständig zeigen müssen: »Hallo! Ich bin auch noch da!« Erst das Einswerden mit unseren Fehlern erlaubt es uns, den Grundstrahl, der uns mit unserem Universum verbindet, bis in die Grundfeste unserer Erde zu vertiefen und ihn damit umso mächtiger werden zu lassen.

Diese machtvolle Energie, die vertikal aus der Tiefe durch uns pulsierend nach oben fließt und wieder zurück, hat die Fähigkeit, alles zu verfeinern: unsere Gefühle, unser Erleben, unsere Empfindungen. Wir werden feinfühliger, feinnerviger, wo wir zuvor von Grün nur einen Gesamteindruck hatten, erkennen wir jetzt alle feinen Schattierungen, die diese Farbe zur Verfügung hat. Der Grundstrahl ermöglicht es uns, Situationen differenzierter zu erleben, unsere eigenen Gefühle besser zu verstehen und die der Anderen klarer wahrzunehmen. Gleichzeitig verleiht er uns aber auch Stärke und Selbstsicherheit, wo wir vorher empfindlich und schnell verletzt waren. Er schenkt uns die Kraft, mit schwierigen Situationen souverän umzugehen, die Macht, das zu verwirklichen, was wir als richtig ansehen. Denn diese auf- und absteigende vertikale Energie ist das Ziel und der Ursprung aller Schöpferkraft, sie ist immer da und niemals unterbrochen – nur unsere persönliche Verbindung zu dieser Energie ist es manchmal durch unseren Mangel an Mut, zu unseren Fehlern und damit zu unserer menschlichen Wesensart zu stehen. Der Grundstrahl aber ist ein Teil der Ewigkeit; und sind wir mit ihm vereint, haben wir an ihr teil.

Der Grundstrahl des männlichen Tiefenwurzelraums hat die Kraft zu verwandeln, wenn etwas nicht so ist, wie wir es uns als herrlich wünschen. Seine Alchemie bewirkt, dass die Umwelt uns nicht mehr negativ entgegentreten muss. Er schenkt uns von sich aus eine Art Schutz, sodass wir uns selbst nicht mehr zu schützen brauchen. Er schenkt uns die Möglichkeit, einfach zu sein, ohne gegen irgendetwas zu sein.

Im Grundstrahl integrieren wir unsere Feindschaften oder Schwierigkeiten, die auf unserem Lebensweg eine Zeitlang wichtig waren. Jetzt aber können wir uns und anderen völlig neu begegnen: Das Alte zählt nicht mehr, denn die Trennung zwischen Falsch und Richtig ist aufgehoben. Und aus der Vertikalen schenkt uns der Grundstrahl auch die Fähigkeit, in die Horizontale zu gehen und die Begegnung mit jedem Anderen zu wagen.

»Wie mache ich das?«, fragen Sie sich vielleicht jetzt. Damit Sie ein Gefühl dafür bekommen, wie sich der vertikale Grundstrahl anfühlt, der im männlichen Tiefenwurzelraum seinen Ursprung nimmt, möchte ich Ihnen folgende meditative Praxis vorstellen.

Übung: Der Atem des Grundstrahls

Nehmen Sie eine bequeme Sitzhaltung ein, und schließen Sie die Augen. Kreuzen Sie die Hände über Ihrer Brust, und verneigen Sie sich mit den Worten:

*»Ich verneige mich
vor meinem himmlischen Vater und vor der Großen Mutter.
Und ich verneige mich
vor meiner eigenen Vollkommenheit und meiner eigenen
Unvollkommenheit – sie sind eins.«*

Nun stellen Sie sich vor, über Ihrem Scheitel schwebe eine kleine goldene Lichtkugel.

Wenn Sie diese Lichtkugel direkt über Ihrem Scheitel spüren können, dann lassen Sie sie ganz sanft Ihre Wirbelsäule entlang in kleinen Spiraldrehungen hinuntersausen bis zu Ihrem Steißbein, von dort in die Erde hinunter bis in die tiefste Tiefe Ihres Wurzelraumes.

Atmen Sie tief ein in diesem Raum, und stellen Sie sich vor, wie eine goldene Lichtsäule von dort unten aufsteigt, bis sie Ihr Steißbein berührt und durch Ihren Körper nach oben aufsteigt und jeden Winkel Ihres Körpers ausfüllt.

Atmen Sie nun wieder langsam und kraftvoll aus, und stellen Sie sich vor, dass Sie mit Ihrem Atem die Lichtsäule durch Ihren Scheitel nach oben verlängern und bis in die höchsten Höhen aufsteigen lassen.

Atmen Sie tief ein dort oben, und fühlen Sie, wie die Energie der Lichtsäule nun von oben nach unten fließt, durch Ihren Körper hindurch und *beim Ausatmen* sich vertieft in die tiefste Tiefe.

Wiederholen Sie diese Übung drei- bis fünfmal, und beobachten Sie, wie sich Ihre Körperwahrnehmung und Ihre Gestimmtheit verändern.

Diese Übung können Sie in jeder Lebenssituation praktizieren. Vor schwierigen Terminen wird sie Ihnen helfen, Ihre Nerven zu beruhigen. Und natürlich werden Sie wichtige Situationen umso eher meistern, wenn Sie die gesamte Energie Ihres Grundstrahls zur Verfügung haben. Denn viel zu oft schneiden wir uns selbst von unserer eigenen Energie ab, die uns voll zur Verfügung stünde, wenn wir es nur wollten und bewusst daran dächten. Denn das Verankern in der Tiefe und bis hinauf in unser Universum bringt es mit sich, dass wir zwar mit beiden Beinen fest auf dem Boden stehen und die Energie unseres Tiefenwurzelraums mit aller Macht fühlen, aber ebenso alle Gaben der höchsten Himmel zur Verfügung haben. Das bedeutet auch das Ende aller Träumereien und die Möglichkeit, unsere Wünsche hier und jetzt in die Realität zu bringen: »Das ist mein Wunsch, dies ist meine Freude, und wenn es sein möge, dann würde ich mich freuen.«

Ich kann nur raten, die Meditation des Tiefendurchgangs so oft wie möglich zu wiederholen. Denn sie schenkt uns Kräftigung und Stärkung, sie hilft uns, unseren unnötigen

Ballast loszuwerden und uns mit uns selbst und unseren Mitmenschen zu versöhnen. Ist der Raum der Stille eine Art Beautyfarm, so ist der Tiefendurchgang wie der Aufenthalt in einer Kurklinik für Leib und Seele. Er ist auf der einen Seite ein wichtiger »Energiedurchgang«, andererseits aber auch eine Praxis, die unsere Gefühle ordnet: Alles Schwere geht nach unten und schafft Raum für die leichten und hellen Gefühle, für die Schaffens-, Lebens- und Liebesfreuden.

Und mit der Zeit werden wir lernen, wie einfach das Leben doch sein kann, wenn wir unsere Tiefenkammer zur Verfügung haben, wann immer wir sie brauchen. Denn haben wir einen Ort für unsere Mängel, unsere Fehler und auch die der Anderen, dann haben wir nichts mehr zu verbergen, nichts mehr, um uns darüber zu empören. Es gibt eine Ordnung – wir wissen genau, wohin was gehört.

Denn der Großteil der Schmerzen, mit denen wir es zu tun haben, beruht auf Illusionen. Schmerzen entstehen, wenn wir gegen etwas ankämpfen. Die Hülle einer Kastanie zum Beispiel hat viele scharfe Stacheln, so ist sie nun einmal erschaffen worden. Das muss uns nicht weiter stören. Nur wenn wir die Kastanie in ihrer Schale in die Hand nähmen und diese zusammenpressten, dann täten uns die Stacheln weh, ja, sie können uns sogar verletzen. Ist dies nun die Schuld der Kastanie? Nein. Die Kastanie ist, wie sie ist. Erst wenn wir ihrem Wesen Widerstand leisten, dann wird sie für uns zum Schmerz.

Versuchen wir, dieses Beispiel auf unsere eigenen Fehler oder die anderer Menschen zu übertragen, dann werden wir erkennen, dass es sich im Grunde auch hier um Eigenarten handelt, die erst dann zu Fehlern werden, wenn wir uns an ihnen stoßen – im wahrsten Sinne des Wortes.

So gesehen gibt es keine Fehler, sondern nur einen falschen Umgang mit bestimmten Eigenschaften und Dingen. Was nicht heißt, dass wir uns nicht wirklich an einem Kastanienschalenstachel – oder etwas Vergleichbarem – wehgetan haben. Doch auch dieser Schmerz, der aus einer Illusion entstand, darf seinen Platz und seine Heilung erfahren.

Auferstehung im Paradiesgarten

Wenn Sie möchten, können Sie den Tiefendurchgang an einem Ort beenden, wo alles gut und richtig ist: im Paradiesgarten. Es ist der Ort, an dem uns »Gerechtigkeit« widerfährt, denn es ist der Raum der Gütigen Mutter, die sich hier unser erbarmt. Ist noch ein letzter Rest von einem wehen Gefühl in Ihnen, dann löst sich dieses im Paradiesgarten auf: »Das war wirklich ungerecht.« Genau wie eine Mutter ihr Kind tröstet, wenn es hingefallen ist, wenn sie den berühmten »Heile-heile-Gänschen«-Segen singt, auf das aufgeschlagene Knie pustet und ein Pflaster auf die Wunde klebt – bis auch die letzten Tränen versiegen. Wir alle wissen, dass es nicht das Pflaster ist, das die Schmerzen des Kindes lindert, sondern die Anteilnahme, die Güte, die Tatsache, dass jemand den Schmerz ernst nimmt, ihn wahrnimmt und mitfühlt. Und auch wenn wir noch so erwachsen sind und derlei nicht mehr zu brauchen glauben, so hilft es uns doch, schmerzhaft Erlebtes zu verwinden, wenn wir volle Zuwendung erfahren und jemand aus ehrlichem Herzen »Oje, du Allerärmster« zu uns sagt.

Diese Erfahrung dürfen wir uns im Paradiesgarten erlauben und damit auch die letzte Erinnerung an den Schmerz hinter uns lassen – sei der Schmerz körperlicher Art oder auf der Gefühlsebene. Hier ist aber gleichzeitig auch der Ort, an dem wir unser eigenes Recht kennenlernen. Denn das Gute am Unrecht, das wir erfahren haben, ist, dass wir jetzt ganz genau wissen, was unser Recht ist.

Der Paradiesgarten ist ein sehr weicher, lichter Ort, voller zarter Blüten, voll linderndem Duft. Unser Gefühl darf hier die Erfahrung von dem machen, was für uns gerecht und richtig ist.

Der Raum der Fülle

Ein weiterer Vorstellungsraum, der uns hilft, zu wachsen und alle möglichen Gaben anzunehmen, die wir uns wünschen, ist der Raum der göttlichen Vielfalt, kurz: der Raum der Fülle. Hier finden wir all die Schätze, die wir uns anzunehmen erlauben. Was ist es, was wir uns wünschen? Stellen Sie sich vor, Sie betreten eine Schatzkammer, in der alles enthalten ist. Was suchen Sie sich aus? Würden Sie sich auf die »Golddukaten« stürzen und Ihre Hosentaschen damit anfüllen? Oder erschiene Ihnen eine stabile Gesundheit, eine Flasche mit Weisheitselixier wertvoller? Eine neue Fähigkeit? Wünschen Sie sich, etwas Bestimmtes zu können? Was ist es, was Sie sich tatsächlich wünschen?

Es ist Ihr Herz, das die Antwort am besten kennt. Ihr Herz ist es, das Ihnen hilft, jetzt nicht ins Sehnen und Träumen zu verfallen, sondern ganz realistisch zu erkennen, was für Sie das Wichtigste, Erstrebenswerteste ist. Denn nur dann können Sie sich das auf Ihren kosmischen Wunschzettel schreiben und selbst dafür sorgen, dass er in Erfüllung geht. Und darum wollen wir hier eine kleine Meditation machen, mit der Sie herausfinden können, was für Sie ein wahrer Schatz ist.

Meditation: Wir laden unser Herz ein in den Raum der Fülle

Du mein Herz,
nimm an, was du brauchst,
lass dich füllen,
lass dich er-füllen.

Möge dein Wachstum
zum Wohl der ganzen Menschheit sein,
möge diese Fülle
die ganze Menschheit beglücken,
verführen in die Fülle,
in die Heiterkeit,
in die Freundschaft,
in die Herrlichkeit.

Wenn wir unser Herz in diese Vielfalt einladen, dann wird auch die Freude am Dienen eröffnet. Die Forderung, dass uns jemand helfen muss, unser Ziel zu erlangen, dass uns jemand unseren Herzenswunsch erfüllen müsste, verblasst und schwindet dahin. Wir fordern nicht mehr von jemand anderem, dass er uns das geben müsste, wozu wir ein Recht zu haben glauben.

Im Gegenteil wächst in uns die Bereitschaft zu geben. Und dies ist das Geheimnis, um die Fülle zu erlangen: Je mehr wir geben, umso mehr erhalten wir zum Geben. Es ist sozusagen der Krug, der niemals leer wird, das Tischlein, das sich stets von Neuem deckt. Die Energie, die wir weitergeben, wird immer wieder aufgefüllt.

Im Raum der Fülle wagt es sogar der größte Egoist, der Undankbare, sich zu bedanken. Er empfindet tiefe Dankbarkeit für die Gaben, die er zum Weitergeben erhält. Denn er macht die überraschende Erfahrung, dass es das Weitergeben ist, was ihn tatsächlich glücklich macht.

Dies ist der tiefere Sinn der Redensart »Geben ist seliger denn nehmen«. Das ist kein Moralischer-Zeigefinger-Satz, sondern eine tiefe Weisheit, eine mystische Erkenntnis. So konnte die 85-jährige Rosi Gollmann, Gründerin einer der größten privaten Hilfsorganisationen in Deutschland mit einem Spendenumsatz von mehreren Millionen Euro im Jahr, aus ganzem Herzen auf die Frage, was sie von all ihrer ehrenamtlichen Arbeit hat, sagen: »Dass ich ein zutiefst glücklicher Mensch bin.«

Ich bin dankbar für die Gaben,
die ich empfangen habe zum Weitergeben;
denn das ist das große Glück
für das Herzensgefühl.

ELFTES TOR

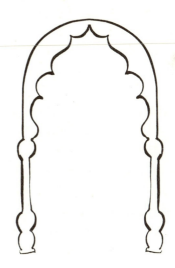

Die Räume des Heilens

Ich trete ein in den Raum der Schönheit und Pracht, in den Raum des Kostbaren, wo das Kostbare auferstanden ist aus der Verwandlung von meinen Schmerzen, wo mein Unglück verwandelt wird in Glück, mein Verlust in das Finden der Fülle.

Wer kennt das nicht? Trotz der Schule der Engel, trotz meiner jahrzehntelangen Arbeit mit den Energien des Universums passiert es auch mir, dass ich mich müde fühle, ausgelaugt, missbraucht und verletzt. »Wie konnte das passieren?«, frage ich mich oft. Doch bei allem Fortschritt sind und bleiben wir Menschen, und das ist gut so.

Es gibt Tage, da kommen wir aus einer Begegnung und sind irritiert. Wir fühlen uns schlecht. Was ist geschehen? Wir versuchen zu rekapitulieren, was gesprochen wurde, was eigentlich los war. Und dann stellen wir fest: Eine ganz harmlos klingende

Unterhaltung war geschickt gespickt mit Spitzen und Dornen. So fein, dass wir es gar nicht gemerkt haben. Jedenfalls unser Verstand nicht, aber unser Gefühlskörper schon. Vielleicht waren wir es sogar selbst, die unachtsam mit Worten umgegangen sind. Womöglich konnten wir der Versuchung nicht widerstehen mitzulästern und haben uns damit selbst verletzt. Jetzt haben wir die Bescherung: Unsere Gefühlskleider sind zerfetzt und hängen in Lumpen um uns herum. Was tun?

Nicht immer muss man den gesamten Tiefendurchgang vollziehen, mitunter ist es wohltuend, einen Heilraum direkt aufzusuchen, indem wir den Raum der Stille als Transitraum benutzen. Am Ende des vorigen Kapitels haben wir zwei dieser heilenden Räume bereits kennengelernt: den Paradiesgarten und den Raum der Fülle. Aber es gibt noch mehr dieser heilenden Räume. Grundsätzlich sind es die Räume der Schönheit und Harmonie, die in uns Heilkräfte freisetzen und unsere verletzten Gefühle wieder ganz machen.

Der Raum der Schönheit

Ich segne den Raum der Schönheit.
Weit und breit.

Sind wir verletzt, und treten wir mit diesem Segen ein in den Raum der Schönheit, dann lösen sich sowohl physischer wie auch emotionaler Schmerz in sich auf. Wie kann das geschehen?

Das Geheimnis ist, dass die reine Schönheit die Dinge und Geschehnisse als das ansieht und annimmt, was sie tatsächlich sind. Hier müssen wir uns nicht besser oder vorteilhafter hinstellen als wir sind, denn im Raum der Schönheit wird unsere ureigene Schönheit erkannt als unser ursprüngliches Gut. Hier gelten kein Modediktat, keine Ideale, hier zählen nicht der flache Bauch und die glatte, faltenlose Haut und so weiter – sondern unsere Eigenart, die per se schön ist, einzigartig und ganz. An diesem Ort wird Ihnen, selbst wenn Sie einen Arm verloren haben sollten, das Gefühl zurückgegeben, dass Sie ein schöner Mensch sind, so wie Sie sind. Denn das kritische Sichbetrachten, das Mängelfinden im Äußeren, an Ihrem Menschenkörper, aber auch an Ihrem Wesen – das alles sind nichts weiter als nichtgeheilte Verletzungen.

Treten wir ein in den Raum der Schönheit, dann überwinden wir die Furcht, hässlich zu sein, nicht würdig, von jemandem geliebt zu werden, nicht zu genügen. Und es bedeutet außerdem, das Schamgefühl zu überwinden, sich als wunderschön, kostbar, als einzigartig zu erkennen und auch nach außen so zu zeigen.

Stellen Sie sich vor einen Spiegel, und sehen Sie sich in die Augen, dann sprechen Sie folgende Zeile laut aus:

»*Ich bin schön, so wie ich bin.*«

Wahrscheinlich müssen Sie diesen Satz mehrmals wiederholen, ehe es Ihnen gelingt, seinen ganzen Sinn auch wirklich zu fühlen und anzunehmen. Ja, Sie sind schön. Ich kann Sie direkt vor mir sehen, wie Sie dieses Buch lesen, jeder und jede Einzelne so einzigartig und wunderschön. Sie sind genauso schön, wie Sie sich Ihre eigene Schönheit selbst erlauben. Aber dabei wollen wir nicht bei uns stehenbleiben. Bitte sprechen Sie jetzt auch noch folgende Sätze laut aus:

*»Die Welt ist schön, so wie sie ist.
Mein Leben ist schön, so wie es ist.
Die Menschen um mich herum sind schön
und bewunderungswürdig, so wie sie sind.«*

Machen wir es uns zur Gewohnheit, so oft wie möglich den Raum der Schönheit aufzusuchen, dann werden unsere Sinne für das wirklich Schöne immer mehr geschärft. Wir entdecken die Schönheit in allem, in einem halb verblühten Blumenstrauß, in einem regnerischen Frühlingsmorgen, in einer kurzen Begegnung mit einer Nachbarin – nichts bleibt mehr ausgeschlossen. Und wenn Sie sich von anderen beurteilt und kritisiert fühlen, dann ist es genau dieser Raum der Schönheit, der Ihnen wieder Ihre Balance und Ihre Sicherheit gibt. Gestatten Sie es sich, Ihre Verletzung einzugestehen: »Ja, ich bin empört über diese Beleidigung.« Statt sich jedoch weiter darüber zu beschweren, können Sie sich jetzt dafür entscheiden, den Raum der Schönheit aufzusuchen. Hier können Sie sich all das selbst geben, was Sie Ihrer Meinung nach verdient haben: den eigenen Selbstwert. Denn haben Sie Ihren persönlichen Raum der Schönheit eröffnet, dann sind Sie frei von jeder Meinung anderer. Sie kennen Ihren Wert, Ihre Schönheit, Ihre Schwächen und Ihre Stärken, und nichts und niemand kann Sie nachhaltig erschüttern.

Der Raum der Schönheit ist außerdem das Geheimnis jeder erfüllten Beziehung, denn in der Liebe erkennt man problemlos die Schönheit des anderen an: Liebt man jemanden, dann sind dessen Fehler weniger wichtig als die guten Eigenschaften. Man verzeiht gern. Ist man schon lange in einer Beziehung, dann kommt es vor, dass man der Liebe nicht mehr so gern dienen mag: Man entdeckt die Fehler neu und beginnt, den anderen zu kritisieren. Dabei merkt man gar nicht, dass man sich damit eigentlich selbst verletzt und die eigene Schönheit verliert. Traurigerweise kann man dieses Phänomen oft bei älteren Paaren in Restaurants beobachten: Einst waren Sie durch Liebe miteinander verbunden und bildeten das, was man »ein schönes Paar« nennt. Inzwischen aber hat sich Bitterkeit in die ehemals liebevollen Züge eingeschlichen, die Liebe und die einstige Schönheit schweben nur noch über den beiden wie ein trauriger Schatten. Doch es ist niemals zu spät, das Ruder wieder herumzureißen, die Zeit spielt hier keine Rolle, es ist unwichtig, was geschehen ist – das Einzige, was zählt, ist die Bereitschaft, sich in den Raum der Schönheit zu begeben und die Schönheit und Liebe zuzulassen – für sich selbst und jeden anderen. Ja, auch den Menschen, die uns das Leben schwer machen. Wenn wir selbst diese Menschen in den Raum der Schönheit einbeziehen, wenn wir ihre Schönheit anerkennen, lösen sich unsere Konflikte mit ihnen von selbst auf. Denn erlauben Sie sich Ihre eigene Schönheit, ist es völlig gleichgültig, was Ihnen die Außenwelt an Hässlichem auch zeigen mag.

Der Raum der Wahrheit

Ganz in der Nachbarschaft des Raums der Schönheit finden Sie diesen Raum, der es Ihnen ermöglicht, die Dinge als das zu erkennen, was sie sind. Hier lernen Sie, Zusammenhänge zu verstehen.

Das Einzige, was wir vorher aufgeben oder – in der Sprache der Engel – »opfern« müssen, ist das Bedürfnis, etwas darstellen zu wollen, was wir möglicherweise gar nicht sind: Scheinlicht, Scheinglanz, alles, was nicht echt ist, sondern nach außen hin gezeigt wird und dabei jeglicher Substanz entbehrt.

Eine einfache Praxis, während einer Kontemplation in den Raum der Wahrheit einzutreten und den Schein außen vor lassen zu können, ist zu sagen:

»*Ich trete ein in den Raum der Wahrheit als Lügner(in) und erlöse damit jede Illusion.*«

Versuchen Sie es einmal – es ist eine amüsante Erfahrung, sich als Lügner im Raum der Wahrheit zu erleben. Es macht demütig, und wir brauchen nicht lange zu überlegen, was an uns möglicherweise scheinheilig sein könnte. Wenn wir von vornherein als Lügner in den Raum der Wahrheit eintreten, dann können wir uns von diesem Raum verwandeln lassen ins Gegenteil – als das, was wir tatsächlich sind.

Im Raum der Wahrheit ertragen wir jede Enttäuschung: »Ja, ich habe mir das so schön vorgestellt – aber jetzt ist es halt so ...« Es fällt uns leicht, das anzunehmen, was tatsächlich ist, wir öffnen uns für unsere neue Zukunft. Gehen wir durch den Raum der Wahrheit hindurch und erspüren die Räume, die sich hinter ihm verbergen, dann können wir sogar Wunder erleben: Wir gelangen an Orte, nach denen zu suchen wir niemals gewagt hätten.

Die Energie hier entspricht dem Feuer – wir gehen in unsere Macht: Man weiß, man glaubt, man kann. Und im Raum der Wahrheit finden wir Antworten auf jede Frage. Wir finden unsere Kraft und unsere Freude wieder, die wir vielleicht zuvor eingesetzt haben, um etwas zu erreichen.

Der Raum der Wahrheit hat viele Qualitäten. Er bringt uns in unsere Mitte, er zeigt uns das, was ist, und reißt die falschen Masken herunter. Er zerstört die Illusion – was mitunter ein bisschen schmerzhaft sein kann – und schafft Raum für das, was wir tatsächlich erlangen können, und dies ist oft mehr, als wir uns vorstellen können. Wenn wir ihn ernst nehmen, dann zeigt er uns auch unsere wahren Wünsche. Denn nicht alles, was wir im täglichen Leben anstreben, entspricht tatsächlich dem, was wir wirklich als herrlich empfinden.

Die Dumpfheit und der Raum der Magnifizenz

Der Raum der Magnifizenz, den Hazrat Inayat Khan eröffnet hat und auch nach seinem Tod bis heute vertritt, ist der höchste aller Heilräume. Sein Sohn Vilayat hat während seines gesamten Lebens über das große Unrecht geklagt, das seine geliebte Schwester Noor-un-Nisa erleiden musste. Die älteste Tochter Hazrat Inayat Khans hatte während des Zweiten Weltkriegs im Auftrag des britischen Geheimdienstes unter dem Codenamen »Madeleine« in Paris für die Résistance gearbeitet und verstarb 1944 in Dachau nach schrecklichen Torturen, nachdem sie von Freunden verraten worden war. Pir Vilayat war nicht in der Lage, dieses Schicksal seiner Schwester anzunehmen und den Verrätern zu vergeben. Ich konnte nicht begreifen, wie der ansonsten so weise Pir in diesem Fall so unfähig war, bis er mir bereits kurze Zeit nach seinem Tod diesen Raum zeigte. Erst jetzt konnte ich verstehen, dass seine Klage heilige Arbeit war, die er mit seiner Schwester vollbrachte: Auf die Weise hat er der Menschheit diesen Raum der Glorie und Magnifizenz eröffnet. Denn dies ist der Ort, an dem wir alle unseren letzten Schmerz abgeben dürfen, an dem er sich auflöst, und zwar so vollständig, dass wir hinterher nicht einmal mehr den Schatten einer Erinnerung an ihn bewahren.

Der Raum der Magnifizenz symbolisiert nämlich einen Ort, an welchem dem letzten Verbrecher, dem schlimmsten Tyrannen, auch wenn er ein Massen- oder Völkermörder geworden ist, die Möglichkeit gegeben wird, seinen Fehler einzusehen. Hier erhält er die Chance, alles gutzumachen und in einer neuen Inkarnation als Gegenteil dessen, was er vorher war, auf der Erde zu dienen.

Es ist immer wieder eine drängende Frage meiner Schüler, wie es denn sein kann, dass auf dieser Welt so viel Böses geschieht. Wenn doch die ganze Welt von Gott oder der Großen Liebe oder wie wir die letzte Essenz, das höchste Licht auch nennen, durchdrungen ist, wie kann dann zugelassen werden, dass so viel Grausames passiert?

Es liegt daran, dass wir Menschen frei sind. Wir haben die Freiheit, uns zu entscheiden. Wir sind nicht gezwungen, den Weg der Liebe einzuschlagen, es steht uns frei zu wählen. Der Fehler, der Mangel ist von der Schöpfung vorgegeben, ohne ihn gäbe es keine Materie. Denn die Vollkommenheit *ist* einfach, sie manifestiert sich nicht. Und darum existiert neben der Liebe auch ihr Gegenteil – der Hass oder ein Zustand, der in der Sprache der Engel »Dumpfheit« genannt wird.

Wir alle haben es leider tagtäglich mit der Dumpfheit zu tun. Das wichtigste Gesetz im Umgang mit dumpfen Menschen, ihren dumpfen Arten, dumpfen Angriffen ist: *Kämpfen Sie nie dagegen.* Bestätigen Sie stattdessen sofort das Ihnen Gezeigte: »Es ist wirklich richtig, was du sagst. Ja, was du mir vorwirfst, das kann ich für dich auch sein.« Auf diese Weise erlauben Sie nicht, dass das Dumpfe Macht über Sie erhält. Durch Ihren Widerspruch, Ihr Dagegenhalten aber erhält es Energie in Hülle und Fülle.

Typisch für den dumpfen Menschen ist, dass er Sie mit falschen Anklagen überhäuft. Sie sind zu spät gekommen (obwohl Ihre Uhr die richtige Zeit anzeigt). Sie haben einen Fleck auf Ihrem Hemd (Sie können keinen entdecken). Sie haben den Müll falsch getrennt (keiner kann beweisen, ob Sie das waren oder ein Nachbar). Sie haben zu laut Musik gehört am Abend zuvor (dabei haben Sie überhaupt nicht Musik gehört). Die Liste der falschen Anschuldigungen ließe sich beliebig lang fortsetzen. Die Macht, die hier missbraucht wird, ist die der Ungerechtigkeit. Wir alle kennen das. Man kann nichts richtig machen. Sie bringen Ihrer alten Tante Blumen mit und werden ausgeschimpft, dass Sie dafür zu viel Geld ausgegeben haben, dass die Blumen nicht frisch sind, dass sie übel riechen, dass die passende Vase nicht vorhanden ist und so weiter. Einer alten Tante mag man solche Schrulligkeiten noch nachsehen, aber wie steht es um die Nachbarin, die sich über Ihren herrlichen Apfelbaum beschwert, weil jener es wagt, seine Äste über ihren Zaun zu strecken, und die womöglich zur Säge greift? Wie mit dem Hausmitbewohner, der Sie zum Millionsten Mal beschuldigt, Ihre Füße nicht abzutreten und haufenweise Dreck ins Haus zu schleppen? Wie mit der Nachbarin, die sich beschwert, weil Sie angeblich die Haustür nicht richtig abschließen, sodass jeder hereinkommen und sie überfallen kann? Nicht zu vergessen die vielen Fälle von Mobbing am Arbeitsplatz oder in der Schule. Die Dumpfheit ist äußerst kreativ, wenn es darum geht, einen anderen Menschen zu quälen.

Wir alle kennen dieses Gefühl der Ohnmacht gegenüber einem solchen Vertreter der Dumpfheit. Es gibt zahlreiche Bücher zu diesem Phänomen und wie man damit fertig wird. Die einfachste Erlösung aus der Ohnmacht gegenüber der Dumpfheit ist das stille, innerlich gesprochene Mantra:

»*Es ist wirklich gerecht, das ganze Unrecht.*«

Wie gesagt: in der Stille, doch da in aller Aufrichtigkeit. Sagen Sie nie einem »Dumpfheitsvertreter« ins Gesicht, dass er recht hätte, aber versuchen Sie sich wirklich schuldig zu fühlen, sich innerlich vor dem anderen zu verbeugen und zu denken: »Ja, es ist wirklich gerecht, was du da behauptest.« Warum wir das tun sollen? Weil es genau dies ist, was der Dumpfheit ihre Macht nimmt. Denn das Letzte, was sie will, ist, von Ihnen recht zu bekommen. Ganz im Gegenteil: Sie will Ihnen Ihre Zeit, Ihre Energie, Ihre Freude rauben. Denn die Dumpfheit kann nur durch Energieraub überleben, weil sie aus der reinen Energie ausgeschlossen ist. Die reinen Energien dürfen nur für das herrliche Erschaffen benutzt werden, während es die Freude der Dumpfheit ist, Schrott zu produzieren, den Menschen abhängig zu machen, Schutt zu erschaffen. Da kann dann die wertvollste, kostbarste Villa im Himmel ein Schrotthaufen sein.

»Aber wie schaffe ich es«, fragen mich oft meine Schüler, »dieser offensichtlichen Ungerechtigkeit recht zu geben?«

Wenn wir unsere Gnade eröffnet haben, dann können wir in unserem Herzen alles sein: das herrlichste Wesen und der letzte Dreck. Es kann uns nichts anhaben, Aschenputtel zu sein, denn wir wissen, dass in der Verborgenheit unser Prinzessinnenkleid auf uns wartet. Es ist unser. Ob wir mit Ruß bedeckt am Ofen sitzen oder auf dem Königinnenthron. Wir geben uns unseren Selbstwert selbst, wir besitzen ihn, er ist unser Schatz, den uns niemand rauben kann, schon gar nicht irgendein Dumpfheitsvertreter. Wir sind schuld am Fehler eines Vorgesetzten? »Ja, es ist wirklich meine Schuld.« Wir stehen ungerechterweise vor Gericht? »Ja, das ist wirklich gerecht.« Und Sie werden sehen: Keiner kann mehr eine ungerechte Anklage gegen Sie durchsetzen.

Es geht nicht darum, sich zu erniedrigen und vor der Unverschämtheit der Dumpfheit klein beizugeben. Es geht darum, unsere Energie bei uns zu behalten und die Dumpfheitsforderungen energetisch ins Leere laufen zu lassen, sich nicht einzulassen auf das Spiel, das wir doch immer verlieren müssen. So aber, wenn wir in Gedanken der Dumpfheit ihr ganzes Recht geben, ist sie es, die ihre Kraft verliert und irgendwann keine Lust mehr auf diese blöden Spiele hat. Doch wichtig ist: Es geht in diesem Fall nicht darum, den anderen zu ändern. Ändern können wir nur uns selbst. Und die Dumpfheit als Herausforderung zu benutzen, um zu wachsen, ist ein sehr schneller Weg zum eigenen Fortschritt. Sie können es fühlen: Man ist gezwungen, innere Hürden zu überspringen. Eben noch haben Sie voller Freude Klavier gespielt, und jetzt klingelt es an der Tür, und die Dumpfheit fordert, Sie sollen das schreckliche Geklimpere sein lassen. Das tut weh. Denn die Dumpfheit kann uns nur dort verletzen und beleidigen, kann uns nur dort missbrauchen, wo wir uns unser ganzes Recht selbst noch nicht erlaubt haben. Es ist Satan, der unsere Schwächen und Schmerzen ganz genau kennt und dem Dumpfen verrät, wo wir verletzlich sind. Genau dort aber haben wir unsere Gnade verborgen, und die sehnt sich – von uns unbewusst – danach, gesehen zu sein und gegeben zu werden.

Es gibt keinen Weg, sich vor der Dumpfheit zu schützen. Darum ist es wichtig, sie als das zu erkennen, was sie ist: eine dumpfe Art, eine dumpfe Freude, die Freude daran, Schmerzen zu verursachen, jemanden zu missachten. Wagen wir aber, das Letzte zu sein, das Unwürdigste – dann gibt es nichts mehr, was die Dumpfheit uns vorwerfen könnte, und sie wendet sich ab von uns. Wollen wir uns vor dem Dumpfen, dem Unguten schützen, dann ziehen wir es an. Wir haben das früher schon einmal gesehen: Ablehnung wirkt als Anziehungskraft.

Vielleicht aber gehören wir selbst zu den Dumpfheitsvertretern? Möglicherweise kennen wir diese Freude nur zu gut, dem Anderen unsere Macht zu demonstrieren, indem wir immer etwas auszusetzen haben, immer einen Vorwurf parat haben? Dann ist der Raum der Magnifizenz der richtige für uns, um uns aus dieser Art zu erlösen.

Wir haben in einigen Aspekten bereits gesehen, wie wichtig die Erfahrung unserer eigenen Mangelhaftigkeit für uns ist, wie wichtig die Annahme unserer Fehler, die Aussöhnung mit ihnen, ihre Verwandlung ins Gegenteil. Denn da unsere Welt polar angelegt ist, erkennen wir Licht erst durch die Existenz seines Gegensatzes – der Dunkelheit. Das Einzigartige am Raum der Magnifizenz ist seine Fähigkeit, das eine in das andere zu verwandeln und die Gegensätze miteinander auszusöhnen.

Menschen, die nach den Gesetzen der Dumpfheit leben, haben nicht die Möglichkeit, ihre eigenen reinen Freuden zu leben. Sie schneiden sich quasi selbst davon ab und erlauben sich mehr die dunklen Freuden, die sie allerdings leer machen und krank. Treten sie nach ihrem Tod ein in den Raum der Magnifizenz, dürfen sie die anderen Freuden erfahren: die Freude am Dienen zum Beispiel. So geschieht es oft, dass sie durch das selbstlose Dienen ihre alten Schandtaten erlösen.

Vielleicht sind Sie jetzt überrascht. Hat nicht jede böse Tat ihre gerechte Strafe? Was ist mit der Hölle, dem Fegefeuer? Die Engel haben mir eröffnet, dass wir das mit dem Höllenfeuer anders verstehen dürfen: Der heilige Himmel kennt keine Strafe, kennt keine Anklage. Es ist der Übeltäter selbst, der das Reine nicht mehr erträgt und sich selbst von allem abschneidet, was ihn froh machen könnte, es ist der Dumpfe selbst, der in einem nicht löschbaren Feuer brennt und nie zufrieden ist mit dem, was er erlangt.

Egal, was jemand getan hat, in diesem Leben oder in früheren – wagt er es, in den Raum der Magnifizenz einzutreten, kann er seine eigene Sehnsucht für das Herrliche wiederfinden, das er in seiner Freude am Morden, in seiner Freude, andere Menschen zu unterdrücken und zu versklaven, ganz verloren hat.

Aber auch Sie und ich, alle Menschen, die es wünschen, auch wenn sie keine Schwerverbrecher oder keine ausgesprochenen Dumpfheitsvertreter sind, wir alle dürfen in diesen Raum eintreten und hier unseren Schmerz abgeben. Das Einzige, was wir tun müssen, ist, ihn wirklich loszulassen. Damit ist auch gemeint, nicht mehr darüber zu sprechen, nicht mehr daran zu denken, darüber nicht mehr länger nachzugrübeln. Wir machen uns viel zu wenig bewusst, welche magnetische Anziehungskraft doch die Erinnerung an Ungutes hat, ja, es ist oft direkt eine Freude, sich im eigenen Unglück immer wieder zu weiden. Und diese Freude am Unguten muss im Raum der Magnifizenz vollkommen losgelassen werden. Denn diese Freude am Negativen wiegt oft noch schlimmer als das Tun dessen, der eine dumpfe oder schlechte Art vertreten hat.

Über das Negative zu sprechen erzeugt Energie, denn man ist dagegen. Aber wir zahlen einen hohen Preis dafür: Wir verlieren dabei unseren eigenen Selbstwert, wir ertragen nicht mehr die reinen Energien, die reinen Freuden. Es ist sehr schwierig, das negative Sprechen abzulegen, wenn wir es uns über Jahre angewöhnt haben. Die Medien sind voll von schlechten Nachrichten, gute bringen keine Schlagzeilen. Das Reden über Negatives macht geradezu süchtig. Beobachten Sie sich einmal selbst, wenn Sie Freunde treffen: Worüber unterhalten Sie sich? Wie groß ist der Anteil an negativen Themen in Ihrer Unterhaltung? Sprechen Sie über die Weltwirtschaftskrise, die Eurokrise, die Krise im Nahen Osten, die neuesten skandalösen Enthüllungen, Naturkatastrophen? Probleme in der Nachbarschaft, bei der Arbeit, Krankheit und Tod in der Familie? Und wenn uns nichts anderes mehr einfällt, schimpfen wir dann vielleicht auch noch über das ganz und gar unschuldige Wetter? Was würde passieren, wenn wir all diese negativen Themen aus unserem Themenkatalog ausklammerten? Hätten wir dann überhaupt noch Gesprächsstoff? Vielleicht wäre es gut, wenn wir uns darauf besinnen könnten, was alles wunderbar ist in unserem Leben. Oder wir schweigen ein bisschen zusammen – warum nicht? Kennen Sie die Redensart »Jetzt geht ein Engel durch den Raum«, die man sagt, wenn eine Gruppe von Menschen beisammen ist und für einen kurzen Moment – selten genug – vollkommenes Schweigen herrscht? Warum, glauben Sie, kommt der Engel am liebsten, wenn Stille einkehrt?

Sofern Sie sich ehrlich eingestehen, dass auch Sie der Klagesucht anheimgefallen sind, dann gibt es eine ideale Praxis, um sich davon zu heilen. Sagen Sie:

»Ich bete für alle,
die arm sind,
die leiden und die krank sind,
ich bete, ich segne sie mit meiner Kraft der Liebe,
mit meiner Gnade.«

Und hier dürfen Sie gern Ihre Lieblingsnegativthemen einfügen aus Politik und Wirtschaft, aus allen Bereichen Ihres Lebens, in denen Sie etwas zu kritisieren und zu beklagen haben.

Sehr erfolgreiche, wirklich reiche Menschen sprechen meistens nicht über das Negative. Sie kümmern sich stattdessen darum, dass es etwas besser und schöner wird auf unserer Welt. Sie gründen Stiftungen, fördern die Künste, unterstützen Initiativen, sei es zur Förderung von Benachteiligten oder zur Weiterentwicklung der Forschung. Diese Menschen haben immer genügend positive Gesprächsthemen, bei denen es beispielsweise um Perspektiven für eine bessere Zukunft geht, um die Enthüllung eines neuen Kunstwerks, um ein Hilfsprojekt, das sie fördern … Der Gesprächsstoff über diese Dinge geht ihnen niemals aus. Interessanterweise stellen diese Menschen meist auch viele Fragen, während die negativ Redenden sich selten für das interessieren, was andere tun. Jene Menschen allerdings sind offen und neugierig, sie haben verstanden, dass es glücklich und erfolgreich macht, wenn sie das dumpfe Alte hinter sich lassen und sich keinen Deut mehr darum scheren und sich stattdessen dem zuwenden, was sie noch nicht kennen.

Dumpfe Menschen dagegen gesellen sich gern zu ihresgleichen. Der andere weiß dann oft etwas noch viel Schlimmeres; und dieses Wetteifern um die übelsten Krankheiten, die schrecklichsten Erfahrungen, die fürchterlichsten Neuigkeiten aus aller Welt – das alles raubt den Selbstwert. Und um den wieder auszugleichen, muss ganz schnell etwas noch Schlimmeres her, damit man sich wichtig fühlen und den eigenen Schmerz dämpfen kann, der aus diesem Verhaltensmuster entsteht.

Wir alle sind Menschen, und selbst wenn wir keine notorisch Jammersüchtigen sind, so ertappen auch wir uns immer wieder dabei, wie wir mal wieder ganz schön mithalten beim Lästern. Und das ist auch gar nicht so schlimm – wenn wir uns danach wieder Zeit nehmen, uns innerlich zu ordnen. Dazu braucht es die Demut, sich selbst völlig rein einzugestehen: »Oh, jetzt hab ich aber ganz schön gelästert.« Und dann dürfen wir demjenigen, über den wir schlecht gesprochen haben, einen Segen schenken, indem wir ihm das Gegenteil von dem wünschen, worüber wir uns ausgelassen haben. Zum Beispiel:

»Möge mein lärmender Nachbar
der rücksichtsvollste Mensch
auf der ganzen Welt werden.
Ich segne seine Feinfühligkeit und Rücksichtnahme.«

Ja, manchmal bringt uns solch ein Segen dann zum Lachen. Und das ist gut, das löst die Bitterkeit auf und macht uns leicht und froh: »Möge sich meinem Arbeitskollegen, der mir immer die unangenehmsten Akten überlässt, die Freude an schwierigen Aufgaben eröffnen. Ich segne seinen Fleiß«,

»Möge meine Ehefrau Spaß am Schweigen finden. Ich segne Ihr die herrliche Stille«, »Mögen meine Kinder einen Sinn für Ordnung entdecken. Ich segne Ihre Ordnungsliebe« – und so fort. Und wenn wir schon dabei sind, dann können wir auch gleich die größeren Dimensionen des Segnens wagen: »Mögen sich alle Staaten den gerechten Umgang mit dem Geld erlauben. Ich segne allen Ländern den verantwortungsvollen Reichtum.« – »Mögen sich alle Regierungen die Freude am Frieden erlauben. Ich segne den Regierungschefs Diplomatie und Respekt vor den anderen.« Sie werden sehen, wenn Sie damit einmal angefangen haben, dann macht es Freude, dieses Segnen auf alles Mögliche auszudehnen. Und je mehr Sie segnen, desto weniger werden Sie das Bedürfnis haben, andere schlechtzumachen oder negativ über etwas zu sprechen.

Das heißt natürlich nicht, wir hätten nicht alle auch ein Recht zum Klagen. Wir werden verletzt, das tut weh. Und das dürfen wir auch äußern. Es gibt allerdings eine heilige Regel: Dreimal darf man über ein Unglück, eine Krankheit oder einen Misserfolg klagen, und das gern so intensiv, wie Sie es wünschen. Doch dann muss Schluss sein: Von nun an schadet uns das Klagen nur noch. Dafür stehen Ihnen jetzt all die herrlichen Räume zur Verfügung, wohin Sie Ihren Schmerz tragen und ihn loslassen dürfen, damit er verwandelt wird in eine noch herrlichere Freude. Die Krönung dieser Heilräume ist wie gesagt der Raum der Magnifizenz.

Erzählt Ihnen ein anderer von seinem Schmerz, dann ist es wichtig hinzuspüren: »Ist da Schmerz?« Das Miterleben von Schmerzen, ohne etwas dazu zu sagen, ohne es zu werten, erlaubt dem anderen, seinen Schmerz zu vertiefen und ihn dann loszulassen in der Tiefe. Wenn Sie genau hinspüren, dann erkennen Sie, ob der andere den Schmerz ganz neu ausdrückt und formuliert oder ob er das dreimalige Klagen bereits überschritten hat. Denn nur dreimal ist es möglich, über den Schmerz oder die negative Erfahrung so zu sprechen, dass es für den anderen erlebbar ist. Ist das Erzählte aber nicht mehr mit der Energie des erlebten Schmerzes verbunden, dann helfen Sie Ihrem Gesprächspartner, indem Sie – stumm – in den Raum des Schweigens eintreten, denn das kann dem anderen helfen, seine Schmerzerfahrung in der Tiefe auszuatmen und loszulassen. Und vielleicht braucht es am Ende noch Ihre knappe Bestätigung: »Ja, das ist wirklich schlimm!« Wir haben bereits darüber gesprochen, als wir den Raum des Schweigens kennenlernten.

Diese Heilräume sind es, die wir nach dem Tiefendurchgang, nach der Erfahrung mit dem alles verwandelnden Grundstrahl, aufsuchen können. Dann sind unsere Gefühle verwandelt, geordnet. Oft kommt es vor, dass Sie sich hinterher fragen: »Worüber habe ich mich gestern noch mal geärgert?« Dann sind die Verletzungen aufgelöst, in die Vergessenheit gesunken. Das ist eine typische Eigenart des Raums der Magnifizenz: Man legt seinen Schmerz dort ab und weiß nicht mehr, wo man ihn hingelegt hat.

Und ist das einmal geschehen, dann kann es vorkommen, dass man andere zu unterstützen vermag, wenn sie einen ähnlichen Schmerz erleben. Die Engel beschreiben das mit den Worten: »Du wirst zum Heilmittel für deinen eigenen, früheren Schmerz, für das, was die vergessene, abgelegte Erfahrung verursacht hat.« Denn wie unser Körper nach einer überstandenen Krankheit Antikörper gegen diese entwickelt und dadurch resistenter, stärker wird, weil er die überstandene Bedrohung kennt und ein Gegenmittel gegen sie produzieren konnte, so geht es uns auch mit unserem mentalen Körper und unseren Gefühlen. Es gibt viele Geschichten von heiligen Menschen, die vor ihrer Wendung zum Licht die Dumpfheit vertreten haben: Saulus, der zum Paulus wurde, ist ein Beispiel dafür.

Der Mensch ist grundsätzlich nicht dafür erschaffen worden zu leiden. Es ist die Seele selbst, die bei ihrem Abstieg auf die Erde freiwillig Schmerzerfahrungen auswählt, um diese mystische Transformation zu erfahren, die Schmerzen in die Tiefe zu bringen und in Gnade zu verwandeln. Die Engel haben mich gelehrt, dass wir nur solche Schmerzen erfahren können, für die wir es heimlich ersehen, selbst zum Heilmittel oder zum Heilenden zu werden. Dies ist eines der größten Mysterien unseres Menschseins – schwer mit dem Verstand zu begreifen und eigentlich nur erfahrbar im Erleben.

Die Geschichte vom König, der seinen größten Schatz nicht kannte

Ein Fürst hatte einmal einen unbarmherzigen König, der sein Volk tyrannisierte, und nicht nur das Volk, sondern auch seine Vertreter, die Fürsten. Und obwohl er ein guter Fürst war, so wurde er mit der Zeit ebenso hart und ungerecht wie sein König, der das Land unter seine Knute zwang mit Abgaben und ungerechten Gesetzen.

Der Fürst hatte einen Berater, der schon seinem Vater gedient hatte, und ausgerechnet dieser alte, ehrwürdige und gottesfürchtige Mann sollte die ungerechten Befehle überbringen.

»Diese Forderung kann ich nicht erfüllen«, sagte er zu seinem Herrn, dem Fürsten, »denn sie ist ungerecht. Ich werde das nicht tun.«
Da jagte ihn der Fürst erbarmungslos vom Hof. Der alte Diener konnte es nicht glauben. Sein ganzes Leben hatte er diesem Fürstenhaus gewidmet.
»Warum hast du nicht getan, was der Fürst von dir wollte?«, jammerte seine Frau. »Jetzt geht es uns wie allen anderen, auch wir werden Bettler sein.«
Und ein paar Tage lang dachte er wie sie und bereute fast seine aufrichtige Haltung, die ihn seine Stellung und seine Existenz gekostet hatte.
»Lass uns zu meinem Bruder ins Nachbarland ziehen«, drängte ihn seine Frau. »Denn hier wird alles nur immer schlechter. Wer kann, der geht fort.«
Und so packte sie ihre Sachen und reiste voraus. Doch der Diener konnte sich noch nicht so recht von seinem Heimatland trennen und schob seine Abreise auf. In seinem einfachsten, naturfarbenen Mantel ging er durch die Stadt und sah sich um, und wohin er auch blickte, sah er Elend und Armut.
»Wie konnte das geschehen?«, dachte er verzweifelt. »Noch vor wenigen Jahren blühte unser Land. Und jetzt finde ich überall nur Verfall und Not. Wie kann ein einziger Mensch, unser König, so viele Menschen ins Unglück stürzen?«
Er ging weiter und stieg auf einen Hügel, von dem er die Stadt überblicken konnte und auch das prächtige Schloss des Königs, das wie ein gefräßiger Drache über den Siedlungen zu hocken schien. Immer höher stieg der Diener, und er kam schließlich zu einer Felsengrotte.

Dort setzte er sich nieder und versenkte sich ins Gebet. Er betete lange, und als es dunkel wurde, zog er sich in die Grotte zurück, denn er besaß ja kein Zuhause mehr in diesem Land.

In jener Nacht hatte er einen Traum. In diesem Traum erschien ihm ein Bettler, der elender war als alle, die er je in seinem Leben gesehen hatte: Er trug die schlimmsten zerrissenen Fetzen, die ihn kaum bedeckten, und sein Körper war ausgemergelt und von eitrigen Geschwüren überzogen. Der Diener bückte sich zu ihm nieder, um ihm seine letzte Münze zu schenken. Da blickte der Bettler auf und sah ihm direkt in die Augen. Und voller Entsetzen erkannte der Diener: Es war der König, der da als Bettler vor ihm saß. Voller Mitleid und Schrecken wachte der Diener schweißgebadet auf.

Da begriff er, dass der ärmste Mann im ganzen Reich der König selbst war, weil er seine Freude missbraucht hatte für den Eigennutz, statt an das Gemeinwohl zu denken, wie es die Pflicht eines Königs ist. Der König war der allerärmste Mensch, auch wenn es ihm noch eine Weile gelang, durch die dunkle Freude, die er beim Ausrauben seines Volkes empfand, als mächtig und reich zu erscheinen.

Da fühlte der Diener in seinem Herzen ein großes Erbarmen mit diesem König, in dem er nun nicht mehr den Tyrannen sehen konnte, sondern einen Mann, der so arm war, dass er nicht einmal mehr ein eigenes Kleid besaß.

Der Diener blieb in seiner Höhle und meditierte und betete viele Tage und Wochen über das Bild des Bettlerkönigs, und immer besser verstand er, wie das Unglück über das Land hatte kommen können. Er begriff, dass sein König nur darum zum Tyrannen werden konnte, weil sein Volk genau das am meisten gefürchtet hatte. Das eine bedingte das andere, es war ein Kreislauf der dunklen Freuden: Der König hatte die Freude gehabt, in seinem Volk die verborgenen Ängste zu offenbaren, und diese Ängste erlaubten es ihm, zum Tyrannen zu werden. Und er selbst hatte eine so große Angst, arm zu sein, dass er alles dafür tat, um es auch tatsächlich zu werden. Und so waren sie alle Bettler geworden: das Volk samt seinem König – aus der puren Angst und Ablehnung heraus.

Als der Diener das erkannt hatte, erhob er sich von seinem Eremitensitz und stieg hinab in die Stadt. Er ging geradewegs zum Schloss und bat um Einlass. Keiner erkannte in dem Eremiten den einstigen Diener des Fürsten, doch trug er den Schein der Erkenntnis um sein Haupt, und so ließen ihn die Wachen ein.

»Wer seid Ihr?«, fragte ihn der König.

»Ich bin ein König«, antwortete der Diener.

»So seht Ihr mir aber gar nicht aus«, gab der König ironisch zurück.

»Erlaubt mir eine Frage«, sagte der weise Diener, »damit ich erkennen kann, ob ich auch wirklich mit dem König dieses Landes spreche: Was ist der größte Reichtum eines Königs?«

Der König lehnte sich breit in seinem prächtigen Stuhl zurück und machte eine große Geste, die den gesamten Thronsaal einschloss.

»Seht Ihr nicht die Schätze in diesem Saal?«, sagte er großspurig. »Den goldenen Thron und die Krone voller edler Steine auf meinem Haupt? Wie könnt Ihr daran zweifeln, dass ich der König bin?«

»Ihr habt meine Frage nicht beantwortet«, sagte ungerührt der Diener. »Was ist der größte Schatz eines Königs? Ist es wirklich die Krone? Ist es ein Stuhl, und sei er auch aus Gold? Habt Ihr nicht mehr zu bieten als Tand und Geschmeide? Wahrlich, ein armer König seid Ihr dann.« Und damit ließ der Diener den König allein.

Der König aber hatte etwas, worüber er nachdenken konnte. Die Worte des Dieners hatten seine größte Angst vor der Armut berührt, und er grübelte darüber nach, welcher größere Schatz ihm denn fehlen könnte.

Am nächsten Tag ließ er nach dem Diener suchen, und als er wieder vor ihm stand, sprach der König: »Ihr zweifelt also an meinem Reichtum. Dann lasst uns doch mal in meine Schatzkammer gehen.«

Und er führte den Diener in einen Raum voller wertvollster Dinge. Der Diener aber wurde traurig, als er all diese Schätze sah, denn er wusste, dass es das Volk war, das für all dies bezahlte. Und so rann eine Träne über seine alten Wangen, er schüttelte den Kopf und sprach: »Wahrlich, ein Bettler seid Ihr, kein König.« Und damit ließ er den König in seiner Schatzkammer stehen.

Der König bekam einen seiner schrecklichsten Wutanfälle, denn beim Anblick der Träne im Gesicht des Alten hatte ihn die Angst gepackt, die Angst, tatsächlich ein Bettler zu sein. Er ließ überall nach dem Alten suchen, denn er wollte ihn in aller Öffentlichkeit hinrichten lassen, damit nie wieder einer es wagen sollte, so zu ihm zu sprechen. Doch der alte Diener war nirgendwo zu finden.

Stattdessen sah der König ihn nun jede Nacht im Traum, ob er wollte oder nicht. Und immer wachte er auf mit der Frage: »Was ist der größte Reichtum eines Königs?«

So kam es, dass er sich inmitten seiner Schätze immer leerer und ärmer zu fühlen begann. Und eines Morgens tat er etwas, was er schon jahrelang nicht mehr gewagt hatte: Er stahl sich in aller Herrgottsfrühe in einem einfachen Gewand aus dem Schloss, um sich in seiner Hauptstadt umzusehen.

Was er sah, entsetzte ihn. Wohin er auch ging, überall sah er nur Arme, Kranke und Bettler. »Ich werde eine der ärmeren Gegenden erwischt haben«, sagte er sich und wandte seine Schritte zu den Villen seiner Fürsten. Doch auch hier sah er nur Verfall und Ruinen. Seine besten Leute waren längst ausgewandert, und in den leeren Häusern wohnten Ratten und Fledermäuse. Schließlich fanden seine Füße von allein ihren Weg hinauf auf den Hügel, von dem aus er sein Reich überblicken wollte, doch auf halber Höhe verließ ihn seine Kraft, und er sank auf einen Stein.

»Ich bin ein Bettlerkönig geworden«, sagte er zu sich selbst und weinte bitterlich.

Seine Tränen aber lösten die Kruste auf, die sich um sein Herz gebildet hatte, sie spülten die Verhärtungen in seinem Denken fort. Und er sah auf einmal ganz klar und sprach es laut aus: »Der größte Schatz eines Königs ist sein Volk, denn erst das macht aus einem reichen Mann einen König.«

Nach einigen Stunden stand der Bettlerkönig auf und stieg noch weiter den Berg hinauf, bis er zu der Grotte kam, in welcher der Diener als Eremit schon lange für ihn betete.

»Ich habe nun erkannt«, sprach der Bettlerkönig zu dem Eremiten, »dass du der Königlichere von uns beiden bist. Und darum sollst du herrschen an meiner Stelle. Ich aber will hierbleiben und dafür beten, dass jeder Einzelne meines Volkes wieder reich und glücklich werde.«

Der Diener verneigte sich vor dem König und sprach: »Ich will dir und dem Volk dienen, so wie du es wünschst.«

Und so befreite der Diener als Stellvertreter des Königs das Volk von den schweren Bürden und Abgaben, regelte die gesamte Regierung neu, und binnen weniger Jahre erblühte das Land in neuem Glanz. Der König aber wurde sehr mild und weise in der Eremitage auf dem Berg. Und täglich segnete er seinem Volk den Reichtum und fühlte sich schließlich selbst als reichster Mann der Welt.

ZWÖLFTES TOR

Die Religion des Herzens

Denn eine Herzensreligion ist nur dann eine des Herzens, wenn sie alle anderen Arten von Religionen und Glaubensrichtungen erlaubt und erträgt.

Die Begegnung mit dem Erzengel Ezechiel

Schon seit einiger Zeit sprachen die Engel immer wieder davon, dass wir uns in einer Übergangszeit zu einem neuen Zeitalter befänden, das ein »Ton-Engel« namens Ezechiel einläuten würde. Die Schulung, die ich erhielt und an andere weitergab, sollte dazu dienen, uns Menschen auf dieses Neue vorzubereiten. Die wichtigste Vorbereitung, erklärten sie, sei es, zu lernen, unsere »Herzen zu eröffnen«, unseren »Herzensraum zu erweitern«. Denn die neue Zeit würde uns eine neue Religion bescheren, die Religion des Herzens. Und diese neue Religion würde alle bis dahin bekannten Religionen vereinen, die Gegensätze auflösen und das Gemeinsame stärken.

Als Beate und ich beschlossen, ein Buch über die Lehren zu veröffentlichen, die mir das Universum all die Jahre so geduldig übermittelt hatte, da war es so weit: Ezechiel, der sich zuvor nur hin und wieder mit kurzen Mitteilungen wie aus weiter Ferne bei mir gemeldet hatte, wurde präsent und erwies sich tatsächlich als neuartig und überwältigend, ganz anders in seiner Art als die Engel, die ich bislang kennengelernt hatte. Und mit Ezechiels Anwesenheit hatte ganz unmerklich das neue Zeitalter begonnen.

Wer ist dieser Ton-Engel, dieser Ezechiel? Hier möchte ich einen Text wörtlich zitieren, mit dem er sich mir vorstellte:

»Ich bin Ezechiel –
ich bin ein Licht-Feuer-Engel.
Und ich erlöse vor allem das Alte,
was nicht mehr in der Zukunft sein soll.

Ich habe den Mut, nach vorne zu gehen,
ich habe das Vertrauen in die Liebe und das Gute
und bin somit der Schrecken für das Böse,
denn das nehme ich nie mit in die Zukunft.

In dir bin ich die Kraft des Vertrauens,
mutig nach vorne zu gehen, Altem nicht nachzutrauern,
denn wie weit du in die Zukunft vertraust,
erlöse ich deine Vergangenheit.

Dort, wo du dich bedankt hast, wo es köstlich war,
das bringe ich in den höchsten Himmel, für die Ewigkeit,
dort, wo das Ungute war,
verbrenne ich mit Tönen und Knallen
deine alte Schrott-Vergangenheit,
denn im ganz Neuen darf nur das Heilige sein.

So bin ich der Engel, der die Menschen den Mut lehrt,
die eigene Heiligkeit zu offenbaren
und sie nicht im anderen zu suchen,
sondern sich widerzuspiegeln im Heiligen,
damit das Heilige, das in dir ist, sich erblickt.

Es ist der heilige Blick,
das Begrüßen des heiligen Gefühls in dir,
das dann im anderen die Erinnerung erweckt,
sich auch zurückzuerinnern an das Allererste.«

Ezechiel bestätigte mir, was ich schon von Michael, Raffael und Gabriel wusste: Auch er wünscht sich, dass wir mit ihnen und der Wesensart verschmelzen, die sie repräsentieren, dass wir ihre »Art« in unser Leben integrieren. So erging es mir mit Michael immer wieder. Es kam vor, dass ich ihn gar nicht mehr hörte, nicht mehr fühlte. »Wo bist du, Michael?«, fragte ich. Um dann so etwas wie ein feines Lachen in mir selbst zu vernehmen: »Hallo, ich bin du geworden, du bist ich geworden, du trägst deine Michael-Präsenz in dir.«

Auch Ezechiel – wie all die Manifestationen der Einheit – will uns nah sein und mit uns verschmelzen. Sie sind fern und doch ganz nah, so nah, dass wir sie manchmal gar nicht mehr außerhalb von uns erkennen können.

Was ändert sich?

In der Zeit, die gerade zu Ende geht, also in der Welt, so wie wir sie seit Menschengedenken kennen, hatte das Ungute dieselben Rechte wie das Gute. Dem Menschen war ein Ich gegeben worden, damit er sich seiner Individualität, seiner Einzigartigkeit bewusst wurde und damit auch seiner Wünsche und Bedürfnisse. Auf diese Weise wurde die Welt so, wie wir sie kennen: voller Materie, die wir Menschen erschaffen haben. Voller wunderbarer Dinge wie nützliche Erfindungen, die uns das Leben einfacher machen, Kunst und Kultur und vieles mehr, aber auch voller zweifelhafter Dinge wie Berge von Müll, Waffen, Betonwüsten und so weiter. Durch die Betonung der Individualität entstand viel Gutes, doch wurde die Welt auch zu einem recht kriegerischen Ort. Denn das Individuum lebt auch davon, sich gegen andere abzugrenzen, angefangen beim kindlichen Erlernen von »mein« und »dein« über das Errichten von Zäunen zwischen nachbarschaftlichen Gärten bis hin zu Todesgräben und vermintem Grenzland. Das Ego lebt leider auch von dem ständigen Impuls, sich über andere zu erheben, anderen seinen Willen aufzudrängen, ja, andere zu unterdrücken. Das Individuum, hat es eine Erkenntnis entwickelt, strebt außerdem danach, diese als einzige Wahrheit auf der Welt durchzusetzen – und so entstanden einander bekämpfende Religionen, Kriege, Despoten und dergleichen mehr.

Damit der Mensch eine eigene Persönlichkeit, eine eigene Meinung und ein eigenes Ideal entwickeln konnte, wurde ihm nicht nur ein Ich verliehen, sondern gleichzeitig wurde ihm mit einer Art Illusionsnebel sein Wissen um die Ganzheit verschleiert, von der das Individuum eigentlich ein Teil ist. In der Zeit des Übergangs erwachte in den Menschen mehr und mehr die Ahnung, dass hinter der vordergründigen Alltagswelt noch etwas Größeres stehen muss, eine Sehnsucht nach der Ganzheit. Nicht nur ich, viele andere Menschen vor allem unserer westlichen Kultur machten sich auf die Suche nach etwas, was sie kaum benennen konnten: Ich nannte es »Wahrheit«, andere nennen es »Sinn des Lebens«, »Erleuchtung«, »Gott« – was auch immer. Wir alle erkannten in dem Nebel der Illusionsschicht, die uns umgibt, schemenhaft eine größere Wirklichkeit, etwas Höheres, etwas, wofür es sich zu leben lohnte.

Die große Müdigkeit und das Vertreten der reinsten Mächte

In der neuen Zeit wird diese Illusionsschicht nun langsam aufgelöst und verfeinert. Die großen Zusammenhänge des Universums werden nach und nach klarer und deutlicher. Dem Ich wird die Möglichkeit genommen, die Schuld für das, wofür es selbst verantwortlich ist, einem anderen in die Schuhe zu schieben, und seien es ganz allgemein »die Umstände«. In der Psychologie nennt man es »Projektion«, wenn man das, was man bei sich selbst nicht anzuschauen erträgt, auf einen anderen überträgt, also projiziert. Diese Abwehrmechanismen werden nicht mehr funktionieren, wir werden mehr und mehr mit unserem wahren Selbst konfrontiert. Und der Prozess bewirkt, dass sich viele Menschen in dieser Zeit besonders kraft- und saftlos erleben – erschöpft, ausgelaugt und ausgebrannt. Diese eigentümliche Müdigkeit kommt nicht von äußerer Überlastung, auch wenn es oft so scheint. Denn wir können die erstaunlichsten Belastungen aushalten, wenn wir »im Lot« sind. Vielmehr rührt diese weitverbreitete Müdigkeit daher, dass unser Ego, das seine Energie aus Gefühlen wie Konkurrenzkampf, Habgier oder Geltungssucht bezog, dieser Transformation unterworfen ist. In diesen Zeiten des Umbruchs heißt das, dass wir uns auf unsere eigentlichen, viel wirkungsvolleren Kraftquellen besinnen müssen: die Antriebsenergie, die uns beispielsweise die reinen Freuden und alle Formen der Liebe schenken können, wenn wir lernen, sie zu nutzen. Wir können uns unsere Situation so vorstellen: In einem großen Betrieb wird die Energieversorgung umgestellt von der Verbrennung von Kohle auf Photovoltaik. Das geht nicht von heute auf morgen, und während der Umstellungsphase fällt der Strom auch vielleicht mal aus. Das sind die Situationen, wenn wir uns unerklärlich müde und schlapp fühlen. Dann hilft es, dass wir uns auf die Energiequellen besinnen, die uns zwar schon immer zur Verfügung standen, die wir jetzt aber erst zu nutzen lernen. Und wie ein guter Elektriker in einem Stromkreis zunächst prüfen wird, ob irgendwo Energie verlorengeht, so sollten auch wir darauf achten, unsere Kraft nicht zu vergeuden, sondern stattdessen jede Schwachstelle unseres Systems, an der unbeobachtet Energie ins Leere fließt, aufspüren und heilen.

Ezechiel kann uns mit einer ungeheuren Menge an Energie beschenken, wenn wir es ihm erlauben. Er hilft uns, ungeahnte Quellen zu erschließen, zum Beispiel auch in unserem eigenen Körper. Und zwar nicht nur die Muskelkraft, sondern auch die Kraft der Finger, unserer Arme und Beine, Augen, Organe, Zellen und so weiter und so fort. Jeder Teil unseres Körpers kann für uns Energie absorbieren und transformieren. Auch unsere Gefühle, sind sie geordnet, können uns jede Menge Power schenken. Und grundsätzlich, so sagt Ezechiel, wagt der Mensch, sich so viele Kräfte zu erlauben, wie er demütig ist, die Mächte in reinster Art zu vertreten. Die Mächte in reinster Art vertreten – das heißt, sie nicht zum Eigennutz zu verwenden, keinen Machtmissbrauch mehr zu betreiben. Das heißt aber auch, sich nicht mehr als ohnmächtig zu empfinden gegenüber einer ungerechten Gesellschaft, sondern die Verantwortung zu übernehmen und entsprechend zu handeln. Zu tun, was in diesem Augenblick das Richtige ist, und nicht feige abzuwarten, bis ein anderer »es richten« wird. Es heißt, nicht zuzusehen, wenn Unrecht geschieht, auch nicht wegzusehen, sondern in der richtigen Art mit ihm umzugehen. Und zu segnen: »Möge schon morgen alles verwandelt sein!« Denn die Ezechiel-Energie ist eine Verwandlungskraft.

Anstelle der eigenen Idealisierung wird nun mehr an die Gemeinschaft gedacht werden, an das Ganze. Die Integration und Annahme unserer Fehler und Mängel, ihre Verwandlung ins Reine, so wie in den vergangenen Kapiteln gezeigt, wird bewirken, dass wir uns immer mehr als ganze, vollständige Menschen erleben werden. Die Fähigkeit, über einen Fehler zu sagen: »Ja, das bin ich auch«, sorgt dafür, dass wir im täglichen Leben viel sicherer und selbstbewusster sein werden, »unserer reinen Teile bewusst«, und damit viel zufriedener, glücklicher und erfolgreicher. Das wird jedem Einzelnen von uns helfen, Verantwortung zu übernehmen, für uns selbst und für die Gemeinschaft, in der wir leben. Statt an andere – sei es der Staat, die Familie, seien es Freunde, Kollegen oder Vorgesetzte, sei es gar das Universum selbst –

ständig Forderungen zu stellen, werden wir uns unsere Wünsche und Bedürfnisse selbst erfüllen. Und endlich erkennen, dass wir uns unsere Umwelt selbst erschaffen.

Das heißt nicht, dass die dunklen Freuden, die Freude am Negativen, vollkommen abgeschafft werden. Der Mensch, oder seine Struktur, wie Ezechiel es nennt, wird allerdings erkennen, wo er hingehört, wo er sich wohler fühlt: Hat er dunkle Freuden, geht er zum Dunklen. Hat einer nur helle Freuden, geht ihm der Dunkle aus dem Weg. Doch der Unterschied zu früher ist, dass sich die Gegensätze nicht mehr bekämpfen werden, das Gegeneinander wird aufgehoben, stattdessen wird sich die Welt ordnen und Gleiches sich zu Gleichem gesellen. Dennoch wird es auch Begegnungen zwischen den Gegensätzen geben, denn immer wieder haben wir die Wahl, einmal das andere auszuprobieren, um unsere Erfahrungen zu vervollständigen.

Jede Zyklenveränderung verunsichert uns Menschen und gibt uns das Gefühl von Verlorenheit. Es ist also in dieser Zeit das Wichtigste, dass wir lernen, in die eigene Kraft zu gehen.

Wenn der Illusionskörper, der Scheinglanz aufgelöst wird, dann melden sich auch die alten, ungelebten Gefühle wieder. Ungelebte Gefühle sind die schlimmen emotionalen Erlebnisse, die uns im Moment ihres Entstehens so schrecklich und unerträglich erschienen, dass wir uns instinktiv schnell von ihnen abgewendet haben. Oder wir haben sie einfach auf Eis gelegt, sodass sie in Kälte erstarrten, so mussten wir sie nicht fühlen beziehungsweise erleben. Jetzt, wo der Illusionsnebel sich lichtet, sind sie aber alle wieder da, und oft offenbaren sie sich nicht mehr als das, was sie ursprünglich einmal waren – unangenehmes Gefühlserleben –, sondern als Kör-

perschmerzen. Das ist lästig, hilft uns aber, das Ungelebte zu erkennen, es endlich zuzulassen, anzuerkennen und der Tiefe abzugeben.
Ungelebte Gefühle in Schach zu halten raubt uns immer unglaublich viel Energie. Stattdessen wäre es so viel besser für uns, sich ihnen mutig zu stellen und sie mithilfe der Tiefenräume im Nu in etwas Neues, Leichtes, anderes zu verwandeln. Dafür muss man aber auch die Freude am Klagen und Jammern überwinden, die Freude daran, etwas anderem die Schuld zu geben, und stattdessen selbst die Verantwortung übernehmen. Werden wir uns jedoch bewusst, dass wir nicht nur ein Ich sind, sondern dass das Ich nur ein winziger Teil von uns ist und wir viel, viel mehr sein könnten, wenn wir den Mut dazu hätten, dann tun sich uns ungeahnte Möglichkeiten auf.

Praxis: Der Blumenatem

Der Blumenatem ist eine Praxis, die Verletzungen heilt. Und da wir ein Ich haben, das die Energie verhindert, hilft folgende ganz einfache Meditation: »Ich trete ein in meinen Blumenatem.«
Allein die Vorstellung, in unseren persönlichen, prachtvollen Garten voller Blumen eintreten zu dürfen, hat eine ausgleichende und wohltuende Wirkung auf uns. Welche Blumen sehen Sie spontan vor Ihrem geistigen Auge? Das sind die, die Ihnen in diesem Moment guttun. Denn jede Blume steht für eine Heilenergie. Atmen Sie ihren Duft, ihre Aura in sich ein, und stellen Sie sich vor, dass Sie beides beim Ausatmen auf die ganze Welt verbreiten.
Der Blumenatem erlöst die Freude am Klagen und Jammern, ja, es gibt keinen anderen Atem, der uns besser von dem Gefühl des

Mangels erlösen kann, von dem Gefühl, nicht genug zu sein oder zu haben.

Wir kommen aus einer Kultur, in der man grundsätzlich zu viel für sich genommen und zu sehr nur an das eigene Wohlergehen gedacht hat. Das Gefühl von Mangel entsteht meist durch mangelnde Dankbarkeit. Und darum ist es hier wichtig, dass wir uns für all das bedanken, was wir bislang vergessen haben, und unseren Blumengarten auf die ganze Menschheit erweitern. Dabei segnet man nicht: »Möge die Menschheit vom Mangel geheilt sein« – man erwähnt den Mangel nicht. Denn dann erweitern wir unseren Mangel auf die ganze Menschheit. Stattdessen geht es darum, unsere Fülle, also unseren Blumengarten auf die ganze Menschheit zu erweitern, denn er hat die Fähigkeit, in sich den Undank und den Mangel zu heilen.

Man könnte sagen, dass der Blumenatem die Blockade erlöst, uns das zu geben, was wir brauchen, was immer das ist: Kraft, Geld, Nahrung. Er kommt aus der oberen Schicht des Herzens, er erhebt das Herz, die Gefühle, die leichte Schwingung: Er erhebt uns aus der Schwere der Erde und lässt uns erkennen, was selig ist.

Die Übung, in unserem Blumengarten zu atmen, erlöst das Klagen und zeigt uns den Weg, wie wir uns unter allen Umständen in unserem Leben das geben können, was unser Gefühl wirklich braucht: Liebe, Zärtlichkeit, Freude, Unvernunft, Gaben, Seligkeiten, Verzückung, Süße, was auch immer es ist. Denn in unserem Gefühlskörper ist schon alles enthalten, was für unser Wohlergehen am wichtigsten ist.

Und anstatt uns den Kopf zu zerbrechen: »Oje, wie löse ich jetzt dieses Problem?«, ist es viel hilfreicher, in unserem Pracht- und Blumengarten der Schönheit einzuatmen und ihn weit und breit zu erweitern, bis er die ganze Menschheit einschließt:

»Ich atme in meinem Garten der Schönheit ein
und erweitere ihn weit und breit, hoch und tief.«

Und wenn Sie dazu noch ein Mudra machen möchten, dann halten Sie Ihre Hände mit den Handflächen nach oben vor Ihren Bauch, und verschränken Sie Ihre Finger, sodass Ihre Fingerspitzen nach oben zeigen. Es kann Ihnen helfen, Ihren Blumenatem zu fühlen und zu erweitern.

Die Geschichte vom Kuhhirt und seiner Marie-Rose

Es war einmal ein Kuhhirt, der kam in ein Land voller saftiger Wiesen und bot den Bauern an, ihre Kühe zu hüten. In diesem Land aber hatten die meisten Menschen vergessen, hin und wieder ihre Kühe zu loben und ihnen dafür zu danken, dass sie täglich ihre Milch gaben. So waren die Kühe dadurch mit der Zeit im Herzen traurig geworden und mochten kaum mehr den Klee im Gras fressen, denn jede Kuh hat das Wissen, dass der Klee ihren Milchfluss fördert. Und so kam es, dass die Kühe immer weniger Milch gaben, und ihre Besitzer wussten nicht, warum.

Nur der fremde Kuhhirt, der vom Wesen her stets voller Freude war, bemerkte, dass er in der Gegenwart der Kühe traurig wurde. Er untersuchte die Tiere und stellte fest, dass deren Augen zwar voller Geduld und Vertrauen waren, ihre Euter aber schlaff und ohne Kraft. Und er konnte fühlen, dass die Kuhherzen traurig waren. Er machte sich die Mühe, sich in die Kühe hineinzuversetzen und ihre Trauer mitzuerleben, und schon ein Atemzug war genug, um zu erkennen, worunter die Kühe litten.

»Ich kann die Menschen nicht dazu zwingen, ihren Kühen dankbar zu sein«, dachte er, »doch kann ich es ihnen vorleben. Ich werde mir eine Kuh kaufen und sie loben und ehren.«

Der Hirte besaß nicht viel Geld, und die Kuh, die er kaufte, war die kleinste und erbärmlichste, und alle lachten ihn aus. Keiner glaubte daran, dass dieses Vieh je auch nur ein wenig Milch bringen würde.

Als sie hörten, dass er sie auch noch zärtlich »Marie-Rose« nannte – nach der jüngsten Tochter des reichsten Bauern –, lachten sie noch mehr. »Was für ein Idiot«, sagten sie. Das Mädchen Marie-Rose aber war ungeheuer wütend darüber, dass nun eine schäbige Kuh seinen schönen Namen trug.

Doch da der Kuhhirt ein fröhlicher Mensch war, kümmerte ihn das nicht. Stattdessen sprach er mit seiner Kuh Marie-Rose und lobte sie nun jeden Tag, sodass diese Kuh sehr glücklich war und gedieh und durch seine Liebe von Tag zu Tag kräftiger und schöner wurde – und auch die anderen Kühe freuten sich mit ihr. Sie gab Milch in Fülle und suchte emsig nach Klee, doch da wurden die einheimischen Bauern sehr bald ungerecht. Denn kaum wuchs der Klee, wurde die Kuh vertrieben, und jeder Bauer behauptete: »Das ist mein Land. Hier haben meine Ahnen den Klee gesät. Und hier sollen auch nur unsere Kühe grasen. Diese Kuh von dem hergelaufenen Hirten hat hier keine Rechte!«

Dass ihre eigenen Kühe mehr Milch hatten als vorher, erkannten sie wohl mit Freuden; doch wurden sie durch diesen Segen auch gierig und hatten anstelle von Dankbarkeit nur Undank und Kampfeswillen in ihren Herzen.

So kam es, dass sie in dem fremden Kuhhirten einen Feind sahen und ihn samt seiner Kuh Marie-Rose vertrieben.

Und was sagte da der Kuhhirt, wie er da so traurig seine Marie-Rose über die Wiesen wegführte in ein anderes Tal?

»Das ist alles meine Schuld. Ich habe nicht genug gegeben, ich habe nicht genug getan, wäre ich doch nur ein reicher Mann, dann hätte ich alle Kühe kaufen können! Jetzt muss ich sie noch elendiger zurücklassen, jetzt, wo sie die Freude kennen, wird ihr Herz gewiss brechen, wenn niemand mehr da ist, der sie liebt und ehrt und ihnen ein wenig Dank zurückgibt für all die schöne Milch.«

Um aber Marie-Roses Traurigkeit zu trösten, wand der Kuhhirt einen Kranz von wilden Blumen und legte ihn seiner Kuh um die Hörner. So geschmückt führte er sie davon.

Das aber hörte und sah das Mädchen Marie-Rose, das Beeren sammeln gegangen war. Ganz bestürzt lauschte es den Worten des Kuhhirten. Und ihr ganzer Groll, weil er ihren schönen Namen einer blöden Kuh gegeben hatte, schmolz in ihrem Herzen dahin.

»Was ist das?«, fragte sie sich im Stillen. »Lieben und ehren sollen wir die Kühe? Und ihnen danken auch?«

Als sie auf ihrem Heimweg an der Kuhweide ihres Vaters vorüberkam, betrachtete sie zum ersten Mal in ihrem Leben jede einzelne Kuh ein bisschen genauer. Sie erkannte, dass keine der anderen glich, schaute ihnen in die großen Augen, streichelte die glänzenden Mäuler. Und eh sich's Marie-Rose versah, erwachte in ihr eine Zuneigung zu diesen Tieren, die sie bisher stets als etwas

Selbstverständliches angesehen hatte, nicht mehr wert als ein Stuhl im Haus oder ein Teller im Schrank.

Von diesem Tag an kümmerte sich Marie-Rose um die Kühe, lobte sie und dankte ihnen. Und jedes Jahr um die Zeit, als man den Kuhhirten mit seiner Marie-Rose vertrieben hatte, schmückte die Bauerntochter ihre Kühe mit Kränzen von wilden Blumen und Kräutern. Weil das so schön aussah und weil Liebe ansteckend ist, taten es ihr die anderen Kinder nach, denn in Marie-Rose sahen sie alle ihr Vorbild. Und so wuchs in dem Dorf eine neue Generation von Bauern heran, die nie mehr vergaß, was sie ihren Kühen alles verdankten.

DREIZEHNTES TOR

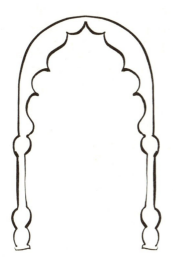

Das Zeitalter des Mutterkörpers

Bist du verbunden mit dem Mutteratem, kommt alles, was du brauchst, eigentlich zu dir, es kommt von der Außenwelt – du musst es nicht suchen: Du wirst das finden, was du brauchst.

Die universelle Schöpfungskraft

Die Betonung der Individualität, der Vorrang der eigenen Persönlichkeit, hat das Menschenherz energetisch sehr eng werden lassen. So eng, dass es sich eigentlich nur noch durch Schmerzerfahrungen wahrnehmen und erweitern kann. Wer durch diese Schmerzerfahrungen mitfühlend und großherzig wurde, war immer schon mit der Ganzheit verbunden, so wie es viele katholische Heilige waren oder Menschen wie Mutter Teresa und Mahatma Gandhi, um nur einige Namen zu nennen. Es ist kein Zufall, dass man mitfühlenden Frauen gern den Beinamen »Mutter« gibt, denn dies sind Eigenschaften der »Großen Mutter« oder des »Mutterkörpers«.

Sprechen wir von der »Großen Mutter«, dann ist nicht eine Frau oder eine Göttin damit gemeint, sondern eine besondere Energieform – wieder also benutzen wir eine Metapher. Die »Große Mutter« steht in der Engelsprache für die schöpferische Urkraft, für alles Unvollkommene, Einzigartige, so wie es auf der Erde millionenfach manifestiert ist: Betrachten wir einen Baum, dann erkennen wir, dass kein Blatt wie das andere ist, jedes einzelne ist verschieden, einzigartig. Wären die Blätter vollkommen, gäbe es also das »ideale Baumblatt«, dann gliche eines exakt dem anderen, aber die Schöpfung ist nicht so. In der Schöpfung gibt es nichts, was identisch ist, sie ist die unerschöpfliche Vielfalt. In allen Phänomenen der Natur können wir das beobachten: So ist zum Beispiel nicht ein Reiskorn wie das andere, jedes einzelne ist verschieden. Dasselbe gilt für die Schneeflocken, für Wassertropfen – man könnte diese Beispiele unendlich fortführen. Das ist es, wofür die »Große Mutter« steht. Sie repräsentiert nicht die Vollkommenheit, nicht das Ideal, sondern das offenbarte Herrliche, ein fühlendes Wesen, einen Erlebenskörper, einen »alles seienden Körper«.

In der Sprache der Engel sind »Mutter« und »Vater« archetypische Symbole für unterschiedliche Seinszustände oder Energieformen. In unserer Kultur werden sie leicht mit Gottvater und der Mutter Maria verwechselt oder mit einer Göttin des Matriarchats. Das ist hier aber nicht gemeint. Stattdessen steht »Vater« für den reinen *Ist*-Zustand der Vollkommenheit, »Mutter« dagegen für einen alle Möglichkeiten enthaltenden *Seins*- oder *Werdens*-Zustand – das Unerschaffene, das sich stets selbst erschafft und wird, die Urkraft der Evolution.

Das ist eigentlich recht schwer mit dem Verstand erfassbar, sondern am besten erfahrbar und fühlbar. Man könnte sagen, die »Große Mutter« oder das »Mutterprinzip« fungiert als eine Art vieldimensionales Spiegelwesen, durch das es uns überhaupt erst möglich wird, etwas zu erkennen und zu begreifen. Jeder Gedanke wird erst zu unserem, ergibt erst Sinn für uns, wenn wir ihn im Spiegel des Schöpferischen erblicken und gleichzeitig uns selbst dahinter gespiegelt sehen. Alles, was wir erkennen, trägt immer auch einen Teil von uns in sich, jede Erkenntnis ist persönlich gefärbt, erst so wird sie erlebbar. Unsere Sprache drückt das aus, wenn wir sagen, dass wir uns eine Idee »einverleiben«, sie be-»greifen«, umgangssprachlich »gefressen« haben und »verdauen« müssen. Die Tatsache, dass wir Gedanken und Sachverhalte im Spiegel des Mutterkörpers erblicken, bringt es auch mit sich, dass wir diesen Sachverhalt nicht nur »verstehen«, sondern gleichzeitig auch die Möglichkeiten, die mit diesem Sachverhalt verbunden sind, das gesamte Potenzial, das darin verborgen ist, das noch nicht Gewordene im Gewordenen, sich stets Erneuernden, das stets neu Werdende.

Das »Vaterprinzip« dagegen ist die Vollendung, die Vollkommenheit, und da es bereits IST und keine Qualität des WERDENS mehr in sich trägt, ist es ohne Energie. Es ist das ungeteilte »Alles-Sein«, das Höchste, das die Meister im Samadhi erfahren, im Zustand der Verschmelzung. Im Samadhi fühlt man sich nicht mehr, man geht auf in der Einheit, verschmilzt, löst sich auf. Und so, wie wir uns vielleicht danach sehnen, diesen Zustand zu erlangen, so sehnt sich dieses »Vaterprinzip« danach, sich selbst zu fühlen, sich zu erleben. Aus dieser Sehnsucht heraus ist die Schöpfung entstanden, und zwar in der Vermählung des »Vaterprinzips« mit dem »Mutterprinzip«, des vollendeten Ist mit dem nie vollendeten Werden.

In der alten Zeit, die gerade zu Ende geht, strebte die Menschheit dem Vaterprinzip nach, dem Ideal in der Verwirklichung des Individuums. Die neue Zeit ist nun der Verbreitung des Idealen für die Gemeinschaft gewidmet, dem Idealen für alle, nicht allein für den Einzelnen. Und die einfachste Art, dies zu verwirklichen, ist der Weg über die Verbindung der Menschheit von Herz zu Herz:

Der Mutterkörper, das »Mutterprinzip«
Es bedeutet das Ende der Suche nach dem Idealen:
Es bedeutet, das zu finden,
das anzunehmen, was du brauchst.

Es bedeutet, zu überwinden, nur an das Eigene zu denken,
und sich stattdessen bewusst zu werden,
dass wir Teil einer Menschengemeinschaft sind.

Und darum beginnen wir mit der Herzerweiterung
und verbinden uns mit der Hierarchie,
die den Nektar schenkt,
mit dessen Hilfe unsere Herzen geheilt werden
von den Verletzungen,
die unsere Herzen verengen,
die Verletzungen, die dann entstehen,
wenn wir unsere Dankbarkeit
nicht auch dem Schmerz schenken.

In sein Reinstes eintreten

Wie wir schon gesehen haben, hat die Vaterreligion den Sinn, die eigene Persönlichkeit zu fördern, das eigene Wünschen und Wollen, das eigene Wachsen. Um das zu ermöglichen, wurde das Ego erschaffen, der Ich-Körper, der erlaubt hat, das, was wir nicht sein möchten, dem anderen zu geben. Das machte das Herz klein und eng.

Ezechiel, der Erzengel der neuen Zeit, ist ein Mutterengel und verbunden mit dem Feuer. Dieses Feuer löst die Illusionsschicht auf, damit das bislang ungesehene Reine wieder den Vortritt hat. Denn in der alten Zeit hatten im Konfliktfall immer die Fehler den Vortritt, während sich das Reinste stets zurückgenommen hat.

Beim Dritten Tor haben wir über unseren reinsten Wunsch gesprochen, der uns den Weg zu unserem Erfolg zeigt, und beim Sechsten im Zusammenhang mit der Eröffnung unserer Gnade von unserem Reinsten als das, was wir als unseren ureigenen Verwirklichungswunsch schon mit auf die Erde bringen, wie den innersten Kern, der in einer Nussschale verborgen und geschützt in uns ruht. In der alten Zeit war das Zeigen dieses eigenen Reinsten oft mit der Überwindung von Scham verbunden, es fühlte sich »gefährlich« an; und nichts verletzte uns mehr, als wenn wir unser Reinstes offenbarten und dafür verspottet wurden. Wer erinnert sich nicht an seine Scheu, zu seiner ersten großen Liebe zu stehen, sich ihr zu offenbaren und die Worte »Ich liebe dich« zum ersten Mal auszusprechen, voller Furcht, zurückgewiesen und ausgelacht zu werden?

Die Scheu eines Dichters, zum ersten Mal ein neues Gedicht vorzutragen. Die Scheu einer Sängerin, zum ersten Mal auf der Bühne zu stehen und die Stimme erklingen zu lassen. Und so weiter und so fort. Je persönlicher, je reiner das ist, was wir vor anderen zeigen, desto nervöser sind wir. Und doch macht uns nichts glücklicher, als wenn wir es gewagt haben, dieses Reine zu zeigen.

Auch das gehört zu der Erweiterung unseres Herzens, zur Eröffnung unseres Herzenspalasts: sich sein eigenes Reinstes zu erlauben, die Nuss zu knacken, unseren innersten Kern mit allen anderen zu teilen.

Und hier möchte ich einen wunderschönen Text mit Ihnen teilen, den mir die Engel eröffnet haben:

Der, der sein Reinstes offenbart, vertreten hat,
er trägt die Krone, er tritt in sein Königreich ein.

Das Königreich –
es bedeutet zu erlauben, dass das Herrliche
im Anderen
in Begegnung geht mit deiner eigenen Herrlichkeit:
Daraus entsteht Neues, anderes, Kostbares.

Das normale, unbewusste menschliche Erschaffen
eröffnet sich immer über Fehler, über Mängel,
über das Falsche
und ist, wenn das Falsche, der Fehler nicht erlaubt,
ertragen wird,
verbunden mit sehr viel Kampf.
Statt dass die Energie benutzt wird,
dass es aus sich selbst heraus, aus dem Fluss entsteht,
wird verhindert, dass es vollbracht wird.

Das Eintreten in dein Erstes,
das dir ein Umhüllen mit deinem Reinsten jedoch erlaubt,
dass du wirklich erkennst, was für dich Freude
und Glück bedeutet.
Und oft muss man sich für das Glück eines Anderen opfern,
um zu entdecken,
dass es eigentlich am meisten dich glücklich macht.

Oft erschafft man Dinge und denkt dabei:
Das wird wunderbar!
Und wenn man es erlangt hat, dann erträgt man es nicht,
denn man war zu sehr im Wünschen.
Dann braucht es die Enttäuschung,
damit es wirklich deines wird, ein Teil von dir.

Was ist es, was du am meisten wünschst, es möge werden?
»Ich wünsche mir das.«

Wenn du dir den Herzenspalast erlaubst,
dann wagst du das auszusprechen,
dazu zu stehen und es auch zu verwirklichen.
Wirklich glücklich aber wird es dich machen,
wenn du zu wünschen wagst:
»Ich wünsche allen anderen Menschen genauso viel Erfolg,
genauso viel Glück und Freudenpracht!«

Wenn wir uns in den Mutterkörper, in das Mutterprinzip einlassen, dann werden wir fühlend und erlebend. Es bewirkt, dass wir nicht nur unsere Mitmenschen ehren und achten, sondern auch alle anderen Wesen, sei es die Pflanzen-, die Tierwelt oder die Welt der unsichtbaren Wesen. Und wir werden von allen mit den wunderbarsten Gaben beschenkt, bei weitem viel großartiger, als wenn wir uns einfach nur nähmen, was wir zu brauchen glauben.

Die Erweiterung des Herzens zum Herzenspalast

Unser Herzenspalast entsteht, wenn wir nicht nur unsere besten Eigenschaften gefördert, sondern auch ihr jeweiliges Gegenteil integriert haben. Das heißt: Sind Sie ein liebevoller Mensch, dann laden Sie Ihren Hass ein. Sprechen Sie zu ihm: »Hier, gegenüber meiner Liebe, ist dein Raum, hier darfst du sein. Sei still und störe meine Freude am Lieben nicht!« Oder wenn Sie ein fleißiger, kreativer Mensch sind, dann laden Sie Ihre Faulheit ein: »Hier, gegenüber der Kreativität, hast du deinen Raum. Hier darfst du sein, du meine große Faulheit. Und störe meine Freude am Arbeiten nicht!«

Sind Sie gern klug, dann laden Sie Ihre Dummheit ein; sind Sie gern fair und gerecht, dann laden Sie Ihre Ungerechtigkeit, Ihre fiesen Seiten ein. Und so weiter. Denn erst wenn Sie sich den ganzheitlichen Gefühlskörper erlauben und nicht nur eine Seite, dann – um in der Sprache der Engel zu sprechen – erlösen Sie Ihre Umwelt, ungut mit Ihnen umzugehen, Ihnen das zu zeigen, was Sie am wenigsten möchten. Denn nun haben Sie selbst beide Seiten der Medaille integriert; hat beispielsweise Ihre Ungeduld ihren Platz in Ihrem Herzen, dann eröffnen Sie im Anderen nicht die unbewusste Freude, Ihnen gegenüber unduldsam zu sein.

Wirklich verstehen muss man das nicht. Es genügt, dass es funktioniert. Probieren Sie es einfach aus. Sind Sie unglücklich, dann befassen Sie sich nicht mit den Gründen Ihres Unglücks, sondern fragen Sie sich einfach: Wo ist eigentlich der Raum meines Glücks? Geben Sie nicht Ihrem Unglück Energie, indem Sie es vorwärts und rückwärts analysieren, sondern suchen Sie die Lösung in seinem Gegenteil. Aha, Sie hatten sich etwas anderes vorgestellt? Sie sind enttäuscht? Was war es, was Sie erwartet haben? Was würde Sie jetzt glücklich machen? Und schon wissen Sie, wo Ihr Glück verborgen liegt. Als Nächstes können Sie Ihre Energie dazu verwenden, dass Sie sich das zu erfüllen versuchen, was Sie sich wünschen.

Es ist ein Spiel mit den Möglichkeiten, die uns gegeben sind, mit der Vielfalt unseres Herzens, wenn wir es weit öffnen, erweitern, Raum schaffen für alles, was wir bisher ausgeschlossen haben. Wir erinnern uns: Ablehnung wirkt wie ein Magnet, sie zieht genau das an, was wir uns am wenigsten wünschen. Warum laden wir dann all dieses Ungebetene nicht einfach ein? Beschauen es von allen Seiten: »Aha, so fühlt sich also meine Faulheit an«? Gönnen Sie sich beispielsweise einmal einen richtig faulen Tag, wenn Sie ein schaffender, kreativer, fleißiger Mensch sind und die Faulheit verabscheuen. Sie werden feststellen: Faul zu sein ist gar nicht so übel. Und auf diese Weise lernen Sie: Sie sind Meister Ihrer Faulheit ebenso wie Ihrer Schaffenskraft, Sie haben es in der Hand. Damit sind Sie die Furcht, eines Tages herauszufinden, dass Sie im Grunde Ihres Herzens ein extrem fauler Mensch sind, ein für alle Mal los.

Solange wir nämlich einen guten und einen schlechten Bruder, eine gute und eine schlechte Schwester haben und nicht jeder so sein darf, wie er ist, so lange erlauben wir es unserem dualen, gegensätzlichen Gefühlskörper, uns wie auf einer Achterbahn hin und her zu werfen, auf und ab.

Wir Menschen sind es gewöhnt, dass wir negative Erlebnisse viel wichtiger nehmen als positive. Der Vorteil davon aber ist, dass wir aus dem Negativen lernen können, was wir uns eigentlich wünschen. Wenn wir in der neuen Zeit des Mutterkörpers lernen, die Gegensätze zu integrieren, dann lernen wir auch, das Negative nicht mehr so wichtig zu nehmen, jedenfalls nicht wichtiger als das Gute. Erfolg und Misserfolg haben denselben Stellenwert, der einzige Unterschied ist, dass wir aus dem Misserfolg, wenn wir in der richtigen Weise mit ihm umgehen, den Weg zum Erfolg ableiten können. Wollen wir erfolgreiche Menschen sein, dann sollten wir auch unseren Misserfolg einladen, so wie wir es oben mit Liebe und Hass, Fleiß und Faulheit, Klugheit und Dummheit getan haben. Fürchten wir uns nicht mehr vor dem Misserfolg, sondern hat er seinen eigenen Platz in unserem Herzenspalast, dann wird er uns im Außen nicht mehr verfolgen.

»Meine Güte, ist das kompliziert«, sagte mir einmal eine Schülerin dazu.

Ich musste lachen. Und ich erklärte ihr auch, warum: »Genau! Versuch es mit deiner Güte. Schenk deinen negativen Gefühlen, deinem Ärger, deiner Frustration, deiner Wut – alldem schenk deine Güte. Sei gütig mit diesen Gefühlen, und du wirst sehen, sie zeigen dir den Weg zu deinem Glück.«

Es ist die Überwindung des Dagegenseins, des Wertens in Gut und Ungut. Denn im Spiegel des Mutterkörpers sind Gut und Ungut ein untrennbares Paar, zwei Seiten einer Medaille. Das eine ist der Spiegel für das andere. Bewerten wir aber eine Seite höher als die andere, dann verhindern wir uns damit selbst. Dabei gibt es im Himmel unendlich viele Wesen, die es ersehnen, uns das zu geben, was wir brauchen. Aber das geht nur in der Ganzheit.

Die Erfindung des Schuldkörpers

Darum brauchen wir Menschen in dieser Übergangszeit so viel Kraft: Wir sind es einfach noch nicht gewohnt, Erfahrungen in ihrer Ganzheit zu machen und zu ertragen. Da wir die Seiten, die wir negativ bewerten, aber so lange ausgeschlossen haben, braucht es Kraft und Mut, damit unsere Energie jetzt nicht nach unten in die Traurigkeit, in die Sinnlosigkeit geht. Ganz typisch für diese Übergangszeit, in der wir uns befinden, ist das Gefühl: »Das hat ja doch alles keinen Sinn!« Oder: »Ich werde nie erreichen, was ich mir wünsche!«

Aber davon dürfen wir uns nicht beeindrucken lassen, es zeigt uns vielmehr, dass wir uns die Tiefe noch nicht wirklich erlauben. Die Praxis des Tiefendurchgangs oft zu wiederholen ist sehr hilfreich und erlaubt, dass wir immer wieder in unsere ursprüngliche Kraft kommen können. Erfahren wir sogenannte Unglücke oder Schicksalsschläge, dann ist der einfachste Weg, zu unserem Glück zurückzugelangen, dass wir uns in der Tiefe etwas erlauben, was ich den »Schuldkörper« nenne. Ein Beispiel: Stellen Sie sich vor, Sie leihen jemandem Ihr Auto, und er fährt es zu Schrott. Wir wollen uns jetzt nicht lange damit aufhalten, wie man normalerweise reagieren würde: empört, voller Schuldzuweisungen.

Stattdessen machen Sie jetzt folgende Übung. In aller Stille wiederholen Sie dieses Mantra, bis Sie es ganz so empfinden:

»*Ich bin schuld daran,
dass du mein Auto zu Schrott gefahren hast.
Ich bin schuldig,
ich bin schuldig,
ich bin schuldig.*«

So paradox das klingen mag, aber diese Übung bringt Sie in Ihre Unschuld, und zwar in dem Moment, in dem Sie darauf verzichten, den anderen anzuklagen. Wozu das gut sein soll? Es bewirkt, dass Sie nicht in den Kreislauf von Vorwürfen und Anklagen geraten, der Sie persönlich energetisch nur blockiert. Zu sagen, dass Sie selbst Schuld daran tragen, löst aber die blockierenden Energien im Nu auf. Sie werden alles, was nun zu tun ist, viel leichter bewerkstelligen. Es bewahrt Sie davor, einen Freund zu verlieren, nur weil er Ihr Auto kaputt gefahren hat. Darüber hinaus wird diese Praxis erlauben, dass Sie ein noch viel herrlicheres Auto bekommen werden, eines, das Sie sich sonst nie gestattet hätten. Denn ertragen wir das ganze Unrecht, ohne dagegen zu sein, dann ertragen wir dreimal mehr unser Recht – so wie wir es bei den Freudengesetzen gelernt haben (»Fünftes Tor«).

Ich weiß nur zu gut, dass unser Ich auch in der neuen Zeit noch stark genug sein wird, um hier Einspruch zu erheben. Dann hilft es, die Praxis weiter zu vergrößern. Statt nur zu sagen: »Ich bin schuld daran, dass mein Nachbar so ein Ekel ist«, formulieren Sie: »Ich bin schuld daran, dass es auf der Welt noch Krieg gibt.« Das ist sogar einfacher, denn unser

Ich reagiert geradezu sprachlos darauf, wenn wir uns die Schuld daran geben, dass auf dieser Welt noch Krieg herrscht. Der Trick aber ist: In »der ganzen Welt« ist unser Nachbar mit enthalten. Und darum lassen Sie uns in unserer Vorstellung einen »Schuldkörper« erschaffen, einen Körper, der, wenn nötig, alle Schuld auf sich nimmt. Ihn zu benutzen, um den Widerstand unseres Ichs aufzulösen, ebnet uns den Weg zu neuen Lösungen. Diese Praxis hilft uns, dass das Beste Teil unseres Leben werden kann. Die größte Unrechtserfahrung kann somit die Eröffnung zu unserem größten Erfolg, zu unserer größten »Herrlichkeit« werden.

Die Segen der Dankbarkeit

Auf diese Weise – wenn wir den Widerstand gegen alles Negative aufzugeben in der Lage sind – können wir endlich die Hilfe von unserem Universum annehmen, von den Wesen, den Energien, den Gaben, die schon lange darauf warten, uns zu beschenken. Dann heißt es, dankbar zu sein, damit das Wesen, das gegeben hat, sich erkennen und auch sehen kann, was wir in der Zukunft außerdem noch alles benötigen. Für den Menschen ist es eigentlich unmöglich, alles anzunehmen, was er braucht, wenn er sich nicht mit seinem Herzensraum verbindet. Denn der zum Palast gewordene Herzensraum ist eine Kommunikationszentrale, mit der sich jedes Wesen, jede Himmelsmacht, Ihr gesamtes Universum mit Ihnen verbinden kann. Das Herz, ist es erweitert und eröffnet, kann Ihnen dann noch viel mehr überreichen, Dinge, Fähigkeiten oder Erfolge, die Sie vielleicht noch gar nicht zu wünschen wagen würden. Und gleichzeitig ist das Herz eine Art Transformator, der Ihnen die Gaben so überbringt, dass sie Ihnen entsprechen und dass Sie mit diesen Geschenken überhaupt etwas anfangen können.

Der Herzenspalast entsteht, wenn die Gefühle ausgeglichen sind. Im normalen Gefühlskörper sind die hellen, von uns »positiv« gewerteten Gefühle oben, die dunklen oder »negativen« unten. Im Herzensraum jedoch wird aus dem »Oben« und »Unten« ein horizontal angelegter Raum: Das »gute« Gefühl ist gegenüber dem »unguten«, und zwar jedes. Wie wir bereits wissen, gibt es kein Gefühl, das nicht ein Gegenüber hätte. Sogar die Liebe ist verbunden mit der Nichtliebe, die uns immer zeigt, wo unser momentaner Fortschritt ist, auf unserem Weg zum ganzen Menschen, zum Meister oder zur Meisterin unseres Lebens.

Ins Herz atmen – der Mutteratem

Viele Menschen schrecken vor der Ganzheit zurück. Sie ist so groß, so überwältigend, sie umfasst alles, auch das, was wir früher doch so sorgfältig auseinandersortiert hatten. Jetzt soll alles in seiner Ganzheit erlaubt sein? Über den Verstand ist das nicht so leicht zu verwirklichen.

Es gibt aber eine Methode, mit der es einfach wird: über unseren Atem. Der Atem ist meinungslos, er hat weder Angst noch Vorlieben. Und darum ist er unser treuester Diener. So stellen Sie sich einfach vor, Sie atmen in Ihr Herz ein, und mit jedem Atemzug wird es größer, weiter, breiter, bis es sich über den gesamten Globus ausdehnt und die ganze Welt darin Platz hat.

Verbinden wir uns mit dem Mutteratem – ganz einfach in unserer Vorstellung –, dann kommt alles, was wir brauchen, wie von selbst zu uns. Alles wird einfach. Waren wir bislang Suchende, so werden wir jetzt Findende. Wir finden das vor, was wir brauchen. Hatte unser Ich vorher ein Wollen, so ist es jetzt das Erkennen: »Aha, da braucht es das.« Und es wird.

Denn wenn der Mutterkörper eine Art Spiegel ist, wie könnten wir dann erkennen, was nötig ist, wenn es nicht in der Umwelt schon längst vorhanden wäre? Wie könnten wir uns eine Fähigkeit wünschen, wenn sie nicht schon längst in uns angelegt wäre?

Das Geheimnis der Mutterenergie ist, alles anzunehmen, so wie es ist, und gleichzeitig in der guten Erwartung zu leben, dass werden möge, was richtig ist. Es ist die sichere Erwartung, dass alles gut wird.

Was bringt die Mutterreligion?

Die Mutterenergie schenkt das reine Mitfühlen, das reine Erleben und die tiefe Erfahrung, dass wir mit allen und allem verbunden sind. Sie macht uns außerdem bewusst, dass wir »alles andere« auch sind beziehungsweise dass es ein »Alles andere« gar nicht gibt. So gelangen wir irgendwann zu der Erfahrung unseres gesamten Universums. Während in der Zeit der Vaterreligion – also dem Zeitalter, das nun zu Ende geht – das menschliche Erschaffen nur über das Falsche, über den Fehler möglich war, haben jetzt die reinen Energien wieder den Vortritt.

Die Mutterreligion erlöst die Menschheit von der Armut. Und zwar sowohl von ihrer Armut in den Gefühlen als auch in der Materie. Die Verteilung der Güter auf der Welt wird wieder gerechter werden, denn derjenige, der nur an sich denkt, wird die Luft aus seinen höheren Ebenen nicht mehr ertragen. Die Mutterreligion ist das Auflösen der Begrenzung, der Grenzen, des Einschränkens; sie ist die Macht und Kraft der Verwandlung, auch wenn es noch einige hundert Jahre brauchen wird, bis wir Menschen alles, was wir Unseliges auf der Erde eröffnet haben, in sein jeweiliges Gegenteil verwandelt haben werden.

Auch der menschliche Körper wird sich verändern, es wird eine Evolution geben, in der sich das menschliche Bewusstsein und die Bedürfnisse wandeln werden. Es heißt, dass sich der Mensch bereits nach Ablauf von 2000 Jahren von Licht ernähren und nur noch dann essen oder trinken wird, wenn er Freude daran hat, aber nicht aus Notwendigkeit.

Es gab schon immer Zyklen, in denen sich die Mutter- mit der Vaterreligion abgewechselt hat. Aber auch während der alten Zeit, die jetzt zu Ende geht, gab es immer Völker oder Menschen, die ganz den Gesetzen der Mutterreligion gefolgt sind. Es ist nie völlig ausgestorben, so wie es auch in der Mutterreligion in der Zukunft immer wieder auch Völker oder Orte geben wird, wo die Vaterreligion gelebt wird. Dies wird aus eigener Entscheidung der Menschen geschehen, aus eigener Wahl.

Die Mutterreligionen haben weniger Sinn für das Erschaffen und das Denken in langen zeitlichen Zusammenhängen, es zählt mehr das, was jetzt wichtig und richtig ist. Und doch wird es große Fortschritte, ja, Evolutionen durch die Zusammenarbeit der Menschen mit allen Wesen des Universums geben, weil der Mensch in der Mutterreligion die Gesetze der reinen Energien nicht mehr missbrauchen wird. Dann wird die Materie irgendwann einmal mehr nach Ebenen erschaffen statt nach Bedürfnissen, nach Bedürftigkeit. So kann es sein, dass die Liebe schon mal ein Transportmittel erschaffen könnte, das ankommt, bevor es losgefahren ist – ein Mysterium.

In der Schöpfung löst sich das Negative immer in sich selbst auf, dadurch, dass etwas ganz Reines, Neues eröffnet wird. Eine neue Möglichkeit, eine neue Kraft, eine neue Energie. Die Schöpfung arbeitet nie gegen etwas, auch wenn es sich als falsch oder schädlich herausstellt. Sie hat ganz andere Methoden, wie man in der Evolution feststellen kann. Ein nicht mehr sinnvolles »Modell« läuft einfach aus. Nehmen wir ein Beispiel: Wir verschiffen Soja aus China nach Brasilien, damit ihn dort Rinder fressen können, die den Menschen in den USA und Europa als Nahrung dienen. Solchen Unsinn wird das Universum so auflösen, dass der Mensch irgendwann einmal überhaupt nicht mehr essen muss.

Soll der Hass, aus dem Krieg, Zerstörung und Not entsteht, aufgelöst werden, dann kämpft der Himmel nicht gegen ihn an. Stattdessen segnet er die Neugeborenen mit der Kraft der Liebe, mit dem Gefühl, sich unabhängig von den Eltern als geliebt zu erleben und damit nicht mehr so verletzlich zu sein und im Gefühl für den Hass angreifbar.

Viele Menschen machen sich so viele Gedanken, wie man das Schlimme auf der Welt auflösen kann. Wir können aber sicher sein und darauf vertrauen: Der Himmel macht das auf seine Weise.

Erleben wir uns in der neuen Zeit als mit allem verbunden, dann macht es auch keinen Sinn mehr, die Welt in Religionsterritorien einzuteilen. Der Hintergrund, warum viele heilige Lehrer die Annahme aller Religionen verkünden, hat mit dem Herzenspalast zu tun. Und Hazrat Inayat Khan, der Vater von Pir Vilayat, war einer der Ersten, die das überhaupt gelehrt haben. Er führte etwas völlig Neues ein: den Universellen Gottesdienst, in dem jede der großen Weltreligionen einen Beitrag zu einem gemeinsamen Thema beisteuert. Das schafft einen Austausch an Wissen, an Erleben, an neu gewordenen Gefühlen. Denn im Universum werden Religionen immer so erschaffen, wie es für die Entwicklung einer Menschenart gerade wichtig ist, um aber schlussendlich die Erfahrung, das Gewordene mit allen anderen zu teilen. So wird ein Hindu nie das letzte Geheimnis in seiner Religion gelüftet haben, wenn er die Erfahrung nicht auch mit dem Christentum gewagt hat. So wird ein Jude nicht das Geheimnis seiner geliebten Lehre wirklich schätzen, wenn er nicht in Begegnung mit den Erfahrungen des Islam gegangen ist. So wird ein Muslim den Schatz seines Herzens nicht wirklich finden, wenn er es nicht überwindet, seine Religion als die einzige, die beste zu erfahren. Denn da bedeutet der Schmerz des Teilens der im Islam enthaltenen Schätze die letztendliche Eröffnung: ein Schatz für jeden Menschen auf dieser Erde.

So wird es in der Zukunft keine neuen Religionen mehr geben, weil der Mensch fähig wird, über sein Herz seine eigene Religion zu finden und zu vertreten. Und dies ist, was mit der Religion des Herzens gemeint ist.

Ezechiel – eine Vision in die Zukunft

Der Erzengel Ezechiel ist jetzt ganz heruntergestiegen und wird sich während der nächsten zwei- bis dreitausend Jahre in jedem Menschen verwirklichen. Er ist ein Licht-, Ton- und Feuerengel und wird die verborgene Wahrheit offenbaren. Er bewirkt, dass von nun an das Reine und Herrliche den Vortritt vor allem anderen hat. Dabei möchte Ezechiel nicht als Engel gesehen sein, denn er weiß, welche Ehrfurcht wir Menschen vor einem Erzengel haben. Ehrfurcht schafft Distanz, und Ezechiel will jede Distanz auflösen und in uns »sich werden«. Das bedeutet: Er opfert sein Wesen, seine Qualität, um Sie und ich zu werden. Und das bei jedem einzelnen Menschen.

Seine Energie wird im menschlichen Gefühlskörper jede Ablehnung erlösen, und das wird vor allem über die Musik geschehen. Es wird eine Zeit geben, in der die Musik die Menschheit über den gesamten Globus hinweg verbinden wird. Da wird der Mensch fähig sein, in einem einzigen Ton alle Klänge und Melodien wahrzunehmen und mit ihnen zu verschmelzen. Denn es wird der Ton sein, der dem Menschen den Weg zeigen und die Türen öffnen wird, die er noch verschlossen hat – oben wie unten. Und so wird der Mensch noch viele Tiefenraumerfahrungen wagen und nicht mehr mit Angst und Furcht davor wegschrecken. Sondern er wird sogar in Satan einen Freund entdecken, der ihm den Weg zu seinem letzten Spiegel zeigen kann, zu dem, wovor er als Letztes noch zurückschreckt, damit er auch dies integrieren kann.

Ezechiel will keine neuen Lehren bringen, sondern die Lehren offenbaren, die im Menschen schon verborgen enthalten sind. Das wird alle Bereiche umfassen, ob Wissenschaft, Technik, Kunst oder Kultur. So werden wir noch viele Sprachen lernen müssen, bis seine Worte von jedem Menschen auf der ganzen Welt verstanden sein werden: die Sprache der Gefühle.

Das Alphabet des Gefühls beginnt in der Liebe. Denn in der Liebe verstehen wir uns heute schon sprachlos, körperlos, und doch können wir miteinander verschmelzen. In der Freude eröffnet sich die Sprache der Gefühle in Tönen und Geräuschen. Unser Herzensmuskel braucht dafür allerdings noch viel Kraft, bis er sich durch alle Gefühle gegraben hat, denn die letzte Sprache wird ohne Worte sein – aber für alle verständlich.

Worte des Erzengels Michael

Michael hat die Freude, die neue Mutterreligion noch ein bisschen anders zu erklären: »Die Mutterreligion hat nichts mit den frühen matriarchalen Religionen zu tun. Dort ging es mehr um das menschliche Zusammenleben auf der Erde. In der Mutterreligion geht es vielmehr darum, dass die Menschheit es erlernen möge, ein ›ganzer Mensch‹ zu werden, ein ganzheitlicher Mensch. Denn es ist nur dem Menschen gewährt, mit allen Ebenen verbunden zu sein. Und bis jetzt haben wenige alle Ebenen gewagt. Die meisten sind somit noch unvollständig. Und erst wenn der Mensch alle Ebenen integriert haben wird, wird er das sein, was er eigentlich schon von Anfang an sein konnte: ein Wesen, das alle Gesetze vertritt, alles Denken, alles Wissen, alles Können, alles Haben, doch immer auch in der ganz eigenen, persönlichen, individuellen Art. Denn nur der ganze Gefühlskörper erträgt alle Ebenen und erlaubt somit das Einzigartige.«

Was der Erzengel Raffael noch sagen möchte

»In der neuen Energieart der Mutterreligion lehre ich vor allem die Freundschaft, die Bruderschaft, die Schwesternschaft, die Fähigkeit, den anderen wirklich zu verstehen. Die Männer sich und die Frauen sich und die Männer. Denn der Mensch hat bis heute noch nicht wirklich verstanden, was sich hinter den Geschlechtern tatsächlich verbirgt, sie sind noch sehr missverstanden und die eigentlichen Unterschiede unbekannt. Wenn die Männer aber die Frauen imitieren und die Frauen die Männer, verdreht sich alles. Und das ist in der neuen Zeit am meisten ersehnt: dass die Frauen sich als Frauen finden und auch den Mann zwar als anders, aber ebenso herrlich erleben.

Dass in dieser Zeit sehr viel Homosexualität, Bisexualität gelebt wird, kommt daher, dass viele Menschen auf der Suche nach sich selbst sind. Aber das Sichfinden wird nicht in der geschlechtlichen Liebe stattfinden, sondern im ganzheitlichen Körper der Liebe – der Liebe, die alles erlaubt und alles erträgt. Es wird eine Zeit kommen, in der die Geschlechtlichkeit nicht mehr so wichtig sein wird. Denn die missverstandene gegensätzliche Geschlechtlichkeit ist der wirkliche Ursprung der Feindschaft und der Kriege zwischen Völkern und Ländern. Kriege wird es somit in der neuen Zukunft kaum mehr geben, nur noch dort, wo die Menschen das Kriegführen als eine Freude erleben.«

VIERZEHNTES TOR

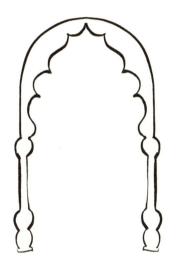

Die Ordnung des Universums – eine Zusammenfassung

Der Mensch, der das Ur-Singen des reinsten Göttlichen in sich eröffnet hat, kann auf geradem Weg das Reinste, Hellste in sich eröffnen, wenn der heiligste Funke, der in jedem Menschenherzen enthalten ist, entzündet wird.

Der Versuch einer grafischen Darstellung

In den vorangegangenen Kapiteln haben wir oft von »Räumen« gesprochen, von »oben« und »unten«, um Zusammenhänge erlebbar zu machen, die eigentlich unseren menschlichen Verstand übersteigen, und Vorstellungen, die schwer in unserer Sprache fassbar sind. Manche Schüler baten mich schon länger, diese »Ordnung« genauer zu beschreiben, damit sie sich das Ganze besser vorstellen könnten. Damit habe ich lange gewartet, denn mir ist klar, dass die Ordnung des Universums viel komplexer ist, als dass sie sich in unserer Vorstellung von Raum und Zeit festhalten ließe. Dennoch habe ich mich jetzt zum ersten Mal von den Engeln inspirieren lassen und eine Zeichnung erstellt, die – wie alle schematischen Darstellungen von komplexen Zusammenhängen – natürlich nur eine Vereinfachung sein kann, eine Orientierung. Davon abgesehen, dass die wahre Ordnung des Universums viel mehr Dimensionen umfasst, als wir sie überhaupt erfassen können, ist sie lebendig und ständig in Bewegung, so wie wir ja gesehen haben, dass die Engel, die uns leiten, ebenfalls stets in Bewegung sind und sich in der Aufgabe, uns Menschen zu leiten, miteinander abwechseln und ergänzen.

Und so ist nach vielen Versuchen die Form entstanden, die Sie auf Seite 344 sehen. Sie soll unserem Erleben auf dem Weg zur Meisterschaft als eine Art Landkarte Orientierung schenken.

Betrachten wir das Bild, dann entspricht der Kreis in der Mitte, der Mental- und Gefühlskörper, mehr oder weniger unserem menschlichen Erleben (Ziffern 11 bis 16). Hier finden wir unsere Gefühle, die hellen und die dunklen, unsere Erfahrungen und Erinnerungen sowie das Erleben unserer äußeren Welt.

Unsere Gefühlswelt ist als Doppelpyramide dargestellt: Die hellen, von uns als positiv gewerteten Gefühle bilden die obere Hälfte, die dunklen, schmerzhaften, von uns als negativ gewerteten die untere. Es ist das Bild des Gefühlskörpers eines Menschen, der seine Emotionen bereits geordnet und integriert hat: Was nach unten gehört, ist unten, was nach oben gehört, ist oben. Das Meditieren über die Doppelpyramide mit ihrer hellen und ihrer dunklen Hälfte ist übrigens eine wunderbare Praxis, um seinen Gefühlskörper immer wieder in Balance zu bringen.

Unser Mentalkörper, der Teil von uns, mit dem wir denken, ist uns gegeben worden, damit wir eine Vorstellung davon entwickeln können, was sein könnte. Er ist ein Erschaffenskörper, und unsere Meisterschaft besteht darin, ihn zum Wohl der gesamten Menschheit zu nutzen (und auch zu unserem Wohl, denn wir sind Teil der ganzen Menschheit). Uns zur Verfügung stehen außerdem eine unglaubliche Menge an Energien oder Wesen, wenn wir es zulassen und wir uns auf sie einlassen.

In der Schule der Engel lernen wir nun zunächst, mit unserem physischen Körper gut umzugehen, dann, unseren Gefühlskörper zu ordnen und auszugleichen. Die Sehnsucht nach der Ganzheit bewirkt anschließend, dass wir auch die anderen Bereiche erfahren und integrieren möchten, die in meinem gezeichneten Schema als Kreise unten und oben angeordnet sind. Der obere Teil des obersten Kreises (Ziffern 1 bis 6) symbolisiert die EINHEIT, die wir zunächst als eine einzige Größe erfahren. Erst wenn wir unser Erleben verfeinern durch die Integration der verschiedenen Ausprägungen der Liebe, zum Beispiel der Sternenliebe (Ziffer 17), durch die Reinigung mithilfe des Durchgangs durch die eigene Tiefe, die Eröffnung der Gnade und das Kennenlernen und Praktizieren in den Heiligen Räumen, dann sind wir in der Lage, in der EINHEIT ihre unterschiedlichen, differenzierten Aspekte wahrzunehmen.

Ganz oben finden wir das, was ich mit IST bezeichnet habe, was wir aber auch »Vollkommenheit« oder »Gott« nennen können, so wie es unserem Glaubenshintergrund entspricht. Sie erinnern sich: Im letzten Kapitel beleuchteten wir den Unterschied zwischen dem Vaterprinzip, das hier gemeint ist,

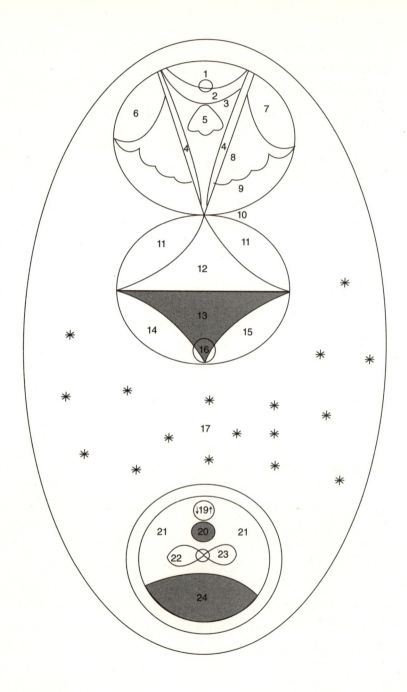

1 Ist-Liebe (einzigartig, Frieden)
2 Vaterrand (Fehler, Mangel, Lücke, nichts)
3 Schmerzkörper
4 Reingeist, Mutter- und Vatersohn
5 Freude
6 Stiller Raum
7 Vielfalt, Feinheit
8 Erzengel, Kräfte, Mächte
9 Hierarchie, Meister, Heilige
10 Absolute Wahrheit

Mentalkörper, Gefühlskörper
11 Gut-ungute Erfahrungen, Erinnerung
12 Helle Gefühle
13 Dunkle Gefühle
14 Farben, Formen
15 Pflanzen, Tiere, Wesen- und Feenwelt
16 Pankönig

17 Sternenhimmel, Sternenliebe

18 Todesfreund (Ort für die Fehler, Mangelabgabe)
19 Falsche Kleider (auf- und heruntersteigende Engel)
20 Dunkler Raum (Schablone, Vision)
21 Satan, Ariman, Furcht, Ängste
22 Weiblicher Wurzelraum (Gefühle ausgleichen)
23 Männlicher Wurzelraum (Fehler-, »Sich-Sein«)
24 Schweigeraum (ALLES SEIEND)

und dem Mutterprinzip, dem Mutterkörper, der in diesem Schema wie eine Hintergrundfolie hinter allem verborgen ist, alles durchdringt und nicht an einem bestimmten Ort lokalisierbar ist. Im IST, im Vaterprinzip oder Gott, ist alles Licht – und keine Energie, denn die Vollkommenheit ruht in sich selbst und hat keinen Drang. Wohl aber die Sehnsucht, sich selbst zu erleben, und darum entstand die Teilung in zwei Energiestrahlen (Ziffer 4), die als Ergebnis der Vermählung der Vollkommenheit (dem IST) mit der Unvollkommenheit (dem WERDEN) in unsere Welt herunterfließt. Die Engel nennen diese beiden Energiekanäle, die von ihrer Qualität her verschieden sind, so wie das Vater- und das Mutterprinzip ebenfalls verschieden sind, »Vater-Sohn« und »Mutter-Sohn«. Der Begriff »Sohn« steht hier für eine Form der Energie und entspricht im Christentum der Vorstellung vom Heiligen Geist, der auch hier die Aufgabe hat, das Göttliche in eine menschliche Erlebensdimension zu transformieren.

Das IST, die Vollkommenheit, trägt um sich einen Schutzrand, »Vaterrand« genannt (Ziffer 2). Auch dieser Bereich ist ohne Energie, doch im Gegensatz zur Vollkommenheit ist dieser Schutzrand dunkel. Hier finden wir all das, womit wir oft zu kämpfen haben: den Mangel, die heiligen und unheiligen Fehler. Obendrein wird dieser Vaterrand durch einen feinen Rand geschützt, den Schmerzkörper (Ziffer 3), und durch all dies müssen wir hindurch, wenn wir eine Ahnung vom Göttlichen, von der Vollkommenheit, dem IST erlangen wollen. Der Grund dafür ist, dass wir, könnten wir einfach so zum IST durchmarschieren, diesen Zustand überhaupt nicht ertrügen, er übersteigt unser menschliches Maß dermaßen, dass er uns vernichten würde. So gesehen schützen uns diese beiden Ränder, der Vaterrand und der Schmerzkörper. Gleichzeitig bieten uns diese Bereiche die Möglichkeit, über unser Menschenmaß hinauszuwachsen und unseren eigenen Vollkommenheitsanteil in uns zu erwecken.

Die beiden Wege zur Meisterschaft

Es gibt zwei Möglichkeiten, die Meisterschaft zu erlangen. Der eine Weg führt direkt hinauf und durch diese beiden Ränder aus Schmerz, Fehler- und Mangelerleben hindurch. Es ist der kürzeste Weg, und viele Heilige haben ihn gewählt, dies ist der Hintergrund vieler Märtyrergeschichten. Auch die Sufi-Meisterin Irina Tweedie wählte diese »Abkürzung«, und ihre Autobiografie *Der Weg durchs Feuer* schildert eindrucksvoll, wie leidvoll sie für sie persönlich war, so leidvoll, dass sie ihren menschlichen Körper fast zerstörte. Dieser Weg führt durch Schimpf und Schande, und auch ich hatte die Wahl, bereits in diesem Leben alles zu eröffnen, was mein Universum für mich vorgesehen hatte, oder aber damit zu warten und den »einfacheren« Weg zu gehen, dafür aber viele Inkarnationen für meine Aufgabe zu benötigen. Mutig und tapfer wählte ich den schweren Weg, und auch mir wurden tiefe Schanden-Eröffnungen nicht erspart. Der zweite Weg, der für viele der richtige ist, führt durch die Tiefe, so wie wir es beim »Zehnten Tor« gesehen haben. Die Tiefe finden wir im gezeichneten Schema im untersten Kreis (Ziffern 18 bis 24). Auf diesem Weg haben wir die Chance, all unsere Fehler und Mängel geduldig zu integrieren und zu verwandeln, um dann über den Tiefenwurzelraum ganz neu wiederaufzuerstehen. Dabei unterstützt uns die aufsteigende, vertikale

Energieform, der Grundstrahl, der uns zum Durchbruch und Aufstieg verhilft – hinauf in die Höhen der Einheit, ohne Hindernisse durch den Vaterrand hindurch. Hier oben finden wir die Versöhnung und Integration mit unseren Fehlern, und das wiederum verschafft uns die Reinen Freuden, die uns helfen, das zu verwirklichen, was wir uns am sehnlichsten wünschen. Die Freuden schenken uns die Energien dazu, die Kraft und den göttlichen Funken der Intuition.

Sind wir also auf diese Weise Meister unseres Lebens geworden, dann sind wir auf der Ebene der Hierarchie eingeladen, mitzuarbeiten am großen Universum, von dem wir ein Teil sind. Wir erkennen: Unser persönlicher Erfolg auf dieser Erde ist erst dann erfüllend und bleibend, fruchtbar und sich ausbreitend, wenn wir ihn in den Dienst der ganzen Menschheit stellen und Mitarbeiter des Universums werden. Dann schaffen wir nicht mehr nur für uns allein, sondern für das Ganze, und alles wird größer, reiner, freudvoller – in der Sprache der Engel: seliger und herrlicher.

Dann erkennen wir, dass alles an uns eine größere Dimension besitzt: So sind beispielsweise unsere Gefühle in Wahrheit viel mehr als nur unsere persönlichen Stimmungsschwankungen, nein, unser Gefühlskörper ist in Wirklichkeit ein Universalkörper, zu dem das ganze Universum Zugriff hat. Unsere menschliche Erfahrung schenkt diesem universellen Gefühlskörper immer Neues, ein »Dazu«, durch Ihre und meine individuellen Erfahrungen verändert er sich und entwickelt sich weiter. So gesehen erweckt jeder Mensch, wenn er Meister seines Lebens wird, diesen Universalkörper neu.

Aus diesem Universal-Gefühlskörper sind alle Religionen entstanden. Denn die Religionen sind erschaffen worden, um Gefühle in den Menschen zu erwecken und sie durch diese

Gefühle zu ihrem wahren Selbst zurückzuführen. Nur durch den universellen Gefühlskörper konnten die Heilslehren lebendig und erfühlbar werden. Nie aber sollten wir vergessen, dass sie für die Menschheit erschaffen wurden, als Brücke zur Erkenntnis ihres göttlichen Ursprungs, nicht zum Selbstzweck. In jeder Religion dürfen wir unsere Erbschaft annehmen und jene Gaben in uns eröffnen, die andere vor uns mühselig für die ganze Menschheit erlangt haben. In der neuen Religion des Herzens ist vorgesehen, dass wir erkennen, was hinter allen Ausprägungen der Religionen als Wahrheit verborgen ist, das, was sie alle miteinander verbindet.

Denn darum ist der Mensch erschaffen worden: damit sich die Vollkommenheit erleben kann. Gott IST. Sieht sich nicht, erlebt sich nicht, kennt sich nicht. Und aus dem Wunsch heraus, sich kennenzulernen, um sich als Materie, Energie, Kraft, Elemente zu erleben, ist die Schöpfung entstanden. Und irgendwann einmal der Mensch.

Der Mensch wurde erschaffen, um alles zu sein, alles zu werden. Und viele Wesen im Universum haben dem Menschenkörper einen Teil zum Geschenk gegeben und werden ihn immer weiter beschenken. So ist es nur dem Menschen vorbehalten, alle Ebenen zu erleben und zu werden, weil er einen Körper hat sowie seinen freien Willen. Nach seinem Tod wird er im Universum dann ganz werden – so weit er gewagt hat zu wachsen. Und oft ist dieses Wachstum verbunden mit vielen neuen Leben und Wiedergeburten. Doch ist das nicht unbedingt nötig. Denn die neue Religion des Herzens, die Mutterreligion, erlaubt es, dass der Mensch in einem einzigen Leben seine Aufgabe erfüllen kann. Wenn er es wünscht.

Dank

Ich danke allen Engeln und Wesen, die zu diesem Buch beigetragen haben, ich danke allen langjährigen Schülern, die vom ersten Tag der Lehre das Vertrauen hatten und ihr teilweise bis heute folgen. Und ich danke all denen, die bis heute die Freude an der Lehre haben.

Dir, Beate, danke ich, die du dir die Mühe gemacht hast, dich durch all diese Lehren, Texte aus Retreats und Seminaren meisterhaft durchzuackern, um die Lehre in leichter Art mit allen zu teilen. In tiefer Demut bedanke ich mich bei all meinen Lehrern und Meistern, in diesem Buch erwähnt oder nicht. Möge dieses Buch vielen Menschen ihren eigenen Weg zeigen, um ihn dann auch mit uns allen, bekannt oder unbekannt, zu teilen.

Ich bin dankbar, diesen Weg weiter gehen zu dürfen, denn noch lange nicht habe ich gewagt, das ganze Wissen zu erfahren. Und sicher werde ich noch im Himmel dann die Führung des Herzens lehren, jeden einzeln und einzigartig.

Um die ganze Welt des GOLDMANN
Body, Mind & Spirit Programms
kennenzulernen, besuchen Sie uns doch
im Internet unter:

www.goldmann-verlag.de

Dort können Sie
  nach weiteren interessanten Büchern *stöbern*,
  Näheres über unsere *Autoren* erfahren,
  in *Leseproben* blättern, alle *Termine* zu Lesungen und
  Events finden und den *Newsletter* mit interessanten
  Neuigkeiten, Gewinnspielen etc. abonnieren.

Ein *Gesamtverzeichnis* aller Goldmann Bücher finden
Sie dort ebenfalls.

Sehen Sie sich auch unsere *Videos* auf YouTube an und
werden Sie ein *Facebook*-Fan des Goldmann Verlags!

www.goldmann-verlag.de
www.facebook.com/goldmannverlag